lonely planet FOOD

FOODIE TRIPS

EUROPA

EINLEITUNG

Europa ist wohl der kulinarisch vielfältigste Kontinent der Welt. Seine jahrtausendelange Geschichte, die von Einwanderung und Entdeckungsreisen geprägt war, hat die Küche praktisch jedes europäischen Landes beeinflusst. Die kulinarischen Traditionen sind oft lokal gebunden - einige werden nur in bestimmten mittelalterlichen Dörfern praktiziert -, und es gibt Rezepte, die seit fast tausend Jahren von Generation zu Generation weitergegeben werden. Aber Europa ist auch ein Kontinent der Pionier:innen und Kreativköch:innen, die eine neue kulinarische Sprache entwickeln, indem sie Traditionen mit innovativen Kochtechniken und nachhaltigen Anbaumethoden verbinden. Getränke sind ebenfalls ein wichtiger Bestandteil des Reizes, den Europa auf Foodies ausübt - denn auf dem Kontinent ist man sehr trinkfreudig. Das gilt vor allem für den Wein, aber es gibt hier auch viele historische Destillerien und Craft-Brennereien, die einzigartige Getränke herstellen, die den Charakter ihrer Herkunftsländer widerspiegeln.

Dieses Buch entführt dich auf eine Reise durch die 40 besten Gourmetregionen Europas und stellt Reiserouten vor, die kulinarische Erlebnisse für jeden Geldbeutel bieten. Das kann bedeuten, dass man die Ärmel für einen Kochkurs auf dem Land hochkrempelt, in den Wäldern auf Nahrungssuche geht, stinkenden Käse probiert oder zusammen mit den Einheimischen für unverschämt gutes Streetfood ansteht. Doch es gibt auch Sternerestaurants, Meeresfrüchte in Strandlokalen und Weinverkostungen auf traumhaften Weinbergterrassen. In Europa kannst du all das erleben. Guten Appetit!

MORAND
Sirop au goût
NOISETTE
MORAND

INHALT

MITTELEUROPA

ÖSTERREICH

01 Wien 10

BELGIEN

02 Gent 16

03 Elsass 22

04 Bordeaux 28

05 Korsika 34

06 Île-de-France 40

07 Von Lyon bis Dijon 48

08 Normandie 54

09 Schwarzwald 60

10 Wallis 66

NORDEUROPA

DÄNEMARK

11 Kopenhagen 74

12 Tallinn 80

13 Südfinnland 86

14 Vilnius 92

NORWEGEN

15 Südnorwegen 98

POLEN

16 Warschau 104

SÜDEUROPA

SCHWEDEN

17 Südschweden **110**

GROẞBRITANNIEN

18 Belfast & Die Küste Nordirlands **118**

19 Northumberland & Tyneside **124**

20 Die Küsten von Norfolk & Suffolk **130**

21 Pembrokeshire **136**

22 Isle of Skye **142**

ALBANIEN

23 Tirana **150**

KROATIEN

24 Istrien **156**

ITALIEN

25 Abruzzen **162**

26 Bologna & Emilia-Romagna **168**

27 Neapel **174**

28 Palermo **180**

29 Turin & Piemont **186**

30 Venedigs Lagune **192**

GRIECHENLAND

31 Kykladen **198**

32 Thessaloniki **204**

PORTUGAL

33 Alentejo **212**

34 Porto & der Douro **218**

SPANIEN

35 Ibiza **224**

36 Galizien **230**

37 Baskenland **236**

38 Cádiz **242**

39 Teneriffa **248**

TÜRKEI

40 Istanbul **254**

EUROPA

NORWEGEN
OSLO
15
22
SCHOTTLAND
Nordsee
DÄNEMARK
EDINBURGH
KOPENHAGEN
18
19
11
NORD-
IRLAND
BELFAST
DOUGLAS
ENGLAND
DUBLIN
20
IRLAND
WALES
AMSTERDAM
BERLIN
NIEDERLANDE
21
CARDIFF
LONDON
BUNDESREPUBLIK
DEUTSCHLAND
BRÜSSEL
02
BELGIEN
LUXEM-
BURG
Ärmel-
kanal
PARIS
06
Atlantischer
Ozean
08
03
09
FRANKREICH
LIECH-
TENSTEIN
BERN
SCHWEIZ
24
Golf von
Biskaya
07
10
30
04
SAN
MARINO
29
26
MONACO
37
ANDORRA
05
ITALIEN
36
Korsika
(FRANKREICH)
ROM
34
SPANIEN
MADRID
Balearen-
Meer
Sardinien
(ITALIEN)
PORTUGAL
Tyrrhenisches M
LISSABON
35
28
Mittelmeer
33
38
ALGIER
TUNIS
GIBRALTAR (UK)
RABAT
TUNESIEN
MADEIRA
(PORTUGAL)
TRIPOLIS
MAROKKO
ALGERIEN
KANARISCHE
INSELN
(SPANIEN)
39

FINNLAND
13
HELSINKI
STOCKHOLM
TALLIN
12
ESTLAND
HWEDEN
RIGA
LETTLAND
17
Baltischer Meerbusen
LITAUEN
MOSKAU
RUSSISCHE FÖDERATION
Kaliningrad (RUSSISCHE FÖDERATION)
VILNIUS
14
MINSK
BELARUS
WARSCHAU
16
POLEN
PRAG
SCHECH. EPUBLIK
KIEW
UKRAINE
01
SLOWAKISCHE REP.
KASACHSTAN
WIEN
BRATISLAVA
BUDAPEST
TERREICH
UNGARN
REP. MOLDAU
CHISINAU
OWENIEN
ZAGREB
KROATIEN
RUMÄNIEN
Asowsches Meer
BOSNIEN UND HERZEGOWINA
BELGRAD
BUKAREST
SARAJEVO
SERBIEN
Schwarzes Meer
MONTENEGRO
SOFIA
PODGORICA
KOSOVO
BULGARIEN
40
GEORGIEN
TIFLIS
25
23
NORD-MAZEDONIEN
TIRANA
ALBANIEN
32
ARMENIEN
ASERBAIDSCHAN
BAKU
ERIWAN
27
ANKARA
Ägäisches Meer
GRIECHEN-LAND
TÜRKEI
Ionisches Meer
ATHEN
Sizilien (ITALIEN)
31
MALTA
NORD-ZYPERN
TEHERAN
SYRIEN
ZYPERN
LIBANON
IRAN
BEIRUT
DAMASKUS
BAGDAD
Mittelmeer
ISRAEL & PALÄSTINENSISCHE AUTONOMIEGEBIETE
AMMAN
IRAK
JORDANIEN
KAIRO
KUWAIT
ÄGYPTEN
LIBYEN
SAUDI-ARABIEN
KUWAIT STADT

MITTELEUROPA

ANREISE
Vom internationalen Flughafen Wien, der 19 km südwestlich des Stadtzentrums liegt, fahren Busse und Züge nach Wien-Mitte. Aber die Stadt ist auch mit der Bahn gut an das restliche Europa angebunden, unter anderem durch einen Nightjet-Service. Straßenbahnen, S-Bahnen und U-Bahnen bringen dich zu den Heurigen; die meisten sind nur etwa eine halbe Stunde vom Zentrum entfernt.

01

[Österreich]

DIE WEINBERGE VON WIEN

Wenn der Frühling wärmere Tage bringt, fliehen die Wiener:innen aus dem Großstadttrubel in die Heurigenlokale, um die Nachmittage bei spritzigem Weißwein zu genießen.

Willkommen in der einzigen Hauptstadt der Welt, in der große Mengen von Wein angebaut werden Tatsächlich hat Wien seinen Weinanbau in der letzten Zeit nicht nur verstärkt, auch die Qualität der edlen Tropfen ist deutlich besser geworden. Jedes Jahr räumt die Stadt internationale Preise ab, da die Winzer:innen immer experimenteller werden und sich auf die Produktion biologischer, biodynamischer und veganer Weine konzentrieren, die in unsere nachhaltig orientierte Zeit passen.

Vom historischen Zentrum führt eine kurze Fahrt mit der Straßenbahn oder U-Bahn in den 16. (Ottakring), 19. (Döbling) und 21. (Floridsdorf) Bezirk Wiens, wo die stimmungsvolle Szenerie der modernen Stadtlandschaft plötzlich übergeht in Hügel voller Weinreben, die sanft zur Donau abfallen. Hier befinden sich die Heurigen der Stadt – familiengeführte Wirtshäuser, in denen sich alles um Wein, gute Laune und Geschichte dreht. Hier kann man trinken, essen, den Ausblick auf Wien genießen und den Tag verträumen.

Die Heurigen gehören zum Weltkulturerbe der Unesco und sind tief verwurzelt in einer Weinbautradition, die bis in die Römerzeit zurückreicht. Hier dreht sich alles um einfache Genüsse: rustikale Stuben, weinumrankte Innenhöfe, Wein, großzügige Büfetts mit Vollkornbrot, Wurst, Käse und Essiggurken – das gute Leben. Weißweine sind das Highlight: Sie reichen vom „Wiener Gemischten Satz" bis zum herben Riesling und mineralischem Grünen Veltliner. Aber auch süffige Rotweine wie der Zweigelt sind einen ploppenden Korken wert.

Die meisten Heurigen sind von Frühjahr bis Herbst geöffnet; sie verkünden ihre Öffnungszeit durch tannengeschmückte Schilder mit der Aufschrift „Aus g'steckt" über der Tür. Wer die Liebe der Österreicher:innen zu Gemütlichkeit und Geselligkeit erleben will, findet dafür keinen besseren Ort als die Heurigen – vor allem dann, wenn die Sonne untergeht, der Wein fließt und Musikanten auf Akkordeons und Fiedeln Volkslieder anstimmen.

01 EDLMOSER

In der Nähe des Lainzer Tiergartens, einem ehemaligen königlichen Jagdrevier, das heute ein Wildreservat ist, befindet sich das Weingut Edlmoser. Zwar liegt das Lokal gut eine Stunde südwestlich vom Wiener Zentrum entfernt, aber es lohnt sich, dorthin zu pilgern. Die Besitzer des Weinguts blicken auf eine 600-jährige Familientradition zurück. Bei der Verleihung des Wiener Weinpreises gehört es stets zu den Spitzenreitern – zuletzt holte sich das Weingut 2023 sogar zwei Goldmedaillen und wurde in den Kategorien Grüner Veltliner und und Weißburgunder zum „Wiener Landessieger" gekürt.

Der weinumrankte Garten des Heurigen ist ein beliebter Ort, um Weine wie den gut abgerundeten, blumigen Maurerberg-Riesling mit Zitrusaroma und den elegant-würzigen Vienna Reserve zu probieren, während man sich am Büfett mit Gerichten wie Wildschweinwurst und Kümmel-Schopfbraten stärkt.
Maurer-Lange-Gasse 123; https://edlmoser.at

02 WEINSTUBE JOSEFSTADT

Das herrlich altmodische Wirtshaus im 8. Bezirk Wiens liegt nur zehn Gehminuten vom Rathausplatz entfernt. Der einzige Hinweis auf seine Existenz ist ein „Metallbusch'n" (grüner Kranz) über der Tür. Der bepflanzte Innenhof, der im Sommer von Fliederbüschen umrankt ist, gleicht einer kleinen Oase.

Such dir einen Tisch und schlürfe dich durch die Wiener Weine: Vom Gemischten Satz, der strohgelben Feldmischung mit Zitrus-Aromen, für den die Region berühmt ist, bis hin zu Bio-Rieslingen und Grünen Veltliner-Weißweinen ist alles dabei. Das Essen ist einfach: Brote, Aufstriche, Würste, Frittiertes und Salate. Die Atmosphäre ist angenehm entspannt. Es wird nur Bargeld akzeptiert.
Piaristengasse 27; www.weinstube-josefstadt.at; Mo geschl.

03 HEURIGER SISSI HUBER

Eine kurze Fahrt mit der U3 bringt dich nach Ottakring und zu diesem Heurigen, der einen Hauch von südlichem Flair in die Weinberge Wiens zaubert. Das rustikale Lokal ist mit Balken und Terrakottafliesen ausgestattet. Der nach Lavendel, Zitronen- und Olivenbäumen duftende Innenhof vermittelt das Gefühl, nach Italien gebeamt worden zu sein – was sofort nach einem Glas prickelndem Rosé verlangt.

01 Weinhänge am Stadtrand von Wien

02 Eine typische österreichische Snackplatte

03 Mayer am Pfarrplatz serviert seit 1683 Wein

04 Sommer zwischen Weinreben im Obermann

Auf der Speisekarte stehen Klassiker wie steirisches Backhendl (Brathähnchen mit Kürbisöl) und Schweinsbraten mit Knödeln, aber auch österreichische Tapas. Das hauseigene Restaurant Terra Rossa kredenzt mit frischem Fisch, hausgemachter Pasta und fantasievollen Salaten mediterrane Köstlichkeiten. *Roterdstraße 5; https://sissi-huber.at; So & Mo geschl.*

04 10ER MARIE

Ein zehnminütiger Spaziergang in Richtung Süden führt zu einem der ältesten Heurigen Wiens, der im Jahr 1740 von der Familie Haimböck gegründet wurde. Benannt ist er nach ihrer Tochter Marie, deren hinreißende Schönheit Weinliebhaber von weither anlockte. Viele Adlige, Prominente, Musiker und Künstler haben hier im Lauf der Jahre Wein getrunken – darunter Kronprinz Rudolf, Franz Schubert, Johann Strauß Vater, die Brüder Schrammel, Franz Lehar und Robert Stolz.

Mit seinem hübschen Landhausstil und dem versteckten Innenhof steht der Heurige ganz oben auf der Beliebtheitsskala. Ein Glas Gemischter Satz passt perfekt zu den Spezialitäten des Büfetts wie Kümmel- oder Schopfbraten, Schweinshaxe, Brathähnchen, diverse Gemüse- und Nudelaufläufe sowie Gemüsestrudel.
Ottakringer Straße 224; https://10ermarie.at; So & Mo geschl.

05 MAYER AM PFARRPLATZ

Schon Ludwig van Beethoven spürte in diesem Heurigen die heilende Wirkung der Reben und die inspirierende Kraft des Weins, als er hier übernachtete, während er seine berühmte 9. Sinfonie komponierte. Das urige Lokal, das wie unberührt von der modernen Zeit wirkt, liegt eine 30-minütige S-Bahnfahrt nördlich der 10er Marie in Döbling und produziert bereits seit dem Jahr 1683 seinen eigenen Wein.

Wenn die Sonne scheint, kann man auf der gepflasterten, von Weinreben gesäumten Terrasse sitzen und ein kühles Glas Gemischten Satz oder einen Riesling genießen. Dazu gibt es Brot mit Belägen wie Wildschweinschinken, höhlengereiftem Käse und Mangalitza-Schweineleber.

Es gibt auch gehaltvollere Saisongerichte: Von Kalbsgulasch mit Kräuterknödeln bis zum Kürbisrisotto ist fast alles dabei. Man sollte gegen 19 Uhr herkommen, wenn das Akkordeon erklingt.
Pfarrplatz 2; www.pfarrplatz.at

05 Das historische Zentrum von Wien

06 Lokale Winzer: innen beim jährlichen VieVinum-Fest

06 OBERMANN

Eine kurze Busfahrt und ein paar Minuten Fußmarsch durch die Weinberge – schon ist man bei Obermann. Hier bleibt Martin Obermann in fünfter Generation der Familientradition treu und schickt das Weingut mit biologischen Methoden und naturnahen Prinzipien in eine nachhaltigere Zukunft.

Der Empfang ist herzlich und die Umgebung wunderschön, im Sommer werden mitten in den Weinbergen Picknicktische aufgestellt. Weiße Schaumweine, Riesling, Weißburgunder und vollmundige Zweigelt-Weine werden zu einem Büfett mit Linsensalat, Schweinebraten, Pastrami und Schnitzel kombiniert. Eine Übersicht über das Live-Musikprogramm findest du auf der Website. *Cobenzlgasse 102; www.weinbau obermann.at; So–Mi geschl.*

07 WEINGUT CHRIST

In Floridsdorf auf der anderen Seite der Donau wird der Blick frei auf die hügeligen Weinberge. Das Weingut Christ, das sich auf eine schon 400 Jahre alte Familientradition stützen kann, gehört zu den innovativsten der Stadt. In der Kellerei werden alle Trauben von Hand geerntet. Pumpen und Motoren wurden abgeschafft, um die Reinheit und den Geschmack der Früchte besser zu bewahren, der sich in den Weinen widerspiegelt.

Eindrucksvoll ist auch der Heurige mit seiner rebenüberdachten Terrasse, auf der man prickelnde Bio-Weißweine und vegane Rosés zu Antipasti, Salaten und saisonalen Gerichten wie Kürbiskernspätzle und Weintraubenstrudel genießen kann. Wer sein Wissen über Wein vertiefen möchte, kann sich für eine Verkostung anmelden (10 € für fünf Weine). *Amtsstrasse 10-14; www.weingut-christ.at*

08 HEURIGER WIENINGER

„Die Lage der Wiener Weinberge – auf marinem Sedimentgestein im Alpenvorland – schafft ein einzigartiges Terrain, das Weine hervorbringt, die so intensiv, lebendig und elegant sind wie die Wiener selbst", schwärmt der Winzer Fritz Wieninger in seinem Heurigenlokal, das eine halbe Stunde Fußweg nördlich vom Weingut Christ liegt. Hier verbirgt sich ein Gewölbekeller, der einst von weinliebenden Mönchen betrieben wurde. Jetzt kredenzt man hier den Gemischten Satz: „Es ist meine Vision, den Charakter der Wiener in jedem Schluck Wein zum Ausdruck zu bringen", sagt Wieninger.

Wir empfehlen den Gemischten Satz Bisamberg – frisch, würzig und leicht rauchig – aus nachhaltigem biodynamischem Anbau. Die Weine passen gut zu den leckeren Gerichten der Heurigenküche. *Stammersdorfer Straße 78; www.wieninger.at; Mo & Di geschl.*

SONST NOCH WICHTIG

SCHLAFEN

HOTEL RATHAUS WEIN & DESIGN

Das Boutique-Hotel liegt in einem Stadthaus aus dem 19. Jahrhundert, nur wenige Gehminuten vom Rathaus und der Weinstube Josefstadt entfernt. Es verbindet historische Elemente mit minimalistischem Design. In der Weinbar wird jeden Monat ein anderes österreichisches Weingut vorgestellt, und das Frühstück ist hervorragend. *www.hotel-rathaus-wien.at*

HOTEL TOPAZZ LAMEE

Das eindrucksvolle Hotel Topazz Lamee mit seinem glamourösen, von der Wiener Werkstätte inspirierten Interieur liegt in der Nähe vieler Sehenswürdigkeiten und nicht weit vom Stephansdom. Das Hotel verkauft elegante Bioweine vom eigenen Weingut Lenikus. *www.hoteltopazz lamee.com*

AKTIVITÄTEN

SCHLOSS BELVEDERE

Mach eine Pause vom Weinberghopping mit einer kräftigen Portion Kultur in den Galerien Wiens! Von den Rasenflächen des Schlosses Belvedere kann man die ganze Hauptstadt überblicken. Das Schloss ist ein wahres Fest des Barocks: Wir empfehlen einen Besuch der Ausstellung „Der Kuss" im Oberen Belvedere, die eine wertvolle Sammlung von Klimts berühmten Gemälden zeigt. *www.belvedere.at*

MUSEUMSQUARTIER

Wer zeitgenössische Kunst liebt, sollte die neu gestalteten königlichen Stallungen besuchen und ein paar Stunden im Kulturzentrum MuseumsQuartier verbringen, wo das Museum Leopold die größte Schiele-Sammlung der Welt präsentiert: Mit Gustav Klimt und Oskar Kokoschka gehört Egon Schiele zu den bedeutendsten Malern der Wiener Moderne. *www.mqw.at*

EVENTS

WEINLESE

Am stimmungsvollsten sind die Heurigen während der Weinlese im September, wenn die Reben golden leuchten und die Wiener:innen sich am „Sturm" (einem sprudelnden, halb vergorenen Wein aus den ersten Trauben der Saison) erfreuen.

MAIFEST

Im Mai findet im MuseumsQuartier das Wiener Weinfest statt, an dem 40 Weingüter teilnehmen. In der Hofburg (dem Kaiserpalast) wird das VieVinum veranstaltet, eine Art Schaufenster der Winzer:innen – es bietet Verkostungen und Meisterkurse zur Weinherstellung. *www.vievinum.at*

01

ANREISE

Gent – nur eine 30-minütige Zugfahrt von Brüssel entfernt – hat ein brillantes Leihfahrradsystem: Das ist eine viel bessere Alternative, als mit dem Auto ins klimaneutrale Stadtzentrum zu fahren, wo es wahrscheinlicher ist, ein Bußgeld zu bekommen, als einen Parkplatz zu finden.

[Belgien]

SO LEBT GENT KULINARIK

Abseits der klassischen belgischen Touristenpfade überrascht der stolze Außenseiter Gent immer wieder mit originellen Restaurants, lokalen Spezialitäten, Craft-Spirituosen und unwiderstehlichen Pralinen.

Im Herzen der flämischen Landschaft Belgiens gelegen, wird Gent von Reisenden, die meist die berühmten Nachbarstädte Brügge und Antwerpen ansteuern, oft übersehen. Doch eine kulinarische Entdeckungsreise durch das eher unbekannte Gent ist ein Erlebnis der Extraklasse. Das mittelalterliche Stadtzentrum mit seiner gotischen Kathedrale, dem riesigen Glockenturm und dem Schloss ist perfekt erhalten. Es gibt nichts Schöneres, als im Café auf einer sonnigen Terrasse am Wasser zu sitzen und ein Craft- oder Trappistenbier zu trinken. Die idyllischen Grachten und Flüsse werden von prachtvollen Gildenhäusern aus der Barockzeit gesäumt. Hinter der Postkartenidylle verbirgt sich eine pulsierende, trendige, urbane Szene. In dieser Stadt wurde die Idee geboren, jede Woche einen Tag dem vegetarischen Essen zu widmen – Donnerstag ist Veggie Day. Die Restaurantszene hat ein Charakteristikum, das typisch für Gent ist: kulinarisch hochwertig, aber demokratisch, was die Erschwinglichkeit angeht. Sie ist unprätentiös-saisonal, mit einer nachhaltig orientierten Küche, die in zwanglosen, originellen Restaurants serviert wird.

Gent ist auch ein Vorreiter in Sachen Umweltschutz. Ein Programm zur Vermeidung von CO_2-Emissionen im Stadtzentrum fördert das Fahrradfahren, ein Lebensmittelrat organisiert Nachhaltigkeitsinitiativen zur Wiederverwendung und Weitergabe von Essensresten der Restaurants. Wir empfehlen einen Besuch der alten Industriehäfen: Dort gibt es Craft-Bier und Barista-Kaffee zu entdecken. Und statt in Gent nach einem typisch belgischen Schokoladenmuseum zu suchen (es gibt hier keines), sollte man lieber die sechs Chocolatier-Geschäfte aufspüren, die jeden Morgen ihre eigenen originellen Pralinen herstellen.

Ø1 Gent ist eine Stadt der Grachten und Flüsse

Ø2 Nachtleben auf den Terrassen der Altstadt

Ø3 & Ø4 Nicolas Vanaise vom Yuzu und seine minimalistischen Schokotrüffel

Ø5 Temmerman, der beliebteste Süßwarenladen von Gent

Ø2

Ø3

01 YUZU

Belgien verbindet man gern mit Schokolade, und auch in der Altstadt von Gent findet man alle berühmten Namen, die in diesem Zusammenhang oft genannt werden (Neuhaus, Godiva, Leonidas). Echte Schokofans sollten jedoch am besten das Yuzu aufsuchen. Denn hier kreiert der Chocolatier Nicolas Vanaise minimalistische Schokotrüffel, die kalligrafischen Kunstwerken gleichen und überraschende Kombinationen von Aromen und Texturen wie Zitrone-Kaffee oder Chili, Ingwer und Mais bieten.

Nicolas lässt sich von Japan inspirieren und scheut den modernen „Bean-to-Bar"-Trend, bei dem die Hersteller von der (rohen) Bohne bis zur (fertigen) Tafel alle Schritte in Eigenregie ausführen. Stattdessen konzentriert er sich seiner kleinen Laborboutique auf die Kreation seiner Pralinen. Das ist eine Kunst für sich: Nicolas Vanaise stellt Pralinen her, die auf der Zunge zergehen, mit lokalen Zutaten wie zum Beispiel Ganda-Schinken, Senf aus dem Handwerksbetrieb Tierenteyn-Verlent (siehe 03), Craft-Bier und Jenever-Gin.

11/A Walpoorstraat; www.yuzubynicolasvanaiseandc.com; So & Mo geschl.

02 LOUSBERG-MARKT

Dieser quirlige Biomarkt ist ein Symbol für das Nachhaltigkeitsbestreben der Stadt. In einer alten Textilfabrik an einer ruhigen Gracht gelegen, können Interessierte hier zum Beispiel in der Genter Stadtmolkerei Het Hinkelspel eine riesige Auswahl von Kuh- und Ziegenkäse probieren und dazu ein schäumendes Glas Lousberg-Bier trinken, während die Bauern nebenan Obst und Gemüse der Saison verkaufen.

33 Ferdinand Lousbergskaai; www.lousbergmarkt.be; So geschl.

03 TIERENTEYN MUSTARD

Tierenteyn liegt am historischen Groentenmarkt – eine beliebte Adresse für Gourmets in Gent – und ähnelt einer alten Apotheke, auch wenn die Regale nicht mit Medizin, sondern mit geheimnisvollen Steinkrügen gefüllt sind, die exotische Gewürze und Kräuter, handgemachte Pickles und kandierte Früchte enthalten.

Warum alle Einheimischen so gern hierher kommen?

Wegen des einzigartigen Senfs, der seit Anfang des 19. Jahrhunderts unten im Keller nach einem

Geheimrezept hergestellt wird: Tierenteyn-Senf wird mit braunen statt mit den berühmten gelben Senfkörnern des Dijon-Senfs hergestellt. Er hat ein scharfes Meerretticharoma, das sukzessive in einen leicht süßlichen Nachgeschmack übergeht.

Neben dem Tierenteyn findest du auch die älteste Bäckerei Gents, die beste Frittenbude der Stadt und freitags einen Bio-Bauernmarkt.
3 Groentenmarkt; www.tierenteyn-verlent.be; So geschl.

04 CONFISERIE TEMMERMAN

Temmerman, untergebracht in einer Barockvilla im mittelalterlichen Viertel Patersholist, ist der beliebteste Süßwarenladen Gents. Er wurde im Jahr 1904 eröffnet und wird seit fünf Generationen von derselben Familie geführt, die traditionelle Spekulatius-Lebkuchen, Lakritz, Weingummi und Nougat sowie die frechen Lutze Peopkes (Wackeltoffees) herstellt. Die meisten Leute kommen aber wegen der „Cuberdons" in diese Schatzkammer: kegelförmige, mit Himbeersirup gefüllte Gummibärchen, die im Volksmund auch „Genter Näschen" genannt werden. Überall in der Stadt werden Cuberdons verkauft, aber wer sichergehen will, das Original von Temmerman zu bekommen, sollte nach den Gummibärchen suchen, die ein Gesicht oben drauf haben.
79 Kraanlei; www.temmerman confiserie.com; So–Di geschl.

05 PUBLIEK

Chefkoch Olly Ceulenaere war einer der aktivsten Mitbegründer der flämischen Gourmetbewegung. Aber dann eröffnete er das gemütliche Publiek, um diskret seine eigene Küche entwickeln zu können. In diesem Restaurant wird mittags ein gesundes, leichtes Menü auf Gemüsebasis serviert, abends gibt es ein sechs- oder siebengängiges Degustationsmenü mit exquisiten, aber keineswegs überkandidelten Gerichten wie Raucheraal mit knackigem Kohl und Pastinakenwurzeln oder marinierter Hering mit Babyrettich, Feldbohnen und geräuchertem Seetang.

Seine kompromisslose Küchenphilosophie brachte Olly einen der begehrten Michelin-Sterne. Und er wird diese Philosophie auch nicht ändern, sagt er. Sie lässt sich in wenigen Worten zusammenfassen: „Lokale, saisonale Produkte, keine Luxuszutaten, minimaler Abfall."
39 Ham; www.publiekgent.be; So & Mo geschl.

Ø6 Die Dok-Brauerei befindet sich in einem riesigen Industrielager

Ø7 Gents Craft-Gin beinhaltet invasives Unkraut

Ø8 Sommerliche Kajaktouren durch die Altstadt von Gent

06 VRIJDAGMARKT

Jeden Freitagmorgen versammeln sich die Genter:innen auf dem großen Vrijdagsplatz, um ihre Wocheneinkäufe zu erledigen und zwischen Obst- und Gemüsehändlern, Käsereien, Metzgereien und Wurstwarenständen, Bäckereien und Konditoreien zu pendeln.

Dominiert wird der Platz von einem halben Dutzend riesiger Kühllastwagen, in denen lärmende Fischhändler Meeresfrüchte frisch aus der Nordsee verkaufen.

Hier gibt es nicht nur das übliche Angebot wie Seezunge, Steinbutt und Kabeljau, sondern auch leckeren Matjeshering und Strandschnecken sowie verschiedene Pflanzen wie Queller und Strandastern.

Wer Lust auf Fast Food hat, kann sich an der Frittenbude auf dem Markt anstellen, um eine Tüte knusprige Pommes frites mit Mayonnaise oder eine Schüssel mit Pfefferschnecken zu genießen.
Vrijdagmarkt Square; jeden Freitagmorgen bis 13 Uhr

07 DOK BREWING COMPANY

Dafür, dass Belgien die berühmteste Biernation der Welt ist, gibt es in Gent erstaunlich wenige Craftbier-Brauereien. Dimitri Messiaen beschloss, dass diese Stadt etwas braucht, das er „Action-Brauerei" nannte, und eröffnete diese Mikrobrauerei in einem riesigen Industrielagerhaus in den alten Docks – einem Viertel, das sich inzwischen zum angesagtesten Bezirk der Stadt entwickelt hat.

In der Dok Brewing Company gibt es 30 verschiedene Biersorten vom Fass, die zusammen mit köstlichen Grillspezialitäten norwegischer Art serviert werden. Tatsächlich hat Dimitri Messiaen bisher schon 150 verschiedene Biere kreiert – Malzbier, Hopfenbier, Röstbier sowie fruchtige, helle und dunkle Biere, aber jedes nur in einer einzigen Charge, die danach nie wieder gebraut wird. Die einzigen Ausnahmen sind die zwei Hausbiere der Brauerei: 13, ein preisgekröntes Pilsner, und das Gentse Pale Ale.
Hal 16, Dok Noord; www.dokbrewingcompany.be; Mo geschl.

08 GINDERELLA

Gents eigener Craft-Gin wird in einer Ökobrennerei von den Brüdern Jan und Geert Heyneman hergestellt, die auch faszinierende Touren zum Sammeln von Kräutern in der Natur anbieten. Je nach Jahreszeit finden diese Expeditionen entlang der Genter Grachten oder im dichten Unterholz des nahe gelegenen Naturschutzgebiets Bourgoyen statt. Geert ist der Umweltbeauftragte von Gent und weiß genau, wo er die wichtigsten Zutaten für seinen Ginderella ernten kann: invasives Unkraut wie Japanknöterich und zweiknotiger Krähenfuß, aber auch Riesenbärenklau und natürlich Wacholder.

Anschließend gibt es eine Verkostung in Jans Pop-up-Bar mit Gin sowie weißen und roten Wermutsorten aus der Craft-Brennerei der Brüder.
www.heynsquared.com/en/ginderella

SCHLAFEN

B&B CHAMBRE D'AMIS

Dieses gemütliche B&B mit drei Zimmern liegt in einem hübschen Stadthaus zwischen Bahnhof und Stadtzentrum. Es wird vom Team des Restaurants Alex betrieben, das bei Gourmets sehr beliebt ist und Brunch und Picknicks im Garten des B&B serviert. *https://alixtablejardin.be/eng/chambredamis*

AKTIVITÄTEN

FLOHMARKT SINT-JACOBS

Der gepflasterte Platz vor der Sint-Jacobs-Kirche, der von den traditionellen „braunen Cafés" Gents umgeben ist, verwandelt sich jeden Sonntagmorgen in einen quirligen Flohmarkt, auf dem verlockende Schnäppchen angeboten werden. http://www.brocantmarkt-sintjacobs-gent.be/indexger.html

KAJAKTOUREN AUF DEM KANAL

Statt mit einem touristischen Ausflugsboot zu fahren, kann man die romantischen Grachten Gents jetzt auch bei einer dreistündigen Kajaktour entdecken und selbst paddeln – ein unvergessliches Erlebnis. *https://en.kajakskorenlei.be*

'T DREUPELKOT

Lass den Abend in dieser kleinen Geneverkneipe bei Pol, einem der schönsten Orte in Gent, ausklingen. Hier werden über 200 Geneversorten serviert, etwa 50 davon sind hausgemacht. Wir empfehlen gealterten Genever, der einem Single Malt Whisky in nichts nachsteht, ein leckeres Glas Gin mit Zitronengeschmack oder einen mit Chilis marinierten Genever, der dich vermutlich fast umhauen wird. *www.druppelkot.be*

EVENTS

GENTSE FEESTEN

Bei diesem zehntägigen Fest, das jedes Jahr im Juli gefeiert wird, verwandelt sich Gent in eine wilde Partystadt mit Street-Food-Trucks und Live-Konzerten, bei denen bis zum frühen Morgen gefeiert wird. *https://gentsefeesten.stad.gent/en*

01

ANREISE

TGV-Züge fahren von Paris bis Straßburg, das 20 km östlich von Marlenheim, dem Beginn der Elsässer Weinstraße, liegt. Es gibt auch Flugverbindungen nach Straßburg und zum Flughafen Basel-Mulhouse, der südlich von Colmar liegt. Die Weinstraße lässt sich am besten mit dem Auto oder dem Fahrrad erkunden.

[Frankreich]

DIE ELSÄSSER WEINSTRAßE

Nahe der deutschen Grenze führt die Elsässer Weinstraße zu malerischen Fachwerkstädten und urigen Weingütern.

Wenn man an die besten Gastronomieregionen Frankreichs denkt, fallen einem vielleicht zunächst Burgund, Bordeaux, Lille oder die Provence ein, aber das Elsass ist der Joker, den die Franzosen im Verborgenen halten. Es gibt nur wenige Regionen, in denen man besser schlemmen kann als auf der *Route des Vins d'Alsace*, der Elsässer Weinstraße, die sich über eine Strecke von 170 Kilometer von Marlenheim bis Thann durch die malerische Landschaft schlängelt.

An Sommertagen, wenn die Sonne durch die Reben scheint, die Schlösser auf den Hügeln in Licht getaucht sind und die Pflasterstraßen der Fachwerkstädte im Sonnenlicht schimmern, ist das Elsass ein wahrgewordener Traum vom idyllischen Landleben. Die Region, die sich eng an Deutschland schmiegt, vereint das Beste aus beiden Ländern zu einem ganz besonderen kulinarischen Erlebnis. Zu den Spezialitäten im Elsass gehören *Baeckeoffe* (ein deftiges Schmorgericht mit Fleisch und Kartoffeln), *Choucroute garnie* (Sauerkraut mit Räucherfleisch) und *Coq au Riesling* (in Rieslingwein und Kräutern geschmortes Hühnchen), die man am besten unter den niedrigen Balken einer *Winstub* (Weinstube) probiert. Die Weingüter hier sind in der Regel einfache Familienbetriebe mit offenen Kellern, in denen man oft kostenfrei Grand Cru-Weine probieren kann: spritzige Rieslingtropfen, elegante Sylvaner, mineralische Weiß- und Grauburgunder, Gewürztraminer, frische Muskateller sowie vollmundige Pinot-Noir-Rotweine, die vor roten Früchten nur so strotzen.

Die meisten Weine stammen heute aus biologischem und biodynamischem Anbau. Verkosten lassen sie sich nicht nur in den genannten Weingütern, sondern auch in einigen der besten Restaurants Frankreichs: Denn mit jedem Kilometer, den man auf der Elsässer Weinstraße fährt, scheint ein weiteres sternegekröntes gastronomisches Highlight aufzutauchen – ein weiteres Restaurant, das die Vielfalt und Schönheit dieser Region auf den Teller zaubert.

01 Die wunderschöne Fachwerkstadt Colmar hat viel Kultur zu bieten

02 Das Elsass ist von Weinbergen überzogen

03 Herzhaft und gut: die Elsässer Sauerkrautplatte *(Choucroute garnie)*

04 Das moderne Weinkulturzentrum Cave de Ribeauvillé

01 SENTIER VITICOLE DU SCHENKENBERG

Obernai (Oberehnheim) mit seinen Ringmauern und bonbonfarbenen Häusern liegt tief im märchenhaften Elsass. Der 1,5 Kilometer lange „Sentier" (Wanderweg) schlängelt sich sanft durch die Weinberge oberhalb der Stadt und erläutert anhand von Schautafeln den Prozess der Weinherstellung. Vom Gipfelkreuz nördlich der Stadt schlängelt sich der Weg durch Weinreben den Berg hinauf und bietet unterwegs sensationelle Ausblicke über die Dächer von Obernai, die elsässische Ebene und die Vogesen.

Im Juli und August bietet das Fremdenverkehrsamt kostenlose eineinhalbstündige geführte Wanderungen mit Verkostungen in einem der örtlichen Weinkeller an.
www.tourisme-obernai.fr/de/

02 LA FOURCHETTE DES DUCS

Dieses Restaurant im Herzen von Obernai glänzt mit zwei Michelin-Sternen. Chefkoch Nicolas Stamm verleiht der regionalen Küche einen innovativen Gourmet-Touch, der sich vor allem durch die souveräne Verwendung von Kräutern auszeichnet. Die Speisekarte variiert je nach Saison und lässt vergessene Rezepte wieder aufleben, darunter typische Spezialitäten wie Elsässer Taube mit *Baerewecke* (würzigem Fruchtkuchen), *Choucroute* (Sauerkraut) mit schwarzen Trüffeln und *Baeckeoffe* mit Elsässer Schwarzhuhn.

Auch das Fachwerkgebäude hat eine reiche Historie. Im Jahr 1921 beauftragte Ettore Bugatti (bekannt für seine schnellen Autos) Jugendstilkünstler wie den Intarsien-Meister Charles Spindler und den Juwelier René Lalique damit, dem Fachwerk und der Beleuchtung der urig-rustikalen Speiseräume ihren kreativen Stempel aufzudrücken.
6 Rue de la Gare, Obernai; www.lafourchettedesducs.com; Mo geschl.

03 L'AUBERGE DE L'ILL

Wenn du mit dem Auto von Obernai auf der Landstraße durch die Weinberge gen Süden fährst, erreichst du nach einer Stunde Illhaeusern und dieses mit zwei Michelin-Sternen ausgezeichnete Gasthaus *(Auberge)*, das romantisch am Ufer des Flusses Ill liegt. Es ist seit Generationen im Besitz der Familie Haeberlin – Chefkoch Marc Haeberlin hat das Wirtshaus in schwindelerregende gastronomische Höhen katapultiert. Seine Liebe zur Natur spiegelt sich in der hellen, traumhaften Einrichtung wider: eine Palette aus sanften Grau-

und Weißtönen, Hermès-Stoffen und Muranoglas, Wandmalereien und raumhohen Fenstern, die das lebendige Grün des Gartens perfekt einrahmen. Das alles bildet die wunderschöne Kulisse für seine atemberaubenden Kreationen: spektakuläre sommerliche Gerichte wie bretonischer Hummer mit Pinot-Noir-Sauce und Waldpilzemulsion, Lachssoufflé oder Filet Mignon mit Erbsengnocchi und getrüffelter Kalbsbratensauce. Und für Vegetarier gibt es hier ein eigenes Degustationsmenü.
Hôtel des Berges, Rue de Collonges au Mont d'Or, Illhaeusern; www.auberge-de-l-ill.com; Mo & Di geschl.

04 CAVE DE RIBEAUVILLÉ

Ein 20-minütiger Abstecher in Richtung Westen führt dich nach Ribeauvillé, das mit seinen verwinkelten Gassen, den mittelalterlichen Türmen und pastellfarbenen Fachwerkhäusern sofort die Herzen erobert. Weinliebhaber sollten hier die älteste Winzergenossenschaft Frankreichs besuchen, die bereits im Jahr 1895 gegründet wurde und 40 Weingüter umfasst. Das riesige, moderne Zentrum am östlichen Stadtrand beherbergt ein Weinbaumuseum, in dem man alles über das Terroir erfährt. Außerdem gibt es einen schicken Verkostungsraum, in dem du die preisgekrönten Kreationen der Genossenschaft probieren kannst, die aus allen sieben im Elsass angebauten Rebsorten produziert werden.

An den Wochenenden wird das Zentrum von lokalen Winzer:innen betreut. Auf Anfrage lassen sich auch informative Führungen durch den Weinkeller und die Weinberge organisieren.
2 Rte de Colmar, Ribeauvillé; www.vins-ribeauville.com

05 AUBERGE DU PARC CAROLA

Dieses einen Kilometer nördlich des Zentrums von Ribeauvillé gelegene Gasthaus lockt an warmen Tagen mit einer Terrasse unter Bäumen, die zum Essen im Freien einlädt. Die malerische Fachwerkfassade steht im Kontrast zu dem eleganten, lichtdurchfluteten Innenraum, der mit verspielter zeitgenössischer Kunst geschmückt ist. In der Küche zaubert das deutsch-französische Traumduo Michaela Peters und Laurent Pellegrini leichte, mediterrane Kost: Aus regionalen Zutaten werden spektakuläre saisonale Gourmetgerichte kreiert – etwa

05 & 06 Ernte in den Gärten von La Table du Gourmet und eines der hier kredenzten Gerichte

07 Das märchenhaft wirkende Château du Haut Kœnigsbourg

das 64°- Bio-Ei aus dem Elsass mit Mousseline aus neuen Kartoffeln und Sommertrüffeln, Spanferkel mit elsässischem Honig, Sesam, Auberginen und Zucchini sowie Pfirsich-Tiramisu mit Eisenkraut.
48 Rte de Bergheim, Ribeauvillé; https://auberge-parc-carola.com/de/; Di & Mi geschl.

06 LA TABLE DU GOURMET

Südlich von Ribeauvillé liegt das Dorf Riquewihr. Der kulinarische Meister des sternegekrönten Gourmetrestaurants heißt Jean-Luc Brendel – er verlieh einem Fachwerkhaus aus dem 16. Jahrhundert einen avantgardistischen Touch in Scharlachrot. Seine Gerichte sind von natürlichen Zutaten inspiriert und überzeugen durch ihre kräftigen, saisonalen Aromen.

„Pflanzen und Gemüse sind nicht nur Beilagen – sie stehen im Mittelpunkt jeder Mahlzeit", erklärt Brendel. Morgens erntet er in seinem Garten essbare Blumen, Kräuter, Beeren, Wurzeln und Sprossen für sein Menü *Éveil des Sens* (Erwachen der Sinne). Mit diesem werden sieben „kulinarische Landschaften" präsentiert, die von „Bonbon mit Gewürztomaten" über „Rote-Bete-Blüten mit Hecht und Meerrettich-Eis" bis hin zu Schnecken aus ihrem natürlichen Lebensraum reichen.
5 Rue de la 1E Armée, Riquewihr; www.jlbrendel.com; Di & Mi geschl.

07 LA TABLE D'OLIVIER NASTI

Etwa zehn Kilometer weiter südlich liegt das von Weinbergen umgebene Dorf Kaysersberg. Feinschmecker reisen von weit her an, um einen Tisch in diesem Restaurant zu ergattern, das mit zwei Michelin-Sternen ausgezeichnet wurde. Die Einrichtung ist eine moderne Interpretation des typischen elsässischen Jagdhauses: mit mokkafarbenen Wänden, handgefertigten Möbeln, Hirschgeweihen. Chefkoch Olivier Nasti arbeitet eng mit regionalen Bauern zusammen, um Gerichte zu komponieren, die die „Seele des Elsass" zum Ausdruck bringen. Das kann Reh mit Kirschen aus der Region sein, *Choucroute* mit schwarzem Trüffel und Liebstöckel-Jus oder Seesaibling aus den nahen Bergseen, der mit Bienenwachs gegart und mit einer warmen Vinaigrette aus Honig und Tannenöl serviert wird.
Hotel Le Chambard, Kaysersberg; www.lechambard.fr; Mo & Di geschl.

08 JY'S

In Colmar, der Hauptstadt des elsässischen Weinbaugebiets, lockt das mit zwei Michelin-Sternen gekrönte Restaurant im Champ-de-Mars-Park. Die Tische sind mit weißem Leinen gedeckt, Laub hängt dekorativ herab – Champagner liegt in der Luft! Küchenchef Jean-Yves Schillinger zaubert unverwechselbare Gerichte mit exquisiten Aromen, z. B. bretonischen Hummer aus dem Cona-Kaffeekessel mit Meeresfrüchte-Pasta und Kräuterbrühe oder Schweine-Confit mit Heu-Jus.
L'Esquisse Hotel, 3 Allee du Champ de Mars, Colmar; www.jean-yves-schillinger.com; So & Mo geschl.

SONST NOCH WICHTIG

SCHLAFEN

A LA COUR D'ELSASS

Das ehemalige Herrenhaus mit efeubewachsenem Innenhof in Obernai bietet helle, moderne Zimmer, ein Spa, ein Gourmetrestaurant und eine Weinstube. *www.cour-alsace.com/de/*

HÔTEL DES BERGES

Das Hôtel des Berges liegt am Fluss Ill in Illhaeusern und beherbergt auch das mit zwei Michelin-Sternen gekrönte Restaurant L'Auberge de L'Ill. Das Fünf-Sterne-Haus sorgt mit luxuriös-rustikalen Suiten, einer privaten Fischerhütte und einem Airstream Overlander aus den 1970er-Jahren, der im wunderschönen Garten steht und ebenfalls gemietet werden kann, für eine große Extraportion Wohlbefinden. *www.auberge-de-l-ill.com/de/*

07

AKTIVITÄTEN

COLMAR

Colmar hat in Sachen Kultur die Nase vorn. Die von Kanälen durchzogene Stadt ist der Geburtsort von Frédéric Auguste Bartholdi, der die New Yorker Freiheitsstatue schuf: Sein Wohnhaus aus dem 19. Jahrhundert ist heute ein Museum.

Im Musée Unterlinden gilt es den weltberühmten Isenheimer Altar zu bestaunen. Geschaffen wurde er 1512 bis 1516 von dem Bildschnitzer Niklaus von Hagenau und dem Maler Grünewald. *www.tourisme-colmar.com/de/*

CHÂTEAU DU HAUT KŒNIGSBOURG

Das schon rund 900 Jahre alte Château du Haut Kœnigsbourg thront in der Nähe von Bergheim über den idyllisch anzusehenden Weinbergen. Das Schloss ist einen Abstecher wert, denn es bietet einen Rundumblick auf die Vogesen, den Schwarzwald und an wolkenfreien Tagen sogar bis zu den Alpen. *www.haut-koenigsbourg.fr/de/*

EVENTS

FÊTES DU VIN

Im Spätsommer werden in den Dörfern Weinfeste *(Fêtes du Vin)* gefeiert mit Verkostungen, Wanderungen durch die Weinberge, Kellereibesichtigungen, Volksmusik und Schlemmereien. In den „goldenen Monaten" September und Oktober kommen noch die Weinlesefeste *(Fêtes des Vendanges)* hinzu. Traditionell gehören dazu Neuer Wein *(Vin Nouveau)* und Flammkuchen. *www.vinsalsace.com*

MARCHÉ DE NOËL

Im Dezember erstrahlt Colmar in festlichem Licht mit seinem Weihnachtsmarkt, der zu den schönsten des Landes gehört und Weihnachtsmusik, Krippen, Bauernmärkte, Kunsthandwerk sowie eine Eisbahn bietet. Hier kannst du Lebkuchen und *Zimtbredele* (Sternenkekse) naschen. *https://noel-colmar.com*

ANREISE
Bordeaux ist mit dem TGV-Hochgeschwindigkeitszug von Paris aus in gut zwei Stunden zu erreichen. Internationale Gäste fliegen den Flughafen Bordeaux-Mérignac an.

01

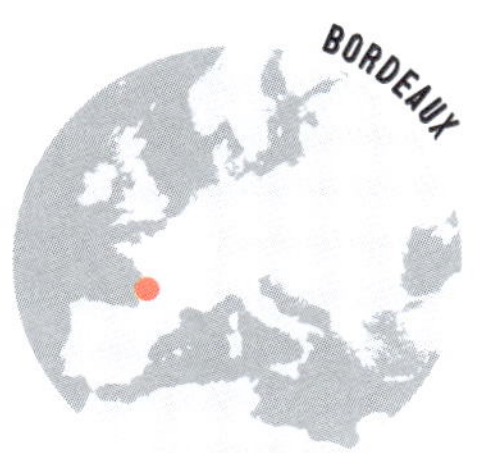

[Frankreich]

JOIE DE VIVRE IN BORDEAUX

Bordeaux ist Joie de vivre pur! Ein beliebtes Ziel für Weinfans, aber nicht nur das: Hier erlebst du eine boomende kulinarische Szene mit Lebensmittelmärkten, flippigen Bistros und leckerem Streetfood.

Bordeaux boomt! Die Stadt, deren Einwohner:innen sich Bordelais nennen, ist eines der historischen Weinzentren der Welt, beherbergt das futuristische Museum Cité du Vin und hat sich als angesagtes Partyziel Europas neu erfunden – als solches macht sie sogar Städten wie Barcelona und Berlin Konkurrenz. Die historischen Villen und Paläste an den begrünten Boulevards wurden einer lange überfälligen Renovierung unterzogen, bei der man den jahrhundertealten Staub und Schmutz entfernte. Die einst verwahrlosten Ufer der Garonne sind heute von alternativen Kulturzentren, Bars und Pop-up-Restaurants gesäumt; ganz in der Nähe sprudeln die herrlichen Fontänen des *Miroir d'Eau* – des größten Reflexionsbeckens der Welt.

Diese kosmopolitische Stadt bietet einfach alles, was das Foodie-Herz erfreut – vom urigen Speiselokal bis zum sternegekrönten Gourmettempel. Es ist leicht, traditionelle Bistros mit Gerichten wie *Entrecôte à la Bordelaise* oder Austern aus Arcachon zu finden, aber es gibt auch Lokale mit nordafrikanischer Küche, in denen du Couscous und Tajines genießen kannst. Auf das Angnehmste herunterspülen lässt sich das gute Essen auch in kreativen *Caves à Vins* – Weinbars, die köstliche Tapas-Gerichte und eine exquisite Auswahl edler Tropfen anbieten.

Die Stadt schmiegt sich an einen Fluss, La Garonne, der etwa 45 Kilometer weiter in den Atlantik mündet. Sein Verlauf durch Bordeaux gleicht einer Mondsichel, weshalb die Stadt, deren historisches Zentrum zum Weltkulturerbe der Unesco gehört, auch *Porte de la Lune* (Hafen des Mondes) genannt wird. Im 18. Jahrhundert war Bordeaux nach London die geschäftigste Hafenstadt der Welt. In den riesigen alten Docks und Weinlagern geht es inzwischen quirlig zu: Wohnprojekte, Ausstellungszentren, Musik- und Kunstveranstaltungen, Lebensmittelmärkte und angesagte Hotels haben die Hafenanlagen zu neuem Leben erweckt.

01 Die Altstadt von Bordeaux

02 Das Museum Cité du Vin bietet eine High-Tech-Reise durch die Weinkultur

03 Mit „Retro Tour Bordeaux" im Beiwagen eines Motorrads durch die Weinberge düsen

02

01 BAR DE LA MARINE

Die Fassade des traditionellen Bistros, das versteckt im alten Bacalan-Viertel liegt, lässt kaum vermuten, was sich dahinter verbirgt. Die dunkle, schmale Veranda am Eingang öffnet sich zu einem grünen Garten mit alten Metallstühlen und Tischen für 100 Gäste. An den efeuumrankten Wänden hängen kitschigschöne Spiegel vom Flohmarkt, vom Plattenspieler ertönen französische Chansons. Es gibt eine Holzhütte, in der der kulinarische Superstar von Bordeaux, Küchenchef Frédéric Coiffé, höchstpersönlich kocht, grillt und das Tanzparty-Flair seines Bistros inszeniert.

Freu dich auf herzhafte, erschwingliche Hausmannskost: große Platten mit Käse und Wurst aus der Region, Tintenfisch und Steaks sowie Gemüse vom Grill.

Im Winter ist der Garten geschlossen, aber der Retro-Charme verströmende Speiseraum hat auch dann von morgens bis abends geöffnet.

28 Rue Achard; www.facebook.com/bardelamarinebordeaux

02 CITÉ DU VIN

Mit ihrem aufregenden Design aus Glas und Metall sticht die kühne Cité du Vin, ein weltweit einzigartiges, klimafreundlich konzipiertes Weinmuseum, aus der Skyline von Bordeaux hervor. Die Besuchenden erwartet hier eine im Jahr 2023 völlig neu gestaltete interaktive Erlebnisausstellung rund um die Weine der Welt. Dazu gehören u.a. Verkostungsateliers, Workshops, digitale Hologramme, 3D-Filme und viele sensorische Herausforderungen. Die virtuelle Reise endet mit einer echten Verkostung in der Panoramabar auf dem Dach.

Obwohl die Cité über ein Gourmetrestaurant und eine Brasserie verfügt, sollte man nach der Verkostung lieber die „Halles de Bacalan", eine moderne Markthalle auf der anderen Straßenseite, besuchen. Der ganztägig geöffnete Markt bietet Bio-Gemüsestände und Metzgerläden, Austernbars und Food Trucks, die saftige Grillsteaks verkaufen.

134 Quai de Bacalan; www.laciteduvin.com

03 L'ÉCOLE DU VIN DE BORDEAUX

Die renommierte Weinschule hat Außenstellen in 24 Ländern, aber nichts ist vergleichbar mit den Kursen im hochmodernen Atelier der Stadt Bordeaux selbst. Anfänger

können mit einem Einführungsworkshop beginnen, in dem die Geheimnisse der Weinverkostung und die subtilen Aromen der verschiedenen Rebsorten erläutert werden. Gourmets erfahren mehr über das Kombinieren von Wein mit Schokolade, Käse und sogar Pizza, während fortgeschrittenere Weinliebhaber die Kunst des Verschneidens erlernen können. Die Lehrenden sind hervorragend und sorgen während der Kurse stets für eine unterhaltsame, ungezwungene Atmosphäre.

Nach den Workshops lohnt sich ein Besuch der eleganten Art-déco-„Bar à Vin", die vom Berufsverband für Bordeaux-Weine betrieben wird. Hier gibt es Weine von rund 35 wechselnden Erzeugern aus den 8500 Châteaux des Bordeaux.
3 Cours du 30 Juillet; www.ecoleduvindebordeaux.com; So geschl.

04 RETRO TOUR BORDEAUX

Um die weltberühmten Weinberge rund um Bordeaux zu erkunden, bietet sich eine Tour im Beiwagen eines Oldtimer-Motorrads an. Der Biker Alexandre Deblaere verzichtet dabei auf große Fachsimpeleien: „Wir fahren lieber auf einsamen Wegen durch die Weinberge, halten unterwegs für eine Verkostung in einem Château an und suchen uns dann ein ruhiges Plätzchen in den Weinbergen, um ein entspanntes Picknick mit Essen und Wein zu genießen", erklärt er.

Die Teilnehmenden haben die Wahl zwischen Touren zum berühmten Château Margaux im Médoc, zur mittelalterlichen Weinstadt Saint-Émilion oder zu den historischen Weingütern von Sauternes, die am – vornehmlich edelsüße Tropfen von höchster Qualität produzierenden – Château d'Yquem vorbeiführen.
Pick-up 12 Cours du 30 Juillet; www.retro-tour.com/en/destinations/retro-tour-bordeaux-en

05 LES CAPUCINS

Bordeaux hat viele tolle Lebensmittelmärkte, aber der historische Markt Les Capucins, der im Jahr 1749 erbaut wurde, ist einfach unvergleichlich! Der klassische, mit Eisenstreben und Glas überdachte Markt erwacht schon um 4 Uhr morgens zum Leben, wenn die Metzger riesige Steaks frühstücken, während die Nachtschwärmer auf eine letzte Flasche Wein vorbeischauen. Zum Verkauf stehen regionale Spezialitäten wie Foie gras und Kaviar aus Aquitanien, Enten-Confit und Hunderte Sorten von Käse. In der beliebten Marktbar

Ø4 Frische Austern auf dem Les-Capucins-Markt

Ø5 Canelés-de-Bordeaux-Kuchen mit Rum und Vanille

Ø6 Die Fête le Vin von Bordeaux ist eine große Party

Chez Jean-Mi drängen sich Einheimische für ein Glas Wein, während Touristen um Sitzplätze rangeln, um pralle Austern zu genießen.

Das Au Bistrot, ein Restaurant direkt am Markt, bietet traditionelle Spezialitäten wie *Lamproie* (Lampreten oder Neunauge – ein aalähnlicher Fisch aus der Garonne) in reichhaltiger Rotweinsauce an.
Place des Capucins; https://marchedescapucins.com; Mo geschl.

06 LA GUINGUETTE CHEZ ALRIQ

Die Franzosen lieben ihre *Guinguettes* – einfache Schenken am Wasser, in denen dem Essen, Trinken und Tanzen gefrönt wird. Schon die impressionistischen Maler des 19. Jahrhunderts verewigten das feucht-fröhliche Flair dieser Lokale auf der Leinwand. Heute sind die Guinguettes wieder in Mode. Das Ufer der Garonne ist der perfekte Ort, um in ihre ganz besondere Atmosphäre einzutauchen und zugleich einen Rundumblick auf die Stadt zu genießen.

Als Chez Alriq im Jahr 1990 hier eröffnete, war das rechte Ufer der Stadt noch ein hässlicher industrieller Schandfleck. Heute befindet sich hier der Parc aux Angéliques, ein grüner Korridor mit begrünten Promenaden und Blumengärten, und das Chez Alriq ist das beliebteste Lokal in Bordeaux: Von Mai bis Oktober wird in den Nächten durchgetanzt, während die Köche in der Open-Air-Küche *Steak frites* (Steak und Pommes frites), *Moules marinières* (Muscheln in Weißwein) und Cocktails mit lokalen Kräutern kreieren.
Port Bastide, Quai des Queyries; www.laguinguettechezalriq.com; Mo & Di geschl.

07 DARWIN ECO-SYSTÈME

Am rechten Flussufer von Bordeaux (direkt gegenüber dem Stadtzentrum) befindet sich am Quai des Queyries im Stadtteil Bastide das riesige Gelände einer ehemaligen Kaserne, die nachhaltig restauriert wurde und nun als „Darwin Eco-système" ein alternatives, innovatives urbanes Ökosystem präsentiert. Hier gibt es Kunstgalerien, Live-Musik, ökologisch nachhaltige Start-up-Unternehmen, Coworking-Spaces, spektakuläre Graffiti-Kunst und Skateboard-Parks. Das Darwin Eco-système produziert Gemüse und Pflanzen aus Permakultur-Anbau. Darunter versteht man ein Konzept der „dauerhaften Kultivierung" für Landwirtschaft und Gartenbau, mit dem Ökosysteme und Kreisläufe in der Natur nachgeahmt werden.

Besonders stolz ist man im Viertel auf „Le Magasin Général", das wohl größte Bio-Restaurant (und Biogeschäft) Europas. Hier gibt auch es eine Pizzeria, ein zwangloses veganes und vegetarisches Restaurant, Bier aus der hauseigenen Brauerei und Naturweine.
87 Quai des Queyries; https://darwin.camp

SCHLAFEN

CENTRAL HOSTEL BORDEAUX
Das preisgünstige Hostel im Stadtzentrum bietet klassische Schlafsäle mit je sechs oder acht Betten sowie komfortable Doppelzimmer mit eigenem Bad. Im flippigen Restaurant „Central Kitchen" werden Gerichte aus regionalen Zutaten serviert. Die kleine Dachterrasse ist der perfekte Ort für einen Drink bei Sonnenuntergang.
https://centralhostel.fr

LE SAINT-JAMES BOULIAC
Das zur Hotelkette Relais & Chateaux gehörende Saint-James Bouliac ist die perfekte Adresse für einen luxuriösen Aufenthalt. Nur wenige Minuten südöstlich des Stadtzentrums von Bordeaux gelegen, umgeben von der landschaftlichen Idylle der Bordeleaiser Weinberge, fühlst du dich hier wie in einer ganz eigenen Welt. Die Hotelbesitzer haben ein Bauernhaus aus dem 18. Jahrhundert in ein modernes Designhotel umgewandelt und ein sternegekröntes Restaurant hinzugefügt.
www.saintjames-bouliac.com

06

AKTIVITÄTEN

BORDEAUX RIVER CRUISES
Stadt, Land, Fluss: Sehr stimmungsvoll sind die täglichen Kreuzfahrten auf der Garonne – dem Fluss, der die Stadt in zwei Hälften teilt – oder ein Segelausflug (April bis Oktober) zu den Weinbergen von Graves und Sauternes oder zu den berühmten Médoc-Schlössern an der Mündung der Gironde.
www.bordeaux-river-cruise.com

LES BASSINS DES LUMIÈRES
Für die Bassins de Lumières wurde ein ehemaliger Wehrmachtsbunker des Atlantikwalls in eine spektakuläre Bühne verwandelt. Darin werden berühmte Werke der Kunstgeschichte digital auf fast alle vertikalen Flächen projiziert, zudem spiegeln sie sich in vier der elf Becken des Bunkers aus Stahlbeton. Ein beeindruckendes Erlebnis!
www.bassins-lumieres.com

EVENTS

BORDEAUX FÊTE LE VIN
Bei diesem viertägigen Spektakel im Juni dreht sich alles um das Thema Wein. Freue dich auf die Verkostungen an den vielen Weinständen, die dazu entlang der Garonne aufgebaut werden. Im Wechsel mit dem in geraden Jahren (2024, 2026) stattfindenden Weinfest findet in ungeraden Jahren (2025, 2027, ebenfalls im Juni) ein Flussfest statt.
www.bordeaux-wine-festival.com

01

ANREISE
Calvi und Bastia werden von zahlreichen Flughäfen in Deutschland und Österreich angeflogen. Mit der Fähre vom Festland erreicht man Korsika am besten von Genua aus. Zwischen Calvi, Bastia und Ajaccio verkehren Züge. Der zwischen Calvi und L'Île-Rousse pendelnde Küstenzug befährt eine der schönsten Bahnstrecken Frankreichs.

[Frankreich]

EINFÜHRUNG IN DIE KORSISCHE KÜCHE

Die „Insel der Schönheit" im Mittelmeer bietet das Beste von Land und Meer, fügt etwas französisches und italienisches Flair hinzu und zaubert daraus etwas ganz Eigenes.

Korsika gehörte einst zur Republik Genua. Auch die korsische Sprache hat sich nicht aus dem Französischen, sondern aus einem toskanischen Dialekt entwickelt. Die jahrhundertelangen Invasionen durch Piraten und andere Aggressoren führten dazu, dass die Einheimischen von der Küste in die Berge flohen, wo die meisten von ihnen auch blieben. Und genau dort entwickelte sich die Essenz der korsischen Küche: im tiefen Hinterland mit seinen kleinen, von Weinbergen, Olivenhainen, Obstgärten und Hügeln umgebenen Bergdörfern. Die Landschaft hier ist von duftendem Macchia-Dickicht erfüllt, das praktisch die gesamte Insel in einen besonderen Duft hüllt. Wo Wildschweine, iberische Schweine, Schafe, Ziegen und Kühe grasen, wachsen Rosmarin, Myrte, Minze, Salbei und Wacholder – Kräuter, die die Fleisch- und Milchprodukte Korsikas aromatisch verfeinern.

In Calvi im Nordwesten der Insel verschmelzen Land und Meer auf wunderbare Weise. Die schicke Uferpromenade der Stadt ist von Bars und Restaurants gesäumt. Spaziert man hinauf zur Zitadelle aus dem 12. Jahrhundert, findet man in den gepflasterten Gassen noch viele weitere Lokale. Hinter dem Hafen von Calvi befinden sich schmale Gassen und winzige Plätze, die von weiteren Restaurants gesäumt werden.

Von Calvi aus kann man der *Strada di l'Artigiani*, der Straße der Kunsthandwerker, in die Region Balagne folgen, wo lokales Essen und Wein ebenso zelebriert werden wie das Kunsthandwerk. Wenn du die Bergdörfer der Region sowie die Hafenstadt L'Île-Rousse an der Nordküste und Galéria weiter südlich besuchst, lernst du Weingüter, Käsereien, Fleischereien und Bauernhöfe kennen, deren Produkte auch auf den Tellern der korsischen Restaurants landen.

02

03

01 ANNIE TRAITEUR

Der Lebensmittelladen *(Épicerie)* von Annie Giaconella regt die Sinne an – er bietet eine üppige Vielfalt von frischem Obst und Gemüse, korsische Wurstwaren, die von der Decke baumeln, und Theken mit einheimischen Käsesorten, Oliven, hausgemachten Quiches, Pizzas, Torten, Antipasti und Salatzutaten.

„Wenn man in unser Geschäft kommt, riecht man den Duft Korsikas, den Duft der Kräuter und des Schinkens", sagt Alex Orsini, der Mitarbeiter von Annie Traiteur. Alex kennt Annie und ihre Tochter Valérie, die jetzt das Geschäft führt, schon seit drei Jahrzehnten. Annie ist zwar offiziell im Ruhestand, aber das hindert sie nicht daran, weiterhin Marmeladen, Senf und aromatisierte Salze selbst herzustellen. Am schnellsten gehen die Wurstwaren über die Theke – reichhaltig gewürzte *Coppa*, *Panzetta*, *Figatelli*, *Lonzu* und *Prizuttu*.

5 rue Georges Clemenceau, Calvi; www.annietraiteurcalvi.com

02 CLOS LANDRY

Die Familie Paolini keltert seit dem Jahr 1900 nun schon in fünfter Generation Wein. Ihr 25 Hektar großes Weingut Clos Landry liegt am südlichen Stadtrand von Calvi. Aus einheimischen korsischen Trauben – rote *(Nieullucciu* und *Sciaccarellu)* sowie weiße *(Vermentino* und *Biancu gentile)* – stellen sie den frischen und fruchtigen *Vin de Corse Calvi* her; einen lokalen Wein, der unter dem Schutzsiegel der französischen *Appellation d'Origine Contrôlée* (AOC) steht. Das ist genau der Wein, den man an der korsischen Küste trinken möchte. Der Gris Rosé ruft Sommertage am Strand wach. Du kannst an einer Verkostung im ehrwürdigen Bauernhof teilnehmen oder durch die Weinberge spazieren, die einen tollen Ausblick auf die Zitadelle von Calvi bieten.

Route de la Forêt de Bonifato; www.closlandry.com; Sa & So geschl.

03 LE RESTAURANT GASTRONOMIQUE LA SIGNORIA

Das La Signoria, eines der vier Sternerestaurants auf Korsika, hat eine idyllische Lage südlich von Calvi in einem abgelegenen Herrenhaus aus dem 18. Jahrhundert. Pinienwälder und Weinberge umgeben das aristokratisch wirkende Anwesen, mit den Bergen des Bonifatu Cirque am fernen Horizont. Gespeist wird auf einer überdachten Terrakotta-Terrasse mit Blick auf einen medi-

01 Der Hafen von Calvi

02 Bootsausflug durch das Naturschutzgebiet Scandola

03 & 04 Die Fromagerie Pelliciani züchtet ihre eigenen Schafe

05 Korsische Seeigel werden in vielen lokalen Gerichten verarbeitet

terranen Garten, der mit herrlich duftenden Pflanzen, von Rosen bis Eukalyptus, bewachsen ist. Das ist die ideale Kulisse für die mediterrane Küche von Juan Carlos Perez Durán, der hier mit vollen Händen aus dem natürlichen Reichtum Korsikas schöpfen kann. Daraus kreiert er unvergessliche Degustationsmenüs, die keine kulinarischen Wünsche offen lassen. Duráns Vorgänger im La Signoria, Romain Masset, ist inzwischen Chef im La Verrière in Olmeto, dem Gourmetrestaurant im Hôtel Marinca im Süden der Insel. *Route de la Forêt de Bonifato; www.hotel-la-signoria.com; Anfang Nov.–Anfang April geschl.*

04 STÉPHANE SHINTU FROMAGERIE DE PELLICIANI

Vom 3D-Videografen in Paris zum Schafzüchter und Käseproduzenten: Keine übliche Karriere, aber eine, die Stéphane Shintu einschlug, als sein Arbeitgeber vor fünf Jahren die Firma schloss. Jetzt ist der aus Calvi stammende Milchbauer glücklich auf seinem Bauernhof in Calenzana, wo er korsische Schafe züchtet und je nach Saison Käse, Butter und andere Milchprodukte herstellt. In seiner Fromagerie produziert er den klassischen korsischen Frischkäse *Brocciu* sowie andere Käsesorten wie *Tommes de Corse* und Käse mit einer Schicht aus Macchia-Kräutern.

„Was mir an dieser Arbeit besonders gut gefällt", sagt Shintu, „ist der Kontakt mit der Natur und ihren Jahreszeiten sowie der praktische Aspekt meiner Tätigkeit."

Sein Käse wird auf dem Bauernhof (vorher anrufen), im La Signoria und bei Annie Traiteur verkauft. *Lieu dit Pelliciani, D51, Calenzana; www.facebook.com/fromageriedepelliciani; Di–Do 13–15 Uhr*

05 LE MARINELLA

Das stilvolle und dennoch ungezwungene Restaurant am Strand von L'Île-Rousse ist der richtige Ort für ein entspanntes Essen – vor allem, wenn du einen Tisch am Wasser ergatterst, wo du die Füße in den Sand stecken kannst. Aufgrund der Lage sind die Preise hier etwas höher, aber die Qualität der Speisen ist das Geld durchaus wert. Die Tapas-Variationen des Restaurants eignen sich auch für ein Mittagessen: Anchovikrapfen mit Chilisauce, frittierte Brocciu-Nuggets, Zucchinibällchen, korsische Würste und Olivenpaste. Die Muscheln werden mit einer reichhaltigen Seeigelsauce serviert.

Ø6 Wurstwaren aus Schweinefleisch sind ein zentrales Element der Inselküche, die vor allem vom Hinterland inspiriert ist

Ø7 Der korsische Fromage de Brebis

Ø8 Das Naturschutzgebiet Scandola gehört zum Weltnaturerbe der Unesco

Das korsische Drei-Gänge-Menü am Abend bietet Top-Qualität zum günstigen Preis und besteht in der Regel aus korsischen Fleischwaren und Seebrasse mit Pesto.
Promenade de la Marinella, L'Île-Rousse; Tel. +33 4 95 60 28 36

06 A MANDRIA DI PIGNA

Auf jenem Land, das ihr Großvater als letzter Schafzüchter des Dorfes bewirtschaftete, betreiben die Küchenchefin Isabelle Volpei und ihr Mann Loïc Refrais das Restaurant A Mandria di Pigna. In dem gemütlich-traditionell eingerichteten Speiseraum, auf der überdachten Terrasse und in den nach Macchia duftenden Gärten mit Bergblick bietet das Paar vor allem Gerichte mit korsischem Fleisch und Gemüse. Das Gemüse stammt aus dem eigenen Garten; das Kalbfleisch, das Lamm (aus Milchfütterung), die Wurstwaren und der Käse steuern regionale Produzenten bei. Das Restaurant kredenzt aber auch gerne mal schottisches Rindfleisch, französische Ente und spanisches Iberico-Schwein vom Holzkohlegrill. Die *Tarte aux herbes*, eine Mischung aus Schafskäse, Macchia-Kräutern und einem Confit aus Mangold und Lauch, schmeckt üppig nach korsischen Aromen, das Trüffelrisotto ist geradezu überirdisch cremig.
Pigna; www.restaurantpigna.com; April–Juni, Sept & Okt. Di–So, Juli & Aug. täglich geöffnet

07 LA CABANE DU PÊCHEUR

Der Fakt, dass sich am Kiesstrand von Galéria Kühe tummeln, lässt schon erahnen, wie abgeschieden das Dorf La Cabane du Pêcheur ist. Der Ort liegt 40 Autominuten südlich von Calvi und beherbergt das Fischrestaurant des Ehepaares Jérôme (der Fischer ist) und Céline (die das Restaurant leitet). Sie servieren bereits seit dem Jahr 2008 in einer hübschen Holzhütte mit Strandterrasse Fischgerichte, die auf den ersten Blick sehr einfach wirken, aber köstlich schmecken. Was immer Jérôme täglich aus dem Meer holt, wird zu Tacos, Burgern, Suppe oder Grillfilets verarbeitet. Das Gemüse kommt von einem Bio-Bauernhof in der Nähe, Teller und Besteck werden direkt recycelt. Das Lokal ist nicht billig, lohnt wegen seiner frischen Gerichte aber einen Besuch.
Route du Bord de Mer, Galéria; www.facebook.com/lacabanedupecheurgaleria/; Ende Sept. bis Anfang Mai geschl.

SONST NOCH WICHTIG

SCHLAFEN

HOTEL L'ACQUALE
Das Viersternehotel l'Acquale hat eine exzellente Lage nur fünf Gehminuten vom Hafen in Calvi entfernt. Die 44 Zimmer sind schlicht, aber geschmackvoll eingerichtet und verfügen über Balkone mit herrlichem Ausblick auf die Bucht, die Zitadelle von Calvi und den beheizten Swimmingpool. Die Dachbar bietet einen schönen Panoramablick und ist von Juni bis September ein toller Ort für einen Aperitif und Tapas.
www.hotelacquale.com

HOTEL LA SIGNORIA
Das Fünfsternehotel gehört zur Hotelkette Relais & Chateaux. Es bietet 30 elegante Zimmer und Suiten in einem Landgut aus dem 18. Jahrhundert. Zudem verfügt es über ein Spa mit Außenpool und beherbergt das Restaurant La Signoria, das mit einem Michelin-Stern gekürt wurde.
www.hotel-la-signoria.com

AKTIVITÄTEN

NATURSCHUTZGEBIET SCANDOLA
Diese Unesco-Welterbestätte an der Nordwestküste Korsikas ist ein wahres Naturwunder! Hohe vulkanische Klippen, winzige Buchten und brütende Fischadler: All dies bekommen Gäste zu sehen, wenn sie eine Bootstour hierher unternehmen – denn das Naturschutzgebiet ist nur auf dem Wasserweg erreichbar. Im Hafen von Calvi bieten mehrere Unternehmen Bootstouren an. Wir empfehlen die rund vierstündige Tour von Calvi Evasion. Sie beinhaltet einen Badestopp.
www.calvi-evasion.com

EVENTS

CALVI ON THE ROCKS
Dass fünftägige Festival für Elektromusik erobert im Juli die Strandbars und den Hafen.
www.calvionthe rocks.com

RENCONTRES DE CHANTS POLYPHONIQUES DE CALVI
Im September finden in der Kathedrale und im Oratorium von Calvi stimmungsvolle abendliche Konzerte statt; die Klänge der mehrstimmigen korsischen Choräle erfüllen die gesamte Zitadelle.
www.facebook.com/rencontrespolyphoniquescalvi

ANREISE
Die Île-de-France umschließt Paris vollständig. Die meisten Ziele sind von der Hauptstadt aus mit öffentlichen Verkehrsmitteln (z. B. den Pariser Regionalzügen) leicht zu erreichen.

[Frankreich]

DIE RENAISSANCE DER ÎLE-DE-FRANCE

Wer den Bioanbau in Frankreich kennenlernen möchte, der sollte nicht nur Paris, sondern auch die umliegende Region erkunden, wo engagierte Landwirt:innen, Lebensmittelproduzent:innen und Traditionswinzer:innen ansässig sind.

Die Île-de-France wird (verständlicherweise) oft mit Paris gleichgesetzt. Die Stadt des Lichts ist zwar der lebendige Kern der Île-de-France, doch sie ist auch dicht besiedelt und stark touristisch geprägt. Die Region jenseits der Großstadt ist dagegen herrlich ländlich und reich an hervorragenden ess- und trinkbaren Produkten.

Besonders reizvoll ist die Weinindustrie. Die Île-de-France war mehrere hundert Jahre lang die größte und renommierteste Weinbauregion Frankreichs – größer als die Champagne, Burgund oder Bordeaux. Doch im 19. Jahrhundert erlebte man hier eine Urbanisierung, die mit Rebenkrankheiten und einer Verlagerung von Qualität auf Quantität einherging. Alles zusammen trieb die Branche fast in den Ruin. Erst als im Jahr 2016 das Verbot der kommerziellen Weinproduktion in der Île-de-France aufgehoben wurde, ging es wieder aufwärts. Im Jahr 2020 bekam die Region das Siegel „g. g.A." (geschützte geografische Angabe), sodass der Name „Île-de-France" fortan auf den Weinetiketten genannt werden durfte. Heute gibt es in der Île-de-France rund 200 Weingüter, von denen viele biologisch und/oder biodynamisch wirtschaften.

Auch die Lebensmittel der Île-de-France sind nicht ganz unbekannt. Der Brie-Käse stammt aus dem Departement Seine-et-Marne, aus dem auch noch andere cremige Käsesorten kommen. Senf, Essig, Honig und Konfitüre werden ebenfalls dort hergestellt, zudem produziert die Region eine Vielzahl hochwertiger Getreidesorten sowie Obst und Gemüse. Alle diese Köstlichkeiten werden auf den Tischen der Spitzenrestaurants in Paris und Umgebung serviert.

01 Die königlichen Gärten von Versailles

02 La Bouche du Roi baut Wein in der Ebene von Versailles an

03 Das innovative Restaurant Le Doyenné liegt in einer alten Schlossanlage

04 Gemüse und Obst zum Selbstpflücken bei Cueillette du Plessis

02

01 CLOS MONTMARTRE

Der berühmteste Weinberg von Paris (es gibt insgesamt elf) liegt versteckt hinter Mauern und Zäunen in einem der belebtesten Viertel der Stadt. Obwohl die heutigen Rebstöcke erst 1933 gepflanzt wurden, erinnert die Parzelle an die sechs florierenden *Clos* (ummauerte Weinberge), die vom 12. bis zum 19. Jahrhundert in der Nähe bewirtschaftet wurden. Die hier geernteten Trauben werden zu dem einzigen Wein gekeltert, der in der Stadt Paris hergestellt wird.

Jedes Jahr Mitte Oktober findet die beliebte dreitägige *Fête des Vendanges de Montmartre* (Fest der Weinlese auf dem Montmartre) statt.

Besichtigungen der Weinberge sind über das Musée de Montmartre oder auch im Rahmen einer Privatführung möglich. Das Unternehmen Paris Wine Walks (www.paris-winewalks.com) hat sich auf informative Führungen zu den Pariser Weinbergen spezialisiert.

Rue des Saules; Paris, www.comitedesfetesdemontmartre.com; Besuch nur nach Voranmeldung

02 NATURE URBAINE

Nicht alle Dächer sind gleich. Das Dach von Pavillon 6 im Ausstellungs- und Konferenzzentrum „Paris Expo Porte de Versailles" im Südwesten von Paris ist etwas ganz Besonderes, denn hier befindet sich die größte städtische Dachfarm Europas. Sie umfasst eine Fläche von 14 000 Quadratmetern und produziert täglich bis zu 1000 Früchte. Noch besser: Auf der Farm werden nachhaltige landwirtschaftliche Verfahren wie Aeroponik und Hydrokultur eingesetzt.

Die Farm beliefert Restaurants in Paris, die Wert auf lokale Saisonprodukte legen. Sie selbst ist nur im Rahmen von organisierten Führungen zu besichtigen, aber man kann einen Sitzplatz im Le Perchoir reservieren – einem schicken Bar-Restaurant, das sich ebenfalls auf dem Dach befindet und Produkte aus der Farm verwendet.

2 avenue de la Porte de la Plaine, Paris; www.nu-paris.com; Nov. bis April geschl.

03 DOMAINE LA BOUCHE DU ROI

Im Jahr 2016 bepflanzten Adrien Pélissié, Julien Bengué und Julien Brustis in der Ebene von Versailles – dem ehemaligen Jagdgebiet der französischen Könige – einen 26 Hektar großen Weinberg mit sechs Rebsorten. Damit ist La Bouche du

Roi das größte Weingut der Île-de-France. Die ersten Jahrgänge wurden 2019 produziert. Inzwischen haben die Inhaber eine Reihe von önotouristischen Angeboten entwickelt. So kann man das Gelände ganzjährig besichtigen, sich bei der Arbeit an den Rebstöcken versuchen und Weinproben oder Kombinationen aus Wein und Speisen inmitten der Reben genießen.
12 Rue Saint Jacques, Davron; www.la-bouche-du-roi.com; Besuch nur nach vorheriger Reservierung

04 LE DOYENNÉ

Für Shaun Kelly und James Henry, die beiden australischen Chefköche und Inhaber dieses Farmrestaurants, dreht sich alles um den hauseigenen Gemüse-, Obst-, Kräuter- und Blumengarten. Sie nutzen bewährte Methoden der regenerativen Landwirtschaft und moderne Anbautechniken, die schmackhafte Produkte hervorbringen und gleichzeitig gut für die Umwelt sind.

Die hochwertigen Lebensmittel, die sie in ihrem Garten ernten, dienen den Köchen als Inspiration. Ihre Gerichte bieten ein exquisites kulinarisches Erlebnis, vor allem, wenn sie durch weitere regionale Zutaten ergänzt und mit natürlichen Weinen kombiniert werden.

Seine Lage macht Le Doyenné noch reizvoller, denn der Bauernhof und das Restaurant befinden sich auf dem historischen Gelände des Châteaus de Saint-Vrain, etwa 40 km südlich von Paris. Das Restaurant ist in einer umgebauten Scheune untergebracht, und es gibt auch einige rustikal-luxuriös ausgestattete Gästezimmer sowie eine Suite, die auch gleich zusammen mit einer Tischreservierung im Restaurant gebucht werden können.
5 rue Saint-Antoine, Saint-Vrain; www.ledoyennerestaurant.com

05 PFLÜCKGARTEN CUEILLETTE DU PLESSIS

Dieser 25 Hektar große, familiengeführte Pflückgarten wurde von echten Fans frischer Produkte für Gleichgesinnte geschaffen. Er bietet 50 Obst- und Gemüsesorten für Gourmets, die echten Geschmack zu schätzen wissen. Also: Schnapp dir einen Korb und pflücke die Zutaten für deine nächsten hausgemachten Gerichte doch gleich selbst!

Du Plessis ist eines von zehn in Île-de-France ansässigen Mitgliedern des „Chapeau de Paille“ (www.chapeaudepaille.fr), eines Netzwerks von Pflückgärten, das auf nachhaltige

Ø5 Käse gehört zu den beliebtesten Produkten der Île-de-France

Ø6 Die mittelalterliche Festungsstadt Provins

Landwirtschaft setzt. Wenn es im Winter keine frischen Produkte gibt, schließen die Pflückgärten, aber der Markt des Du Plessis bleibt das ganze Jahr über geöffnet und verkauft lokale landwirtschaftliche Erzeugnisse sowie hochwertige regionale Produkte wie Käse und Geflügel.
Route de Lumigny D20, Lumigny; www.cueillettedelumigny.fr; Mo geschl.

06 DOMAINE BOIS BRILLANT

Im Jahr 2013, noch bevor die kommerzielle Weinproduktion in der Île-de-France wieder erlaubt war, wagte Daniel Kiszel den Sprung ins kalte Wasser. Als Autodidakt und angehender Winzer, der sich der Permakultur verschrieben hat, pflanzte er 2013 die ersten Rebstöcke. Damals nahm ihn kaum jemand ernst, aber heute produziert er in seiner (einen Hektar großen) Domaine Bois Brillant, dem ersten professionellen Weingut der Region, angesehene biologische, natürliche und/oder biodynamische Weine. Sein „Maison de la Vigne et du Vin" gibt einen Überblick über die Geschichte des Weinanbaus in der Île-de-France und bietet Touren zu Weinbergen, Weinverkostungen sowie Praktika in den Weinbergen an.
30 rue de la brosse, Guérard; www.vigneenvie.fr; Mo–Fr geöffnet, Sa nur nach Voranmeldung

07 FROMAGERIE GANOT

Gibt es einen Käse, der typischer für Frankreich ist als der Brie? In der Fromagerie Ganot, der ältesten (1895 eröffneten) Brie-Käserei der Welt, können Käseliebhaber alles über das cremige Kuhmilcherzeugnis aus der Île-de-France erfahren.

Bei der Führung und Verkostung erklärt ein „Reifemeister", wie der Brie seinen Geschmack und seine Textur erhält, und er stellt die verschiedenen Brie-Sorten vor (Brie de Meaux ist die berühmteste). Nach einem Besuch in der Käserei wird ein einfaches Stück Brie etwas ganz Besonderes für dich sein.
4 rue Cécile Dumez, Jouarre; https://fromagerie-ganot.fr; Führungen nur samstags

08 LA GUINGUETTE CHEZ GÉGÈNE

In seinem Gemälde *Le déjeuner des canotiers* (Das Frühstück der Ruderer) fing Pierre-Auguste Renoir die lebhafte Atmosphäre einer *Guinguette* ein – einer Freilufttaverne am Flussufer, wie sie im 18. Jahrhundert vor allem in den südöstlichen Vororten von Paris beliebt waren. In den heutigen Guinguettes geht es nicht weniger fröhlich zu: Es sind oft mit Lichterketten geschmückte Tanzlokale unter freiem Himmel, in denen Akkordeonmusik für Stimmung sorgt. Traditionelles Essen und jede Menge Wein ergänzen das Partyflair dieser Lokale und machen die Guinguettes zu Orten, die die urbanen und ländlichen Reize der Île-de-France perfekt kombinieren.

Das Chez Gégène, am Ufer der Marne gelegen, ist die einzige Guinguette, die seit ihrer Eröffnung im Jahr 1918 durchgängig geöffnet ist.
162bis quai des Polangis, Joinville-le-Pont; www.chez-gegene.fr; Mo, Di & Mitte Dez.–März geschl.

SONST NOCH WICHTIG

SCHLAFEN

FERME D'ORSONVILLE

Dieser komfortable, 120 Hektar große Bauernhof, der seit 1978 von der Familie Pellissier betrieben wird, verfügt über Felder voller Weizen und Gerste. Er ist umgeben von den riesigen Wäldern und Sümpfen des Regionalen Naturparks Gâtinais, der zahlreiche Wander- und Reitwege bietet.
www.ferme-orsonville.fr

MAISON STELLA CADENTE

Hinter der klassischen Fassade eines Gutshofes aus dem 19. Jahrhundert in Provins verbirgt sich eine ungewöhnlich überraschende Inneneinrichtung, die von der Designerin Stella Cadente geschaffen wurde. Jedes Zimmer hier hat ein eigenes Motto; im eleganten Salon und auf der schattigen Terrasse kannst du raffinierte Speisen genießen.
www.stellacadente-provins.com

AKTIVITÄTEN

PALAST UND GÄRTEN VON VERSAILLES

Das grandiose königliche Anwesen wurde im 17./18. Jahrhundert von König Ludwig XIV. errichtet und verfügt über ausgedehnte Landschaftsgärten sowie zahlreiche Nebengebäude. Der prachtvolle Königspalast besteht aus einer Vielzahl von Salons, Sälen und Privatgemächern.
www.chateauversailles.fr

SCHLÖSSER DER REGION

Neben dem Schloss Versailles hat die Île-de-France noch zahlreiche weitere private und königliche Schlösser zu bieten. Besondere Aufmerksamkeit verdienen Fontainebleau, Vincennes, Rambouillet, Ferrières und Vaux-le-Vicomte. Man sollte auch die umliegenden Parks besuchen, vor allem die ausgedehnten Wälder von Rambouillet und Fontainebleau, die von schönen Wanderwegen durchzogen sind.

DIE MITTELALTERLICHE STADT PROVINS

Provins hat einen beeindruckenden Wehrturm (den Tour César) aus dem 12. Jahrhundert mit mächtigen Festungsmauern und einen gleichnamigen Weinberg. Die Stadt bietet faszinierende unterirdische Galerien aus dem Mittelalter und einen schönen Rosengarten.
www.provins.net

EVENTS

TASTE OF PARIS

Die viertägige Veranstaltung „Taste of Paris" präsentiert Mitte Mai die größten Kochtalente von Paris. Das Grand Palais ist mit kleinen Pop-up-Restaurants gefüllt, in denen Köche (teils von Sternerestaurants) Kostproben servieren, Live-Kochshows veranstalten und regionale Produkte präsentieren.
www.paris.taste festivals.com

ANREISE

Zwischen Lyon, Beaune und Dijon verkehren regelmäßig Züge, aber um die Gebiete außerhalb der Städte zu erkunden, braucht man ein Auto. Der internationale Flughafen Lyon-Saint-Exupéry ist gut an den Rest Europas angebunden, TGVs verbinden Paris innerhalb von zwei Stunden mit Lyon.

[Frankreich]

LIEBE GEHT DURCH DEN MAGEN

Von Unesco-geschützten Weinbergen bis zu den berühmtesten Chefköch:innen Frankreichs: Die kulinarische Power des französischen „Vallée de la Gastronomie" ist von deftigen Aromen und authentischer Kochkunst geprägt.

Kutteln, Schnecken, edler Rotwein und Käse, der so flüssig ist, dass man ihn auslöffeln muss: Die Region zwischen Lyon und Dijon hat es kulinarisch in sich. Seit sich die weinbegeisterten Römer im Jahr 43 v. Chr. auf dem sonnenverwöhnten „Gebetshügel" von Lyon niederließen und ihre „Winzerflügel" bis nach Norden in das Burgund ausbreiteten, sind diese beiden Städte ein Höhepunkt des *Vallée de la Gastronomie*. Durch dieses Tal der Gastronomie (und weiter bis Marseille) führt eine bedeutende Reiseroute, auf der Besuchende die kulinarischen Vorzüge der Region genießen können.

Wir konzentrieren uns hier auf das Gebiet zwischen Bourgogne-Franche-Comté und Auvergne-Rhône-Alpes. Zu Beginn des 20. Jahrhunderts entließen in Lyon viele Bürgerfamilien ihre Hausköchinnen, von denen einige daraufhin Restaurants eröffneten. Das brachte eine Reihe brillanter *Mères* („Mutter"-Köchinnen) hervor und war die Geburtsstunde der *Bouchons* (Lyoner Bistros), die bis heute für ihre deftigen Kutteln, Schweinefleisch und *Quenelle* (Zanderknödel) bekannt sind.

Mère Eugénie Brazier war 1933 die erste Köchin der Welt, deren beide Restaurants sechs Michelin-Sterne erhielten – jeweils drei das La Mère Brazier in Lyon und ein weiteres am Col de la Luèr. Bei ihr absolvierte auch Paul Bocuse eine Ausbildung – der berühmte Lyoner Koch, der in den 1970er-Jahren die „Nouvelle Cuisine" begründete.

Foodies, die durch das von Weinbergen gesäumte Beaujolais in Richtung Norden nach Burgund fahren, lernen hier die bürgerliche Küche eines Herzogtums aus dem 14. Jahrhundert kennen, das reicher und mächtiger war als das Königreich Frankreich selbst. Dies ist die Heimat der besten unverschnittenen Grand-Cru-Weine der Welt und des erstklassigen Fleisches der Charolais-Rinder. Die Flussstadt Mâcon wurde zu einer der Stätten des 2023 gegründeten französischen Netzwerks *Cité des Climats et Vins* erkoren; auch Dijon bleibt eine gastronomische Hochburg der Region.

01 MARCHÉ DE LA CROIX-ROUSSE

In Lyon gibt es viele Lebensmittelmärkte unter freiem Himmel, aber im Norden, auf der anderen Seite der Saône – dem sogenannten „Hügel der Arbeit", wo die Weber im 19. Jahrhundert Seide spannten –, werden die regionalen Produkte der Saison besonders harmonisch mit dem Flair der Dörfer verwoben. Einen Kilometer lang erstrecken sich die Lebensmittelstände entlang des Hauptboulevards von Croix-Rousse unter einem erbsengrünen Baldachin aus Schirmen und Sumpfkirschen. Es gibt ungezählte Tische und Lieferwagen voller Obst, Gemüse und Kräuter, handwerklich hergestelltes Brot und Schüsseln mit dem cremigen Schnittlauch-Käseaufstrich *Cervelle de Canut* (deutsch: Weberhirn) – ein historisches Grundnahrungsmittel der Seidenweber, das noch immer sehr beliebt ist. Die Käse- und Wurststände bieten mit Haselnüssen gespickte Schweinswürste sowie strohgereifte Käsesorten wie *Tomme de Vache* und *Beaufort d'Alpage*, die traditionell von den Sommerhirten hergestellt werden.

Tipp: Bring einen eigenen Korb oder eine geflochtene Strohtasche mit und mische dich fröhlich unter die einheimische Bevölkerung.

Bd de la Croix-Rousse, 4e, Lyon; Mo & nachmittags geschl.

02 FOOD TRABOULE

Dieser neu gestaltete Food Court in der Altstadt von Lyon vereint etwa zwölf Köche unter einem Dach, die die immer vielfältiger werdende Gastronomieszene dieser Stadt zu zelebrieren wissen.

„In unserer Gastronomie geht es darum, Gutes zu tun und nahbar zu sein", erklärt Tabata Mey, die Mitbegründerin und Chefköchin von Food Traboule. Ihre Gäste haben die Wahl zwischen Croques Monsieur mit Trüffel, Tacos d'Andouillette mit der köstlichen Lyoner Kuttelwurst, Frites de Quenelles (Pommes frites aus Lyoner Zanderknödeln) und anderen kreativen Streetfoodgerichten. Auch die historische Kulisse ist perfekt. Der Name des Food Courts bezieht sich auf die Traboules – Lyons versteckte Gänge und Passagen. In der Mitte erhebt sich ein Renaissanceturm, der wegen seiner lachsfarbenen Fassade den Spitznamen La Tour Rose (der rosafarbene Turm bzw. Rosenturm) trägt.

22 rue du Bœuf, Lyon; foodtraboule.com

01 Die Lyoner *Bouchons* (kleine Wirtshäuser) sind eine regionale Attraktion

02 & 03 Food Traboule kreiert Streetfood

04 Die Mikrobrauerei Two Dudes zeigt eine innovative Seite der Küche von Burgund

03 TWO DUDES

Diese innovative Mikrobrauerei in der kleinen Klosterstadt Tournus stellt mit ihren Craft-Bieren und Food-Pairings, die in einer schlichten Halle kredenzt werden die traditionelle Gastronomie ordentlich auf den Kopf. Man sollte unbedingt in der Brauerei vorbeischauen, um die Indian Pale Ales (IPAs), American Brown Ales und Lagerbiere zu probieren (und zu kaufen). Anschließend kannst du dich bei einem Aperitif mit hausgemachten Pickles, Rillettes und Crackern entspannen oder ein table d'hôte-Dinner mit perfekter Bierbegleitung genießen, serviert an einem der Gemeinschaftstische zwischen den Bierfässern. Guten Appetit!
ZA du Pas Fleury, Tournus; www.twodudes-brasserie.com; So & Mo geschl.

04 FERME AUBERGE DE LA BONARDIÈRE

Nicolas Roguet züchtet auf seinem urigen Bauernhof seit gut zwei Jahrzehnten das berühmteste Huhn Frankreichs: *Poulet de Bresse*. Nur wenige Bresse-Hühner verlassen Frankreich, was ein Mittagessen bei Nicolas Roguet – ein herzhaftes, hausgemachtes Festmahl mit *Terrine de Volaille* (einer zarten Geflügelpastete) und anschließendem Brathähnchen oder Hähnchen à la crème (in Sahnesoße) – zu etwas ganz Besonderem macht.

Für die AOP *(Appellation d'Origine Protégée* – ein begehrtes Qualitätssiegel) gelten strenge Regeln: Das vielgeliebte Huhn, das blaugraue Beine und einen roten Kehllappen hat, hüpft in den ersten zwölf Wochen seines Lebens frei auf den Wiesen herum.
Les Chênes, Bouhans; www.labonardiere-pouletdebresse.fr; Mittagessen Sa & So, Mitte April–Mitte Nov.

05 MOUTARDERIE FALLOT

Dijon-Senf hat kein eigenes geschütztes Label. Das heißt, er kann überall hergestellt werden. Am besten schmeckt er aber immer noch in seiner angestammten Heimat. Moutarderie Fallot ist der letzte Handwerksbetrieb der Welt, der als Familienunternehmen Dijon-Senf herstellt. Die Senfkörner werden in Verjus (dem Saft junger Trauben) eingeweicht und mit Steinen gemahlen, wie es seit 1840 üblich ist. Bei der Führung durch die Produktionsstätten in Beaune erfährst du, dass der *Moutarde de Bourgogne IGP* der einzige Senf ist, der heute aus lokal angebautem Brassica-Saatgut hergestellt wird. Ansonsten

06 Das Frühstück ist eine festliche Angelegenheit im Hôtel de l'Abbaye im Lyoner Stadtviertel Presqu'île

07 Place de la Libération im Herzen der Altstadt von Dijon

sind die Hersteller von Dijon-Senf auf importiertes Saatgut aus Kanada angewiesen. Nach der Führung kannst du beide Senfsorten an der Senfbar in der Boutique der Moutarderie Fallot probieren. Hinzu kommt eine bunte Vielfalt an aromatisierten Senfsorten.
31 rue du Faubourg Bretonnière, Beaune; www.fallot.com; So geschl.

06 CÔTE D'OR

Bourgogne Évasion veranstaltet halbtägige Slow-Cycling-Radtouren, die von Beaune aus über idyllische Landstraßen nach Süden führen. Dabei werden die Weinberge von Pommard, Volnay und Meursault erkundet.

Die von der Unesco als Weltkulturerbe geschützten *Climats de Bourgogne – Climat* ist der spezifisch burgundische Begriff für ein Weinbau-Terroir – lassen sich am besten erleben, indem man die Weine direkt vor Ort verkostet – zusammen mit den Winzer:innen zwischen grünen Rebstöcken oder in den Weinkellern. Santé!
www.bourgogne-evasion.fr; Nov.–März geschl.

07 ABBAYE NOTRE DAME DE CÎTEAUX

Viele Foodies bezeichnen den Rohmilchkäse *Abbaye de Citeaux* als „echten Stinker" –zweifellos ein Ehrentitel. Gäste der Region können seinen erdigen, scharfen Duft in der rund 1000 Jahre alten Abtei „genießen", wo er seit 500 Jahren hergestellt wird. Wer die Bibliothek, den Kreuzgang und andere Bereiche des Zisterzienserklosters, in dem 25 Mönche leben und arbeiten – besichtigen möchte, muss sich vorher anmelden. Wer ohne Voranmeldung kommt, kann nur den Laden der Abtei besuchen, in dem der Käse verkauft wird. Die Käsemeister Frère Frédéric und Frère Joel stellen hier wöchentlich 300 Käseleibe aus roher Kuhmilch her; die Milch stammt von Kühen, die in der Umgebung der Abtei weiden.
Route de Seurre, RD996, St-Nicolas-lès-Citeaux; www.citeaux-abbaye.org; So-morgen & Mo geschl.

08 CITÉ DE LA GASTRONOMIE ET DU VIN DE DIJON

In dem riesigen Waisenhaus aus dem 13. Jahrhundert bringt eine Dauerausstellung den Besuchenden die traditionelle französische Küchen-, Ess- und Weinkultur nahe. Rund 45-minütige Degustations-Workshops führen zudem in die französische Kunst der Dégustation ein; es werden Koch- und Cocktailkurse veranstaltet, und du kannst in den Gourmet-Boutiquen im *Le Village Gastronomique* einkaufen: Lebkuchen-Macarons zum Beispiel, seltenen Rohmilchkäse und *Crème de Cassis* (Likör aus chwarzen Johannisbeeren) vom Bauernhof. Wir empfehlen ein Barbecue auf dem Dach, ein schnelles Abendessen oder einen genussvollen Streifzug durch die *Vinostronomie* im Restaurant *La Table des Climats*. Dessen raffiniertes Konzept: Hier entscheidet nicht die Wahl der Speisen, sondern die Wahl der Weine über die Zusammenstellung des Menüs.
2 rue de l'Hôpital, Dijon; www.cite-delagastronomie-dijon.fr

SONST NOCH WICHTIG

SCHLAFEN

HÔTEL DE L'ABBAYE

In dem Boutique-Hotel Abbaye, das sich in einem Pfarrhaus aus dem 16. Jahrhundert an der Lyoner Presqu'île befindet, wird das *Petit dej* (Frühstück) geradezu zelebriert. Es besteht aus handwerklich hergestellten Fruchtsäften, Käse, *Viennoiseries* (Gebäck) und Kaffee aus der winzigen Rösterei LaGrange in der Haute-Saône.

Unbedingt probieren: Lyoner *Cervelle de Canut* (Käseaufstrich) und *Brioches à la Praline* – süße Brötchen mit einem Belag aus pinkfarbenem Lyoner Zuckermandel-Konfekt.
https://hotelabbaye lyon.com

AKTIVITÄTEN

LES BATEAUX LYONNAIS

In Lyon werden eine ganze Reihe von Kreuzfahrten angeboten, bei denen sich die Sehenswürdigkeiten der Stadt vom Wasser aus erkunden lassen. Ideal für Foodies ist die Kombination mit kulinarischen Genüssen etwa bei einer Stadtrundfahrt mit Charcuterie, Käse und Wein (ca. 1 Stunde) oder Mittagsfahrten im Restaurantboot (ca. 2 Stunden) auf der Saône, auf der auch Dinner-Kreuzfahrten (ca. 2,5 Stunden) angeboten werden. Wer es gerne ein bisschen luxuriöser (und dementsprechend teurer) haben möchte: Auch private Kreuzfahrten an Bord einer Jacht sind im Angebot.
https://tourscanner.com/de/s/lyon/i/bootstouren

MUSÉE DES BEAUX-ARTS

Das in einem Flügel des Herzogspalastes in der Altstadt von Dijon untergebrachte Museum zeigt Kunstreichtümer der Herzöge von Burgund. Dazu gehören Meister der Renaissance und der Moderne ebenso wie die spätmittelalterlichen Grabmäler der Herzöge und die Tierskulpturen des burgundischen Bildhauers François Pompon.
https://beaux-arts.dijon.fr

EVENTS

VENTE AUX ENCHÈRES DES VINS DES HOSPICES DE BEAUNE

Dieses dreitägige Spektakel am dritten Novemberwochenende ist das größte Weinfest in ganz Burgund. Es endet mit einer großen Weinauktion. Schauplatz der Festivitäten ist eines der bedeutendsten Baudenkmäler der Region: das mittelalterliche *Hôtel Dieu des Hospices de Beaune*. Es wurde bereits im Jahr 1443 erbaut und ist sofort an seinen bunten Steildächern aus polychromen Keramikziegeln zu erkennen – eine filmreife Attraktion!
www.beaune-tourismus.com

ANREISE
Die Normandie lässt sich am einfachsten mit dem Auto erkunden – die Anreise erfolgt mit dem Mietwagen ab Paris oder mit dem eigenen Fahrzeug via Autofähre, die nach Caen, Cherbourg und Le Harve verkehrt.

01

[Frankreich]

EINFACHE KOST IN DER NORMANDIE

Die traditionelle, bodenständige Küche der Normandie ist eine Liebeserklärung an die üppigen Obstgärten, hügeligen Wiesen und schönen Küstenstreifen der Region.

Kaum eine andere Region Frankreichs ist so malerisch wie die Normandie. Sie liegt zwar vor den Toren von Paris, könnte in kultureller Hinsicht aber nicht weiter entfernt von der Hauptstadt sein. Je tiefer man ins Landesinnere vordringt, desto mehr weicht die urbane Umgebung einer ländlichen Idylle aus üppigem Ackerland, alten Obstgärten und Dörfern mit schönen Fachwerkhäusern. Fügt man die rustikalen Landhäuser hinzu, sind alle Voraussetzungen für ein unvergessliches Wochenende voller kulinarischer Entdeckungen erfüllt.

Eine Reise in die Normandie dreht sich um die einfachen Freuden: ein Marktbesuch mit anschließendem Spaziergang am Strand, eine Wanderung über die Felder und ein herzhaftes Abendessen in einem Bistro mit Kerzenlicht.

Zur allgemeinen Erheiterung der Franzosen und Französinnen hat man festgestellt, dass es in zwei der fünf Departements der Normandie offiziell mehr Kühe als Menschen gibt. Kein Wunder also, dass die Region für ihre Milchprodukte berühmt ist – wer zum Beispiel den weichen, cremigen Camembert genießen will, der sollte unbedingt die Gemeinden Pont-l'Évêque und Neufchâtel besuchen.

An der Küste kannst du erleben, wie Austern fast direkt am Ort ihrer Ernte gepult werden. In der Saison verarbeitet man die prallen Jakobsmuscheln zu besonderen Speisen und zelebriert ihre Kost auch auf den jährlichen Hafenfesten. Für den Winter hält die Region reichhaltig-sättigend Spezialitäten bereit: Highlights der Normandie sind Blutwurst und Apfelkuchen, die mit kleinen Tassen voller *Cider* (Apfelwein) am knisternden Kaminfeuer verzehrt werden.

Übrigens sind die Einheimischen bekannt für ihre ausweichenden Antworten. Aber wenn es ums Essen geht, kennen sie kein Halten mehr. Sie wissen, dass die Küche ihrer Region zu den besten des Landes gehört und teilen gerne ihre Geheimnisse. Zumindest einige ...

01 Kirschernte in den Obstgärten der Normandie – das einfache Leben

02 & 03 Der Feinkostladen Maison Gosselin im Küstendorf Saint-Vaast-la-Houguee

04 Apfeltarte ist nur eine von vielen Spezialitäten der normannischen Küche

02

01 D'UNE ÎLE

Wenn das Team des viel gelobten Pariser Sternerestaurants Septime eine Filiale auf dem Land eröffnet, kann man etwas ganz Besonderes erwarten. Tatsächlich haben Bertrand Grébaut und Théophile Pourriat hier in ihrem wunderschön restaurierten Landgasthaus aus dem 17. Jahrhundert Räumlichkeiten geschaffen, die ihre Ambition widerspiegeln, eine tiefe und dauerhafte Verbindung mit der Region aufzubauen, die sie so sehr lieben. Es befindet sich auf einer acht Hektar großen Fläche am Rand des Parc Naturel du Perche in der Südnormandie. Trotz seiner Abgeschiedenheit ist es alles andere als ein kulinarischer Außenposten.

„Alle Gerichte bestehen aus lokalen Produkten, die aus der Sarthe und der Normandie stammen", sagt Grébaut. Auch wer nicht vor Ort übernachten will, sollte zum Mittagessen herkommen, denn die Gerichte sind saisonal, nachhaltig und überaus kreativ.

Die Produkte werden in der freien Natur gesammelt, im eigenen Garten angebaut oder von lokalen Erzeugern und Märkten bezogen. Olivenöl und Zitrusfrüchte kommen nicht zum Einsatz, da sie von außerhalb bezogen werden müssten, und die Frühstücks-Tartines (offene Sandwiches) für die Übernachtungsgäste werden mit Butter und Marmelade serviert, die direkt von benachbarten Bauernhöfen stammen.

Ein echtes Highlight sind die Naturweine aus biologischem, oft sogar biodynamischem Anbau.

Domaine de Launay,
Lieu dit l'Aunay, Rémalard;
www.duneile.com

02 LA FERME DU CHAMP SECRET

Die Familie Mercier ist schon seit vier Generationen das Herz der Milchwirtschaft in der Normandie. Sie betreiben nicht nur einen der ersten Bauernhöfe, der vor nun schon mehr als 15 Jahren seine Türen für Besuchende öffnete, sondern gehören auch zu den Pionieren der ökologischen Landwirtschaft in der Region. Ihr 180 Hektar großes, nachhaltig bewirtschaftetes Anwesen bietet biologische Vielfalt und wunderschöne Natur. Bei Führungen besucht man die Kühe auf den Feldern oder in den Heuställen und erlernt in der Käserei die Kunst der Camembert-Herstellung.

Neben dem weichen, geschmeidigen Camembert-Käse werden auch frische Sahne und frische gesalzene Butter verkauft.

La Novere, Champsecret; www.fermeduchampsecret.com; Führungen jeden Freitag 16 Uhr im Sommer (Juli & Aug.), ansonsten nur nach Voranmeldung

03 MAISON GOSSELIN

Das hübsche Hafendorf Saint-Vaast-la-Hougue, der drittgrößte Fischereihafen am Kanal, beherbergt das wohl schönste Lebensmittelgeschäft der Normandie. Das 1889 von Clovis Gosselin gegründete und heute in der fünften Generation geführte Maison Gosselin erinnert an Aladin im Wunderland. Das Geschäft umfasst nicht nur eine Feinkostabteilung mit riesigen Regalen voller Terrinen, Soßen und Suppen, sondern auch eine Kaffeerösterei und einen riesigen Wein- und Spirituosenkeller. Es ist eine Freude zu sehen, wie das Maison Gosselin regionale Produkte zelebriert: Schweinefleischpasteten mit Äpfeln und Calvados, knusprige Sarasin-Chips aus Buchweizen und in Apfelwein gebratene Garnelen-Rillettes sind nur einige der Köstlichkeiten des Hauses.

Wer etwas kaufen möchte, der sollte einen Fond oder hausgemachte Bouillon mitnehmen.

„Die Clovis-Bouillon, eine Gewürzmischung für die Zubereitung von Fisch und Krustentieren, wurde von meinem Urgroßvater kreiert", erklärt Inhaber Bertrand Gosselin.

„Ich habe dieses jahrhundertealte Rezept streng geheim gehalten, aber ich werde es meinen Kindern Lucie und Paul verraten, die unser Familiengeschäft übernehmen werden."
27 rue de Verrue, St-Vaast-la-Hougue; www.maison-gosselin.fr; Mo geschl. außer Juli & Aug.

04 MAISON CHRISTIAN DROUIN

Wenn es um Calvados geht – den Apfelbrand, für den die Normandie so berühmt ist –, dann sollte man den Namen Christian Drouin kennen. Dessen Weingut befindet sich schon seit drei Generationen im Besitz der Familie. Er veranstaltet Führungen in seinem normannischen Bauernhaus aus dem 17. Jahrhundert, einem schönen Fachwerkbau im Tal der Touques. Eine solche Führung umfasst einen Blick hinter die Kulissen der Destillerie und eine Verkostung.

Die wohl aufregendsten Spirituosen sind die Drouin-Gins – elegante und komplexe Gins, die in alten 225-Liter-Calvados-Fässern reifen und subtile Apfelnoten mit sanftem Abgang haben.

Wenn du etwas länger bleiben möchtest, kann das Weingut ein

05 Meeresfrüchte sind die beliebtesten Spezialitäten auf den Märkten von Trouville-sur-Mer

06 In der Fondation Claude Monet, Giverny

Picknick auf dem Anwesen organisieren (bitte im Voraus buchen).
1895 Route de Trouville, Coudray-Rabut; www.calvados-drouin.com; Führungen Mo–Sa

05 TROUVILLE HALLE AUX POISSONS

Wer gute Meeresfrüchte genießen will, der muss nur eine Regel beachten: Suche dir die frischesten heraus, die du finden kannst. Auf dem überdachten Fischmarkt von Trouville kauft man direkt bei den Fischhändlern, nur wenige Schritte vom Kai entfernt, an dem die mit Flaggen geschmückten Fischerboote ihren täglichen Fang abladen. Das Gebäude steht seit dem Jahr 1991 unter Denkmalschutz. Das Mittagessen hier ist eine schlichte Angelegenheit mit Tellern voller Krabben, Austern, Wellhornschnecken und grauen Garnelen, die an Tischen neben den Marktständen verzehrt werden. Dazu gibt es ein kühles Glas Chablis oder Muscadet.

Nach der leckeren Austernmahlzeit kann man durch die umliegenden Straßen schlendern und nach Deauville wandern, der eleganteren Zwillingsstadt von Trouville mit ihrer schicken Promenade.
152 Boulevard Fernand Moureaux, Trouville-sur-Mer

06 LES TRAVAILLEURS DE L'AMER

Das Team hinter der aufstrebenden Brauerei Les Travailleurs de l'Amer gehört zu einer neuen Garde von Unternehmen, die der traditionellen Gastronomieszene der Normandie neues Leben einhauchen. Für ihre Amber Ales, Stouts und IPAs verwenden sie nicht nur Weizen und Gerste aus der Normandie, sondern würdigen auch die Abenteurer – die Fischer, Matrosen und Wracktaucher –, die den Geist der Seefahrergemeinden an der Küste der Normandie verkörpern. Auf dem Etikett einer Flasche Blanche entdeckt man vielleicht Félix Testi, einen Muschelfischer aus Granville, auf einer Flasche Blonde ist mitunter der Ozeanograf Paul Dufour abgebildet.

Der eigens errichtete Verkostungsraum befindet sich in Les Pieux, rund 20 Kilometer von Cherbourg entfernt, aber das Unternehmen führt auch eine kleine Boutique am Quai Caligny in Cherbourg.
23 route de Cherbourg, Les Pieux; www.lestravailleursdelamer.com; Verkostungsraum So & Mo geschl.

SCHLAFEN

CHATEAU LE FLEUR

Das Chateau Le Fleur ist ein luxuriöses B&B in einem Schloss aus dem 18. Jahrhundert gleich außerhalb von Honfleur. Es wurde von der Designerin Anna Bewley und dem Filmemacher Philipp Franz sorgfältig renoviert und bietet nur vier Zimmer, die mit französischen Antiquitäten eingerichtet und modern dekoriert sind. *https://lefleurstore.myshopify.com*

GÎTES DE FRANCE

Wer eine Landunterkunft in der Normandie sucht, der sollte am besten über Gîtes de France buchen. Man hat die Wahl zwischen *Chambres d'hôtes* (Pensionen) mit Frühstück und Hotelkomfort, kleinen umgebauten Privatscheunen und sogar dem einen oder anderen Baumhaus. *www.gites-de-france.com/de*

AKTIVITÄTEN

FONDATION CLAUDE MONET

Das Haus und die Gärten von Monet sind heute noch genauso zauberhaft wie in der Zeit, als der Künstler hier rund 40 Jahre lang ungestört malte. Während er dort lebte, schuf Monet immer neue Variationen von *Les Nymphéas*, den Seerosenbildern, die zu seinen berühmtesten Werken gehören. *www.fondation-monet.com*

ÉTRETAT

Die majestätischen weißen Klippen von Étretat faszinieren einfach jeden: von impressionistischen Malern bis hin zu Fans der genialen Arsène-Lupin-Romane, die auch als Inspiration der gleichnamige Netflix-Serie dienten. Ganz egal, was dich an diese zerklüftete Küste zieht: Ein stürmischer Spaziergang auf den Wanderwegen entlang der Klippen ist die perfekte Möglichkeit, um auf andere Gedanken zu kommen. *www.lehavre-etretat-tourisme.com*

EVENTS

HERINGS- UND JAKOBSMUSCHELFEST IN DIEPPE

Dieppe, der größte Hafen für Jakobsmuscheln *(Saint-Jacques)* in ganz Frankreich, feiert schon seit mehr als 50 Jahren den Beginn der Jakobsmuschelsaison mit einem großen Fest. Jedes Jahr am dritten Novemberwochenende strömen rund 100 000 Menschen in die Stadt, um Spieße mit Jakobsmuscheln zu genießen und den Festumzug der „Bruderschaft der Heringe und Jakobsmuscheln" mitzuerleben. *https://de.dieppetourisme.com/kalender/herings-und-jakobsmuschelfest/*

ANREISE
Straßburg, das gleich hinter der Grenze bei Baden-Baden liegt, ist leicht mit dem Eurostar und dem TGV zu erreichen. Die nächstgelegenen Flughäfen sind Baden-Baden und Stuttgart. Die abgelegenen Orte sind am besten mit dem Auto zu erreichen.

01

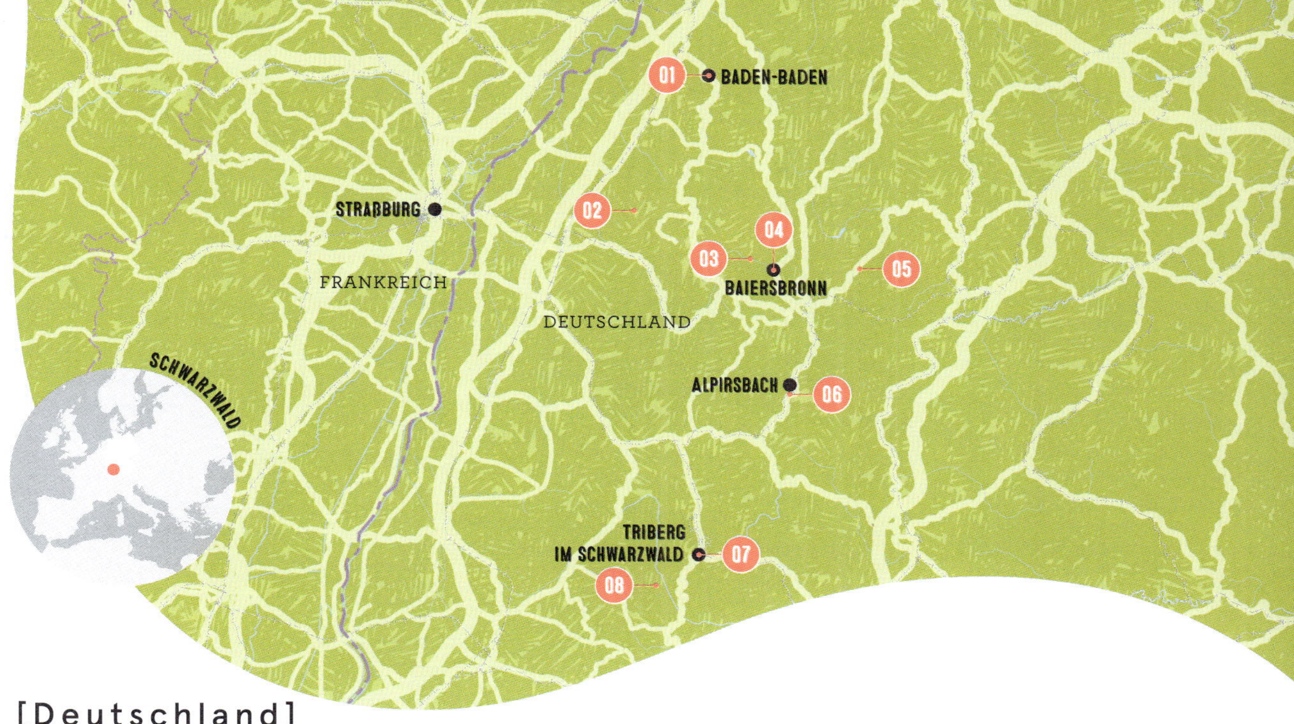

[Deutschland]

NATÜRLICHE GOURMETAROMEN IM SCHWARZWALD

Die kulinarische Szene der mit Sternerestaurants glänzenden Region hat noch viel mehr zu bieten als die nach ihr benannte Kirschtorte.

Tief, dunkel und köstlich wie die berühmte Kirschtorte: Der Schwarzwald scheint einem Märchen der Gebrüder Grimm entsprungen zu sein. Steile, fichtenbewachsene Hügel erheben sich über Kirchtürme, Fachwerkdörfer, riesige Kuckucksuhren und ein Geflecht aus eng verwobenen Tälern.

Die Restaurants setzen auf saisonale Zutaten aus der Region. Ganztiernutzung, selbstangebaute Produkte, Bio und regionale Lebensmittel – diese Ernährungsansätze waren hier schon selbstverständlich, lange bevor sie anderenorts zu Schlagwörtern wurden.

Bei einer Fahrt durch den Schwarzwald sieht man schon bald vielversprechende Anzeichen – kleine Brennereien, die Kirschschnaps herstellen, Hügel voller Pinot-Reben, große Bauernhäuser, in denen Räucherschinken und duftender Honig verkauft werden, Pilzsammler:innen mit ihren Körben in den Wäldern und Bauernmärkte, auf denen es vor schmackhaften Produkten nur so wimmelt.

Die Speisekarten der Restaurants orientieren sich an den Jahreszeiten: Im Frühjahr gibt es weißen Spargel und Bärlauch, im Spätsommer und Frühherbst Pfifferlinge und Steinpilze, im Winter locken Kürbis und Wild. Deftige schwäbische Gerichte wie Maultaschen, Käsespätzle und Zwiebelkuchen sorgen dafür, dass man die Landgasthöfe mit vollem Bauch verlässt. Und natürlich wird man auch den Geschmack einer echten Schwarzwälder Kirschtorte nie vergessen.

Wer auf der Suche nach einem Gourmet-Erlebnis ist – herzlich willkommen im Schwarzwald! Er ist eine der Regionen mit der höchsten Konzentration an Spitzenrestaurants in Deutschland. Allein der Ort Baiersbronn glänzt mit so vielen Michelin-Sternen, dass er zur Gourmet-Hauptstadt Deutschlands gekürt wurde.

© Matt Munro | Lonely Planet; Fabian von Poser | Getty Images; Marco Bottigelli | Getty Images

01 KAFFEESACK

Tief in den Wäldern des nördlichen Schwarzwalds, im Westen von Baden-Württemberg, liegt der mondäne Kurort Baden-Baden. Hier liebt man schon immer die feinen Dinge des Lebens – so auch Kaffee. Wo man die perfekte Tasse findet? Im Kaffeesack natürlich. Hier rösten die Baristas frischen Kaffee aus der ganzen Welt, vor allem fair gehandelte Bohnen aus Kenia, Brasilien, Indien und Guatemala. Das urige Café im Retro-Stil ist ein entspannter Ort, um eine liebevoll und kreativ zubereitete Tasse Kaffee zu genießen. Die Bohnen werden hier geradezu zelebriert, und wer etwas wissen möchte – sei es über die subtilen Nuancen der Aromen oder den Röstprozess –, der braucht nur zu fragen.
Hirschstraße 6, Baden-Baden; www.kaffeesack.de; So & Mo geschl.

02 REBSTOCK WALDULM

Eine halbstündige Autofahrt weiter südlich liegt das Dorf Kappelrodeck, das von Weinbergen und Obstgärten umgeben ist. Hier betreibt Karl Hodapp das Restaurant Rebstock Waldulm – ein schönes, 250 Jahre altes Fachwerk-Bauernhaus mit knarrenden Balken, sanfter Beleuchtung und einem rustikalen Flair, das Wärme und Gemütlichkeit ausstrahlt. Karl hat sein kulinarisches Können in mehreren Sternerestaurants erworben, und er ist stolz darauf, nur nachhaltig angebaute saisonale Produkte zu verwenden. Edle Pinots aus den eigenen Weinbergen bilden die perfekte Begleitung zu seinen badischen, leicht elsässisch angehauchten Gerichten. Auf den Tisch kommen Köstlichkeiten wie Schneckencremesuppe mit Wildkräutern oder Wachtelbrust in Blutwurstkruste mit Pflaumenkompott. Ein Schluck von Karls hausgemachtem Kirschwasser rundet das unvergessliche Mahl ab.
Kutzendorf 1, Kappelrodeck/Waldulm; www.rebstock-waldulm.de; Mo & Di geschl.

03 RESTAURANT BAREISS

Baiersbronn! Schon die Erwähnung dieses Dorfes versetzt Gourmets in Verzückung. Die Sterneküche der Nationalpark-Gemeinde hat dem Ort mit seinen knapp 15 000 Einwohnern zu kulinarischem Weltruhm verholfen. So gibt es hier gleich zwei Drei-Sterne-Restaurants: die berühmte Schwarzwaldstube und das Restaurant Bareiss. Letzteres steht unter der Leitung von Claus-Peter Lumpp, einem gebürtigen Schwaben, der mit seiner unnachahmlichen Mischung aus

Ø1 Wunderbare Hügellandschaften prägen den Schwarzwald

Ø2 Schöne Fachwerkhäuser erinnern an die Märchen der Gebrüder Grimm

Ø3 Im Spätsommer und Frühherbst sind Pilze ein Highlight auf den Speisekarten

Ø4 Von Weinbergen gesäumt: die Straßen im Schwarzwald

Ideenreichtum, Akribie und künstlerischem Gespür die kulinarischen Fäden in der Hand hält. Hier gibt es internationale Spitzenküche auf konstant höchstem Niveau – konzentriert auf das Wesentliche, den Geschmack und die Natürlichkeit der Aromen. Dem Chef zur Seite stehen Pâtissier Stefan Leitner, Maître Thomas Brandt im Service und Teoman Mezda als Sommelier. Lass dir die passenden Weine empfehlen und bereite dich auf das beste Essen deines Lebens vor. *Hermine-Bareiss-Weg 1, Baiersbronn-Mitteltal; www.bareiss.com; Mo, Di & Mi geschl.*

04 WILDKRÄUTERTOUREN

Schon ein Blick auf den dunklen Vorhang aus Lärchen- und Fichtenwäldern hoch über Baiersbronn genügt, um zu wissen, dass diese Region eine reiche Ernte an Wildkräutern und Pilzen birgt. Im Schwarzwald sind viele Wildsammler:innen unterwegs – vor allem vom späten Frühjahr bis zum Herbst, wenn am Waldrand und auf moosigen Lichtungen Wildkräuter, Beeren und Pilze (darunter aprikosenfarbige Pfifferlinge und glänzende, nussbraune Steinpilze) wachsen. Sie zu finden, ist jedoch Glückssache – und man muss wissen, wonach man sucht. Anfänger sollten eine der drei- bis vierstündigen geführten Wanderungen in Baiersbronn buchen; für Inhaber der Baiersbronner Gästekarte sind einige Touren sogar kostenlos. Die Termine stehen auf der Website des Fremdenverkehrsamtes. *Baiersbronn; www.baiersbronn.de; Touren April–Okt.*

05 PFAU SCHINKEN

Wenn dir das rauchige Aroma von Schwarzwälder Schinken in die Nase weht, weißt du, dass du beim Pfau angekommen bist, einem „Schinkenhersteller aus Leidenschaft und seit Generationen im Schwarzwald daheim". Die Führungen, die dienstags und samstags stattfinden, geben einen faszinierenden Einblick in den Prozess des Räucherns und Reifens von Schinken.

Der Schwarzwälder Schinken von Pfau ist ein echter Leckerbissen. Er stammt aus lokaler Viehhaltung, wird mit Salz und verschiedenen Gewürzen wie Koriander, Knoblauch und Wacholderbeeren eingerieben und dann vier bis zwölf Wochen lang trocken geräuchert. Anschließend wird er über Tannenholz kalt geräuchert und muss einige Wochen lang reifen, um sein in-

Ø5 Die Schwarzwälder Kirschtorte ist die berühmteste Spezialität der Region

Ø6 Schwarzwälder Räucherschinken – die Spezialität der Räucherei Pfau

Ø7 Der Kurort Baden-Baden ist ein perfekter Ausgangspunkt zum Erkunden der Region

tensives, holziges Aroma zu bekommen. Die Schwarzwälder Edelräucherei betreibt auch einen Laden, in dem man sich mit Picknickproviant eindecken kann. Neben dem berühmten Schinken gibt hier es u.a. auch Bärlauch, Wildbret und Kirschwassersalami.
Alte Poststrasse 17, Herzogsweiler; www.pfau-schinken.de; So geschl.

06 ALPIRSBACHER KLOSTERBRÄU

Das ehemalige Benediktinerkloster Alpirsbach wurde einer Legende zufolge nach einem trinkfreudigen Geistlichen benannt, dem ein Glas Bier aus der Hand rutschte, das in den Fluss fiel, woraufhin er ausrief: „Alles Bier ist in den Bach!" Das Alpirsbacher Klosterbräu, gebraut aus reinem heimischem Quellwasser, ist heute eines der besten Biere des Schwarzwalds. Täglich werden Führungen veranstaltet, die einen Einblick in den Fertigungsprozess geben und mit einer Bierverkostung enden. Wer die Führung verpasst, sollte unbedingt den Laden aufsuchen, um das gleichnamige, vollmundige Hopfenbier der Brauerei zu probieren, das bereits mit einer Goldmedaille beim World Beer Award ausgezeichnet wurde.
Marktplatz 1, Alpirsbach; https://alpirsbacher.de; Sa & So geschl.

07 HÖHENGASTHAUS KOLMENHOF

Der letzte steile Wegabschnitt zur mittelalterlichen Martinskapelle führt über einige ziemlich haarige Serpentinen – aber die Mühe lohnt sich. Die steilen Waldhänge, die an wolkenlosen Tagen einen Ausblick bis zu den Alpen bieten, ziehen im Sommer Wanderer und im Winter Skibegeisterte an. Das in dritter Generation von der Familie Dold geführte Höhengasthaus Kolmenhof fügt sich wunderbar in das schöne Bild ein. Direkt vor der Tür fließt ein Bach, der in die Breg mündet – die Hauptquelle der Donau. Von dort kommt die frische Forelle, die im Ganzen mit Mandelbutter und Salzkartoffeln oder pochiert in Weißwein serviert wird. Auf der Speisekarte steht gute alte Schwarzwälder Hausmannskost, die mit regionalen Schmankerln wie Rinderbrühe mit Flädle und Schweinebraten mit Butterspätzle aufwarten kann.
Neuweg 11, Martinskapelle; www.kolmenhof.de; Mi & Do geschl.

08 CAFÉ GOLDENE KRONE

Fragt man Einheimische, werden sie sagen, dass ihre Oma die beste Schwarzwälder Kirschtorte backt. Denn eine gute Schwarzwälder Kirschtorte sollte nicht nur schön aussehen, sondern auch nach einem liebevollen, warmherzigen Zuhause schmecken.

Das hübsche Dorf St. Märgen, das von einer Wallfahrtskirche aus der Barockzeit gekrönt ist, liegt eine halbstündige Autofahrt südlich der Martinskapelle auf einem Hochplateau im Süden des Schwarzwalds. Hier befindet sich das Café Goldene Krone, das von einer Frauengenossenschaft betrieben wird. Die Torte? Ein Traum! Ein Meisterwerk mit Schichten aus saftigem Schokoladenbiskuit, Sauerkirschen und himmlisch lockerer Schlagsahne mit einem dezenten Hauch von Kirschwasser. Ein Bissen – und du wirst wissen, warum das Café Goldene Krone so beliebt ist.
Wagensteigstrasse 10, St Märgen; www.cafe-goldene-krone.de; Mo & Di geschl.

SONST NOCH WICHTIG

SCHLAFEN

REBSTOCK WALDULM
Das Familienunternehmen Rebstock Waldulm stellt seinen eigenen Wein und Schnaps her, verströmt Fachwerkcharme und betreibt ein ausgezeichnetes Restaurant (siehe 02, S. 62). *www.rebstock-waldulm.de*

HOTEL BAREISS
Dieses Hotel in Baiersbronn bietet jeden erdenklichen Luxus: luxuriöse Zimmer und Suiten, einen wunderschönen Park, ein Restaurant mit drei Michelin-Sternen (siehe 03, S. 62), einen eigenen Weinkeller, einen Kinderclub und ein Spa. *www.bareiss.com*

HÖHENGASTHAUS KOLMENHOF
Hoch auf einem der schönsten Hügel im Schwarzwald liegt dieses familiengeführte Gasthaus mit rustikalen, aber schicken, holzverkleideten Zimmern und Rundumblick auf Wälder und Berge. Direkt vor der Haustür findest du ein Netz von Wander- und Langlaufloipen, abends speist man im Restaurant (siehe 07, linke Seite). *www.kolmenhof.de*

AKTIVITÄTEN

TRIBERG
Bestaune die größte Kuckucksuhr der Welt im Eble Uhren-Park und wandere die sieben Kaskaden der höchsten deutschen Wasserfälle (163 Meter) – die Triberger Wasserfälle – hinauf. *www.triberg.de*

BADEN-BADEN
Ein großartiger Ausgangspunkt für Erkundungen! Man sollte sich die hochkarätige Sammlung moderner und zeitgenössischer Kunst im Museum Frieder Burda anschauen und im Thermalwasser unter der Kuppel des Friedrichsbads baden. *www.baden-baden.com*

EVENTS

SCHWARZWÄLDER KIRSCHTORTENFESTIVAL
Das von Bergen umgebene Dorf Todtnauberg feiert Mitte April ein Fest zu Ehren der Schwarzwälder Kirschtorte. Neben Torten gibt es auch Workshops zur Tortenherstellung, Kochshows, Kurse zur Marmeladenherstellung und Volksmusik.

FASNET
Ein 500-jähriger Brauch, um den Winter mit Umzügen, Festen und nächtlichen Trinkgelagen zu vertreiben: Fasnet (oder Fasnacht) findet in Orten wie Rottweil, Schramberg und Elzach statt.

07

ANREISE
Der nächstgelegene internationale Flughafen befindet sich in Genf, das auch der wichtigste Knotenpunkt für eine Zugreise nach Wallis ist. Je nach Anschlusszug dauert die landschaftlich sehr reizvolle Fahrt entlang des Genfer Sees nach Martigny knapp zwei Stunden. Verbier ist durch Seilbahnen an das Bahnnetz angeschlossen.

01

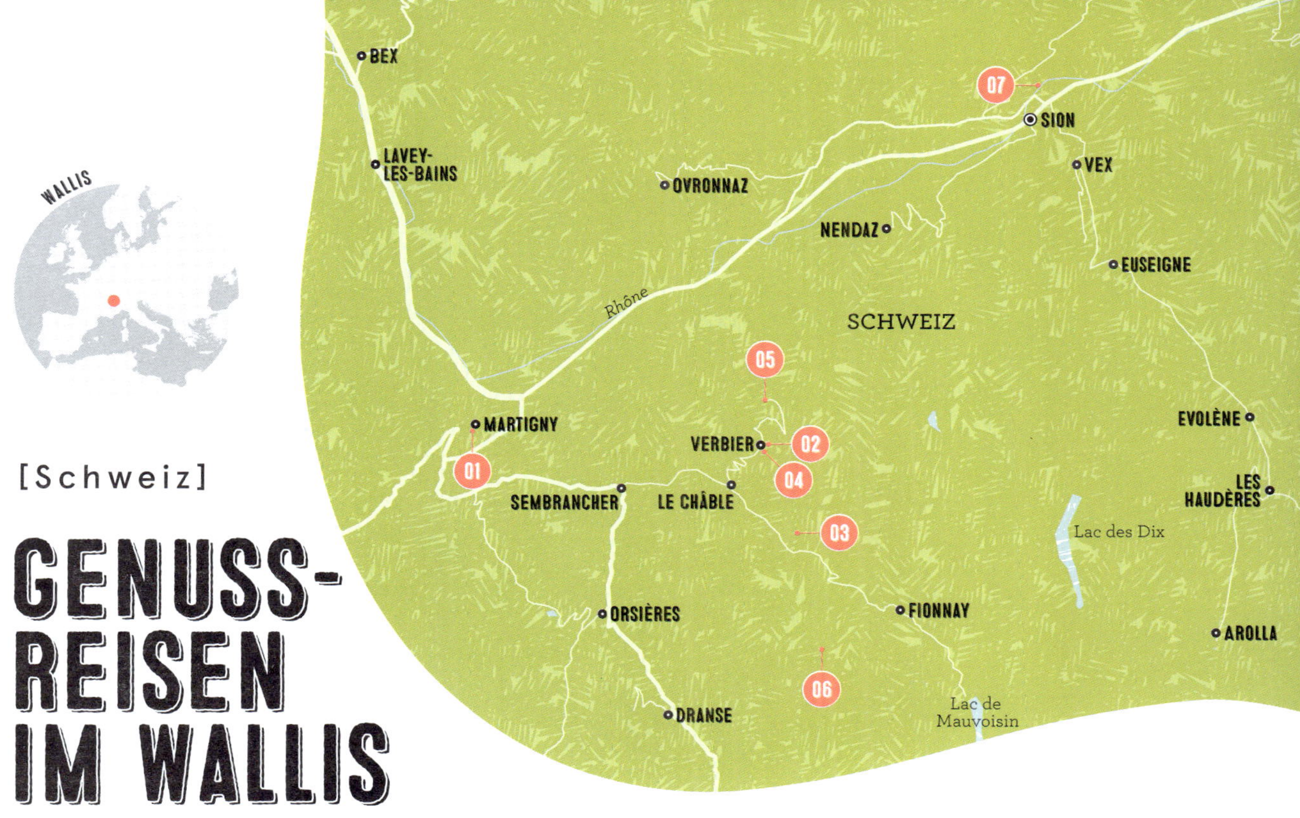

[Schweiz]

GENUSSREISEN IM WALLIS

Unterhalb des Grand-Combin-Massifs versorgen Bergköch:innen, Hirt:innen und Produzenten aus dem Rhônetal die Städte und Dörfer im Wallis mit Slow Food, Käsespezialitäten und kaum bekannten Weinen.

Die Schweizer Alpen haben reisenden Gourmets viel zu bieten. Das gilt vor allem für das Wallis – den Kanton, in dem das Bergmassiv Grand Combin und das Matterhorn zur Rhône abfallen: eine fruchtbare Region, die für ihre Obstplantagen geschätzt wird. Die Bergalmen von Val de Bagnes sind das beste Weidegebiet für die berühmten Schweizer Kühe, die hochwertiges Fleisch liefern und zu weingetränkten Wurstwaren verarbeitet werden. Da sie auf blumenübersäten Weiden grasen, hat ihre Milch einen blumigen Geschmack.

Aus der Milch der Kühe werden auch einige der besten Käsesorten der Schweiz gefertigt. Das Wallis ist die Heimat des Raclettes – ein Gericht aus geschmolzenem Käse, das mit Kartoffeln und Essiggurken serviert wird. Zugleich ist es das Herzland des Fondues, das in kaminbeheizten Chalet-Restaurants und in den (vor allem bei Wanderern beliebten) Berghütten serviert wird. In letzter Zeit hat sich dieses Gebiet auch zu einer Slow-Food-Destination entwickelt und beherbergt nun im Dorf Sarreyer die erste Slow-Food-Gemeinde der Schweiz, die die Traditionen der Berggastronomie des 19. Jahrhunderts wieder aufleben lässt. Aber das Wallis ist keineswegs nur in der Vergangenheit verhaftet. Die Schweizer:innen sind überaus erfindungsreich, und so werden die kulinarischen Köstlichkeiten der Region nach immer neuen Methoden aufgeschnitten und gewürfelt, um den Besuchenden das volle Ausmaß der Schweizer Aromapalette zu vermitteln. Reisende können von Restaurant zu Restaurant wandern, ausgiebig zu Mittag essen, die Kunst des Raclettes bei örtlichen Käsemeister:innen erlernen oder in den Alpenhügeln auf die Suche nach wilden Nahrungsmitteln gehen.

Das Wallis ist auch die führende Weinbauregion der Schweiz: Verkostungen in Weinkellern, Wanderungen durch die Weinberge, Weinmuseen und ein Weinfestival in Verbier bieten Foodie-Travellern die Gelegenheit, die mineralischen Weißweine und fruchtigen Rotweine der Region kennenzulernen.

01 DISTILLERIE MORAND

Eau-de-Vie (Obstbrand) ist Teil des Schweizer Lebens, und die Distillerie Morand ist der „Doyen des Eau-de-Vie" der Schweiz. Die Brennerei wurde 1889 in Martigny gegründet und nutzt noch immer Rezepte, mit denen sie vor 130 Jahren begann.

Der gute Ruf von Morand beruht auf dem Umstand, dass es eine der ersten Eau-de-Vie-Brennereien war, die hochwertige Früchte statt unerwünschtem Mulch verwendete. Der Birnenlikör „Williamine" machte Morand bekannt, und sowohl der Birnen- als auch der Aprikosenlikör haben den Status einer geschützten geografischen Herkunft (AOP).

„Vor 20 Jahren tranken die Leute sogar zum Frühstück Eau-de-Vie", sagt Fabrice Haenni, der CEO der Distillerie. Aber die Geschmäcker ändern sich, und heute konzentriert sich die Brennerei auf die Herstellung von kreativem Sirup (perfekt für Cocktails und alkoholfreie Spritzgetränke), Gin und Rum. Die Führungen beinhalten Verkostungen von Branntweinen mit kräftigen Noten von Quitte und Rhabarber, Absinth und erfrischenden Sirups mit Wassermelonen- und Minzaroma. Ein Mittagessen mit Käse und Wurst in der holzgetäfelten Bar rundet die Verkostung ab. *Place de Plaisance 2, Martigny; www.morand.ch; öffentliche Führungen Sa, Privatführungen nach Vereinbarung*

02 LE 22

Das originellste *Table d'hotes* (Restaurant mit Menüs zu Festpreisen) von Verbier verbirgt sich hinter einer Wand im Après-Ski-Pub „Crock No Name". Mit nur 22 Sitzplätzen hat es das intime Flair einer Flüsterkneipe, in der die Köch:innen präsentieren, was man mit frischen alpinen Zutaten alles anstellen kann. Das Le 22 verzichtet auf die typische Bergküche mit Rösti, Fondues und Raclettes. Die Zutaten werden in der freien Natur gesammelt oder stammen aus dem eigenen Garten; das Brot wird in der Bäckerei gekauft, die sich direkt unter dem Restaurant befindet. Im Mittelpunkt der raffinierten Speisenauswahl steht ein wöchentlich wechselndes Fünf-Gänge-Menü. Freue dich auf Gerichte wie Gazpacho mit Erbsen und Gartenminze oder Rinderfilet aus dem Val d'Hérens (Eringertal) mit Bärlauch und einem Jus aus Walliser Petite-Arvine-Weintrauben. *Route des Creux 22, Verbier; https://crock.ch/le-22-table-dhotes/*

01 Die Schweizer Chalets sind eine Augenweide

02 Weinberge im Öno-park Celliers de Sion

03 Le 22 bereitet nur das Beste aus Walliser Produkten zu

04 Sein *Eau-de-Vie* mit Williamsbirnen hat Morand berühmt gemacht

03 CAFÉ DU MONT-FORT

Sarreyer war einst ein autarkes Zentrum für Getreide- und Holzproduktion. Einige der traditionellen *Mazots* – kleine, aus Holz errichtete Chalets –, die nach Rosen duften, stammen noch aus dem Jahr 1800. Heute ist das Dorf im Inventar der schützenswerten Ortsbilder der Schweiz verzeichnet. Mach einen Spaziergang, besuche die Gemeindebäckerei und genieße einen frischen Apfelsaft in der alten Holzfällerhütte, bevor du ins Café du Mont-Fort gehst. Rund um dieses Café mit seiner holzgetäfelten, rund 120 Jahre alten Bar, in dem ein traditioneller Absinth-Brunnen sprudelt, entstand mit der „Vereinigung der lokalen Erzeuger und Handwerker des Dorfes Sarreyer" die erste Slow-Food-Gemeinschaft der Schweiz. Deshalb hat man sich auch in diesem Café-Restaurant der Slow-Food-Küche verschrieben. Die Köch:innen verarbeiten alpine Zutaten aus dem nahen Tal auf fantasievolle Weise zu rustikalen Gerichten wie Brennnessel-Gazpacho, von Hand gemachter Pasta mit Bärlauch-Sauce und Eis aus Asperula (einer lokalen Bergpflanze), das mit Gin aus der Walliser „Edelweiss Distillerie" serviert wird.

Chem. de Banderet 15, Bagnes; Tel. +41 27 778 10 81

04 WANDERUNGEN MIT CHERRIES

In Verbier kann man Wanderungen mit der Dorfbewohnerin Cherries buchen, um die Vielfalt der alpinen Flora kennenzulernen – und selbst Pflanzen zu sammeln. Die Touren beginnen im Ortszentrum, und schon nach kurzer Zeit steht man auf den von Zedern gesäumten Wegen, an denen Arnika, Thymian, Veilchen, Wacholder und Enzian wachsen. Die Einheimischen destillieren aus den Wurzeln des Enzians einen aromatischen Likör. Die Vegetation ändert sich mit der Höhenlage, und während man mit Cherries die Bergwege hinauf wandert, wechselt auch die wilde Ernte. Unterwegs kann man würzigen Sauerampfer und zarten Thymian für einen Tee am Berghang pflücken und beim Picknick essbare Blüten in Schokoladen-Raclette tunken.

Verbier; https://cherrieswalks.com/forage-hike.html

05 LA MARMOTTE

Das Chalet-Restaurant ist nach den Murmeltieren benannt, die über die Felsen und Weiden der Alpen huschen. Es bietet ein völlig anderes

Ø5 Mit der Walliserin Cherries beim Pflanzensammeln

Ø6 Anspruchsvolle Pisten machen Verbier bei Mountainbikern und E-Bikern beliebt

Gourmeterlebnis als viele andere Restaurants der Walliser Städte und Dörfer. Hier oben auf einer Höhe von 2000 Metern ist die Luft rau, aber der Ausblick göttlich. Setz dich auf die belebte Terrasse und bestelle einen Bergkräutertee, ein wärmendes Fondue oder ein herzhaftes Gericht wie handgemachte Tagliatelle mit Hühnerfleisch und heimischen Morcheln.

La Marmotte ist auch ein guter Ort für eine erholsame Pause nach einer schönen, aber anstrengenden Wanderung entlang der Suonen – so nennt man die historischen Bewässerungskanäle des Wallis, die zum Teil bis heute unterhalten werden und das kostbare Wasser der Gebirgsbäche auf die Weiden und in die Obstplantagen bringen.
Les Planards, Verbier; www.lamarmotte-verbier.com

06 BUVETTE DE PINDIN

Im Sommer, wenn Marc Maret seine Kuhherde auf die Almen oberhalb der Brunet-Hütte treibt, verbringt er seine Freizeit mit der Herstellung von Käse. Er verkauft ihn in einer schiefergedeckten Buvette (einer kleinen Alphütte) auf einem 2300 Meter hohen Bergplateau, das nur zu Fuß erreichbar ist. Von Brunet (das mit dem Auto oder dem Shuttlebus angefahren werden kann) schlängelt sich ein Schotterweg zwischen riesigen, zerklüfteten Gipfeln hindurch. Wenn du an den steinernen Kuhställen vorbeikommst, solltest du nach dem Hirten suchen, der dann die Buvette für dich öffnet. Wir empfehlen die Platte mit sieben hausgemachten Kuhmilchkäsesorten, die von weich und cremig bis zu nussig, scharf und hart reichen. Als Begleitung dazu eignet sich eine Flasche mineralischen Weißweins aus einer lokalen Weinkellerei wie der von Gérald Besse. Genieße dein Mahl in Premiumlage auf dem Bergvorsprung mit Blick auf den massiven Petit Combin.
Ch-1948 Lourtier; www.verbier.ch/summer/offers/pindin-snack-restaurant-lourtier-en-summer-2826926/; Mitte Juli–Mitte Sept.

07 LES CELLIERS DE SION

Durch den Zusammenschluss zweier alter Weingüter, Varone und Bonvin, entstand im Jahr 1992 der erste Önopark des Wallis, ein modernes Degustations- und Ausbildungszentrum in der Nähe der mittelalterlichen Stadt Sion. Dessen Fassade erinnert an die traditionellen Trockenmauern alpiner Weinbergterrassen. Die Gäste haben die Möglichkeit, auf der Terrasse zu Mittag zu essen und den Blick auf die Bergausläufer von Clavau zu genießen oder im Inneren des funkelnden Zentrums Weine zu verkosten.

Von April bis Oktober kannst du die Weinbergterrassen hinter dem Zentrum erklimmen und an einer Gourmet-Wanderung durch die Weinberge teilnehmen. Entlang des Weges wurden charmante *guerittes* (alte Steinhütten in den Weinbergen, in denen die Winzer:innen einst ihre Trauben und Werkzeuge lagerten) zu Gasthäusern umfunktioniert, in denen Weinverkostungen in Kombination mit Mahlzeiten angeboten werden.
Rte d'Italie 9, Sion; www.celliers.ch

SONST NOCH WICHTIG

SCHLAFEN

CHALET D'ADRIEN

Wer in einer traditionellen Blockhütte übernachten möchte, ohne sich selbst verpflegen zu müssen, der sollte das Chalet d'Adrien ansteuern. Es liegt in Verbier, weit genug vom Zentrum entfernt, um seinen Gästen eine Terrasse mit freiem Panoramablick auf die schroffen Alpengipfel zu bieten. Das vom Guide Michelin empfohlene Restaurant ist ein weiteres Plus. *https://chalet-adrien.com*

MARTIGNY BOUTIQUE HOTEL

Das Hotel Martigny liegt an dem Punkt, an dem die Weinberge des Wallis am steilsten in die Alpen hinaufragen. Es ist ein guter Ort zur Erkundung der Weinkeller des Rhônetals. Das Hotel entstand in Zusammenarbeit mit der Kulturstiftung Pierre Gianadda; die Wände sind mit Kunstwerken geschmückt, die Zimmer wurden nach Künstlern benannt.

Martigny hat auch ein soziales Integrationsprojekt ins Leben gerufen: Hier wurden bereits 30 Menschen mit Behinderungen für die Arbeit im Hotel ausgebildet. *www.martigny-hotel.ch/wallis/homepage.html*

06

AKTIVITÄTEN

MIT DEM E-BIKE DURCH DIE ALPEN

Mit dem E-Bike wird das Radfahren auch im Bergland zum Vergnügen. Wie wäre es mit einem Tagesausflug ins Haut Val de Bagnes? Man kann an der Gondelstation in Le Châble ein Fahrrad ausleihen, zum Mauvoisin-Stausee fahren und von dort durch mehrere Tunnel unter tosenden Wasserfällen hindurch zur Chanrion-Hütte (2462 Meter) hinaufradeln. Gönne dir oben auf dem Gipfel ein wohlverdientes Käserösti und genieße den herrlichen Ausblick.

EVENTS

WEIN & KULINARIK

Mit einer Rebfläche von rund 5000 Hektar ist das Wallis die größte Weinbauregion der Schweiz. Sonnige Hanglagen verleihen den fast 60 hier angebauten Rebsorten Charakter und Identität – eine stete Quelle der Inspiration auch für die Gourmetköche des Kantons. Und stets ein guter Grund zum Feiern! Die besten Events im Jahreskalender rund um die Themen Wein & Kulinarik findest du hier: *www.valais.ch/de/aktivitaeten/wein-kulinarik*

NORDEUROPA

01

ANREISE
Vom Flughafen Kopenhagen verkehren Züge zum Kopenhagener Hauptbahnhof (Fahrzeit 12 Min.). Die Hauptstadt hat ein effizientes Netz von Metrolinien, Bussen und Wasserbussen. Wer den City Pass kauft, kann in den Zonen 1–4 unbegrenzt fahren. Mit der App „Donkey Republic" lassen sich in der ganzen Stadt preiswert Fahrräder ausleihen.

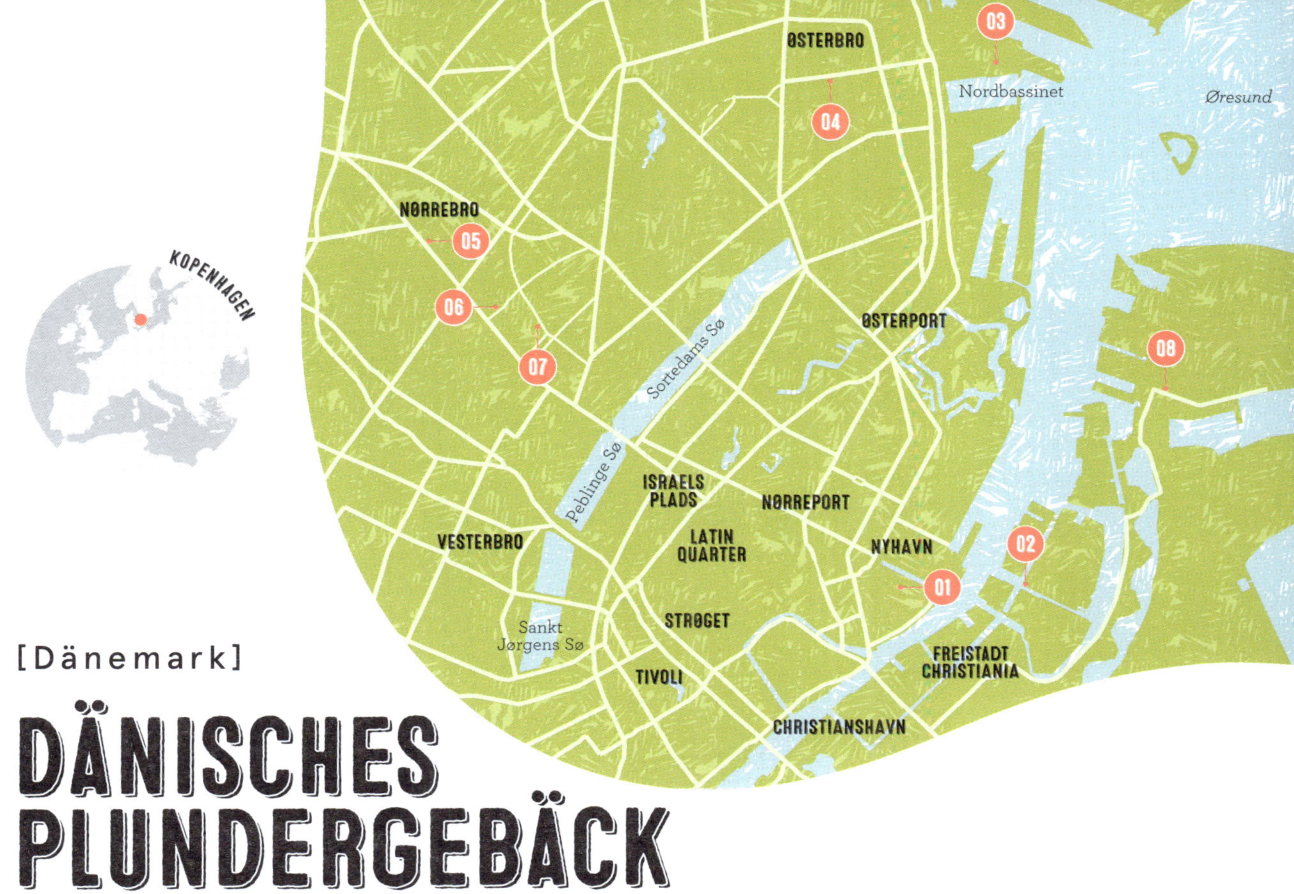

[Dänemark]

DÄNISCHES PLUNDERGEBÄCK IN KOPENHAGEN SCHLEMMEN

Wenn du in der Hauptstadt dem Duft von Zucker, Zimt und Kardamom folgst, triffst du auf eine Tradition, die von modernen Einflüssen und Kreativität beflügelt ist.

Wer in Dänemark nach dänischem Plundergebäck fragt, der erntet verwirrte Blicke. Die Dänen kennen ihr süßes Nationalgebäck – Strudel aus Teig, Gewürzen, Früchten, Vanillepudding und Marzipanbutter – nur unter dem Namen *Wienerbrød* (Wiener Brot). Dessen Geschichte lässt sich bis ins 19. Jahrhundert zurückverfolgen, als während eines Streiks der dänischen Bäcker Patissiers aus Wien angeheuert wurden, die die Bäcker ersetzen sollten. Seitdem ist die Tradition des Wienerbrød ein fester Bestandteil des dänischen Lebens. In vielen Bäckereien und Supermärkten Dänemarks findet man heute regionale Spezialitäten und dänische Klassiker wie *Tebirkes* (Mohngebäck), *Frøsnapper* (geflochtene Blätterteigstangen mit Mohn und Sesam) und *Kanelsnegle* (Zimtschnecken).

Am vielfältigsten und kreativsten ist die Auswahl in der Hauptstadt Kopenhagen. Hier erlebt die Backtradition gerade eine neue Erfolgswelle – angetrieben vom großen kulinarischen Selbstbewusstsein der Stadt, aber auch von den Absolventen des Sternerestaurants Noma, die jetzt eigene Unternehmen gründen.

Für besondere Spezialitäten treten manche Kopenhagener kräftig in die Pedale, um mit dem Rad quer durch die Stadt zu fahren. Oder sie machen sich schon frühmorgends auf den Weg, um die frischesten Backwaren zu ergattern, ehe sie ausverkauft sind. Einige Bäckereien stellen aber auch den ganzen Tag über frische Backwaren her, sodass man beim Bummeln spontan einen *Spandauer* (offenes, mit Marmelade oder Vanillepudding gefülltes Gebäck) genießen kann.

02

03

01 COPENHAGEN COOKING CLASS

Wenn du lernst, dänisches Gebäck selbst herzustellen, wirst du die aufwendige Arbeit, die hinter den süßen Köstlichkeiten steckt, am besten wertschätzen können. In einer Seitenstraße von Nyhavn bietet „Copenhagen Cooking Class" Koch- und Dinnerkurse in drei Großküchen und einem hellen, holzverkleideten Speiseraum. Die Wienerbrød-Kurse für zehn bis zwölf Personen (individuell buchbar) finden regelmäßig statt und dauern zweieinhalb Stunden; die Hälfte des Kurses schichtet man Butter und Teig abwechselnd zu den 27 Schichten auf, die dem Gebäck seine lockere Textur verleihen. Es sind jedoch die Formen und Aromen der köstlichen Backwaren, die sie erst zu Wienerbrød machen. Man dreht, faltet und flicht den Teig, um runde Spandauer, Kanelsnegle und Frøsnapper herzustellen. Nach einer halben Stunde Backzeit hältst du eine Schachtel mit ofenfrischem Gebäck in der Hand, das du gleich vor Ort essen oder ins Hotel mitnehmen kannst. Was bleibt, ist ein gutes Gefühl der Zufriedenheit.

Herluf Trolles Gade 9, 1; www.cphcookingclass.com

02 HART HOLMEN

Die Holmen-Inseln und ihre ungenutzten Lagerhallen liegen im Osten des Hafens von Kopenhagen. Sie beherbergen eine der kreativsten Bäckereien der dänischen Hauptstadt. Der Laden wird von einem britischen Duo geführt – dem Noma-Absolventen Richard Hart und der Chefkonditorin Talia Richard-Carvajal, deren Schwerpunkt eindeutig auf nichttraditionellem Essen liegt.

„Richard und mir war bewusst, dass wir beide keine Dänen sind", sagt Talia Richard-Carvajal. „Also begannen wir, mit den Klassikern zu experimentieren. Für uns als Ausländer hatte das nichts Sentimentales – wir konnten uns einfach denken: ‚Oh, das schmeckt gut'. Ich bin mir sicher, dass wir die Leute anfangs etwas brüskiert haben, aber das gab uns die Möglichkeit, den Dingen unseren eigenen Stempel aufzudrücken und neue Einflüsse einzubringen."

„Die Zimt-Schinken-Schnecke war eine Zeit lang Kult", ergänzt Richard-Carvajal.

Die futuristisch wirkende Auslagentheke bietet viele geschmackliche Überraschungen. Probiere unbedingt die schwarzen Sesam-

01 Die im 17. Jahrhundert erbauten Kanalhäuser von Nyhavn

02 *Wienerbrød*-Kurse bei „Copenhagen Cooking Class"

03 Hart Holmen hat sich auf kreative Backkunst spezialisiert

04 Schlichter Minimalismus bei Coffee Collective

05 In einer Schlange anstehen muss man oft bei Juno in Østerbro

kekse und die Apfelspandauer, die mit ihrem herrlich leichten Teig und ihrer in delikater Vollendung zubereiteten Früchte-Füllung (alle Früchte stammen aus der Region) allein schon eine Reise wert sind.
Galionsvej 41; www.hartbageri.com

03 ANDERSEN & MAILLARD

Die zweite Bäckerei von Andersen & Maillard (die erste befindet sich in der Nørrebrogade) ist in einem hohen Raum im Nordhavn untergebracht, dessen Fenster mit Musselin verkleidet sind. Der Raum wird vom Klackern der Laptops und vom lebhaften Geplauder der Gäste erfüllt. Die Ästhetik der offenen Industrieküche spiegelt das Ethos der Bäckerei wider, die auf Transparenz setzt: Der Kaffee stammt von Kleinbauern, der Schwerpunkt liegt auf lokalen und saisonalen Produkten, Nachhaltigkeit und Innovation. Die würfelförmigen Croissants mit Pistazien oder gesalzenem Karamell sind wahre Meisterwerke im Teigschichten. Spüle sie mit IPA-Bier herunter – es wird aus dem überschüssigen Brot der Bäckerei hergestellt, die sich zum Ziel gesetzt hat, keinen Abfall zu produzieren.
Antwerpengade 10; www.andersenmaillard.dk

04 JUNO

Es duftet schon nach Kardamom, bevor man den kleinen Vorgarten dieser winzigen Eckbäckerei in Østerbro betritt, deren Tische zwischen Johannisbeer- und Himbeersträuchern verborgen sind. Diese Ode an die Patisserie von Emil Glaser, einem weiteren Noma-Absolventen, ist der richtige Ort für ein Kardamombrötchen oder für eine der ständig neuen Instagram-Kreationen, die den ganzen Tag über gebacken werden.
Århusgade 48; @juno_the_bakery; Mo & Di geschl.

05 COLLECTIVE BAKERY

Dieser kleine, schlichte Coffee Shop ist die „Mutterbäckerei" von sieben verschiedenen „Coffee Collective"-Filialen in Kopenhagen. Morgens gibt es hier frisch gemahlenen Java-Kaffee oder Tee, der nach wissenschaftlichen Methoden abgewogen und aufgegossen wird. Wenn du deinen Besuch mit einer warmen Portion *Citronbølge* („Zitronenwelle" – aufgespießte und mit Zitronensirup bestrichene Croissantstücke) verbinden kannst, hast du den Jackpot geknackt.
Nørrebrogade 176; www.collectivebakery.dk

Ø6 Mirabelle kombiniert italienisches Flair mit dänischen Bio-Produkten

Ø7 Himbeerkrapfen aus Lille

Ø8 Die Besichtigung des dänischen Designmusems in Kopenhagen ist ein Muss

06 RONDO

Rondo, das ein kurzes Stück unterhalb der Collective Bakery liegt, ist eine Oase geselliger Gemütlichkeit: „Ich wollte eine echte Anlaufstelle in der Nachbarschaft schaffen", erzählt Küchenchef Thomas Spelling. „Der Umstand, dass die Anwohner uns jetzt als ‚ihre Bäckerei' bezeichnen, macht mich stolz."

In dieser Bäckerei wird Wert auf Nachhaltigkeit gelegt. Zum Backen verwendet man Bio-Mehl, Reste werden über die App „Too Good to Go" recycelt. Nicht, dass von deinem Morgenbrötchen mit Zimt und Orangenschale oder dem pikanten Spandauer mit Tomaten-Confit etwas übrigbleiben würde!

Um den Tag so richtig in Schwung zu bringen, gibt es kaum etwas Besseres, als einen *Brunsviger* (ein traditionelles Gebäck aus braunem Zucker, Butter und Teig von der Insel Fünen) im Freien zu genießen, während die Kirchenglocken auf dem kleinen Platz zur vollen Stunde läuten. *Sjællandsgade 7; @rondo_cph; Mo geschl.*

07 MIRABELLE

Mirabelle gehört zum nahegelegenen Pizzarestaurant Baest und wird von Christian Puglisi (dem ehemaligen Chefkoch des El Bulli und des Noma) geführt, der es liebt, italienische Aromen mit dänischen Bioprodukten zu kombinieren. Die Bäckerei im Herzen des hippen Stadtteils Nørrebro verströmt eine lockere Lunchatmosphäre, verfügt über eine Frischetheke und bietet Tische im Freien. Das verwendete Mehl ist eine Mischung aus steingemahlenem lokalem Mehl und Importen aus einer Bio-Mühle im Piemont; die Brote schmecken außergewöhnlich gut – genauso wie die Mandelcroissants. *Guldbergsgade 29; www.mirabelle-bakery.dk; Mo geschl.*

08 LILLE

Die Bäckerei im Industriegebiet von Refshaleøen mit den Sonnenblumen vor der Tür wirkt wie ein Außenposten am Ende der Welt. Nur das Ladenschild, das auf dem Boden steht, verrät, was sich hinter der Fassade verbirgt. Im Inneren des weiß getünchten Raums mit bodentiefen Fenstern, Gemeinschaftstischen und kunstvoll zusammengewürfelten Stühlen dreht sich alles um Backwaren. Die Schlange an der kleinen Theke ist meist ziemlich lang, besonders am Wochenende. Wir empfehlen das salzige Morgenbrötchen mit Butter und Käse – du solltest es aufklappen und so wie die Dänen essen. Zum Abschluss gibt's noch einen Pflaumen-Spandauer, der in seiner Farm-to-Table-Perfektion äußerst reichhaltig schmeckt – auf den Punkt gebacken! *213B Refshalevej; www.lillegrocery.com; Mo & Di geschl.*

SONST NOCH WICHTIG

SCHLAFEN

HOTEL COCO
Dieses Boutique-Hotel, das nur einen kurzen Spaziergang vom Hauptbahnhof entfernt ist, gehört zum „Copenhagen Food Collective" und verfügt über 16 Partnerrestaurants – es bietet seinen Gästen also immer gute Restaurantempfehlungen. Die Zimmer sind ein Mix aus modernem und Vintage-Stil; bei der kostenlosen täglichen „Wine and Mingle"-Stunde kommen viele Gäste in die Weinbar, um der Hektik von Vesterbro zu entfliehen.
www.coco-hotel.com

08

AKTIVITÄTEN

TURM DER ERLÖSERKIRCHE
Der von einer schmalen Wendeltreppe umschlungene, schwarz-goldene Kirchturm erhebt sich wie ein riesiges Plunderteilchen über dem Stadtteil Christianshavn. Der Aufstieg nach oben verbrennt nicht nur die Kalorien des zuvor genossenen Wienerbrøds, sondern sorgt auch für Adrenalinkicks – bei Wind ist der Turm nichts für schwache Nerven, aber der Rundumblick von oben ist grandios. Man muss im Voraus buchen und sollte nicht zur vollen Stunde aufsteigen, wenn die Glocken in ohrenbetäubender Lautstärke läuten.
www.vorfrelserskirke.dk

DESIGNMUSEUM DANMARK
Arne Jacobsens berühmter Ei-Sessel – eine dänische Design-Ikone von 1958 – darf in diesem Museum natürlich nicht fehlen. Aber die in einer schlichten Villa präsentierte Sammlung umfasst nicht nur Möbel. Sie bietet uns viel Inspiration und eine gute Gelegenheit, darüber nachzudenken, wie wir mit intelligent durchdachtem Design und innovativen Materialien die Zukunft nicht bloß neu gestalten, sondern vielleicht sogar neu definieren können.
www.designmuseum.dk

EVENTS

COPENHAGEN COOKING AND FOOD FESTIVAL
Das zehntägige Food-Festival im August zelebriert die neue nordische Küche und bietet über 100 Events auf dem Israel-Platz *(Israels Plads)*.
www.copenhagencooking.com

COPENHAGEN BEER WEEK
Im Mai kommen Craft-Bierbrauer:innen in die Hauptstadt, um ihre dänischen Biere zu präsentieren. Das Fest findet in der alten Reparaturwerkstätte der Dänischen Staatsbahnen statt und bietet Verkostungen von über 1000 Bieren sowie jede Menge Livemusik.
www.ølfestival.dk

ANREISE
Der Flughafen Tallinn ist nur eine zehnminütige Taxifahrt vom Stadtzentrum entfernt. Die Stadt verfügt über ein ausgedehntes Netz von Bussen, Straßenbahnen und Oberleitungsbussen, die günstig und einfach nutzbar sind.

[Estland]

DIE KULINARISCHEN JAHRESZEITEN IN TALLINN

Lokal angebaute, saisonale Lebensmittel waren in Estland schon immer beliebt. Heute experimentiert man auch gern mit Craft-Spirituosen und innovativen Rezepten.

Estland ist eine Nation von Gourmets mit einem stolzen kulinarischen Erbe, das viele Jahrhunderte zurückreicht. Im Jahr 2022 erschien mit dem Guide Michelin Estland erstmals eine Ausgabe des Restaurantsführers für einen baltischen Staat.

Die Altstadt von Tallinn gehört zum Unesco-Weltkulturerbe. Ihre malerische Ansammlung hervorragend erhaltener Museen, prachtvoller Handelshäuser und Kirchen gibt einen Einblick in die Zeit, als die Stadt ein wohlhabender Knotenpunkt der hanseatischen Handelsroute war. In dieser Zeit (13.–15. Jahrhundert) fanden ausländische Gewürze, die von Händlern importiert wurden, erstmals ihren Weg in die estnischen Küchen. Nach und nach wurden sie dann zu wichtigen Bestandteilen der lokalen Rezepte. Heute nimmt Tallinn globale Einflüsse noch in einem viel größeren Maß auf. So bietet die Stadt viele innovative Restaurants, die die klassischen estnischen Aromen auf ganz neue und kreative Weise präsentieren. Um ein Gespür für die kulinarische Vielfalt der Stadt zu bekommen, pendelst du am besten zwischen rustikalen Kneipen mit Ziegelwänden und modernen Restaurants im baltischen Stil.

Dunkles Roggenbrot, Wildpilze, Wildfleisch, Fisch und Waldbeeren sind nur einige der Grundzutaten der estnischen Küche. Die Esten bevorzugen lokal angebaute, saisonale Produkte. Nachhaltige Küche ist hier nicht erst eine Reaktion auf die Klimakrise, sondern eine Lebenseinstellung. Bauernmärkte spielen in dieser modernen Stadt eine wichtige Rolle.

Tallinn ist auch eine Hochburg für handwerklich hergestellte Spirituosen. Hier kann man Bier verkosten, das unter Zugabe von Wildkräutern in Eichenfässern gebraut wird, oder handwerklich hergestellten Gin, der mit Wacholderbeeren destilliert wird. Es gibt auch ein erstaunlich breites Repertoire an Weinen aus einheimischen Beeren, Kräutern und Blumen.

01 CAFE MAIASMOKK

In der mittelalterlichen Altstadt von Tallinn wurde 1864 das älteste Café Estlands eröffnet. Zum Interieur gehören hübsch gestaltete Fußböden und kunstvolle Holzpaneele – seit 100 Jahren scheint hier das meiste weitgehend unverändert geblieben zu sein. Genieße dort ein großes Stück frisch gebackenen Kuchen oder von Hand hergestellte Süßigkeiten und beobachte den Trubel auf der *Pikk Tänav*, der Langen Straße. Im Obergeschoss befindet sich ein modernes Restaurant, das hausgemachte Suppen, Salate und andere Mittagsgerichte serviert. Es gibt auch ein Museum, das die Geschichte des Hauses und die lange estnische Tradition der Marzipanveredelung dokumentiert.
Pikk 16, Tallinn; www.kohvikmaiasmokk.ee

02 LEE

Das estnische Wort „Lee" bezeichnet die Feuerstelle der Vorfahren, um die man sich einst versammelte, um sich Geschichten zu erzählen und miteinander zu essen. An diese uralte Tradition erinnert nun auch der Name dieses schicken Restaurants in der Altstadt von Tallinn. Chefkoch Hiroaki Takeda und sein Team gestalten die Speisekarte passend zur jeweiligen Saison. Im Mittelpunkt stehen klassische estnische Zutaten, die mit internationalen Fertigkeiten, deutlichen asiatischen Einflüssen und spielerischer Neugier kombiniert werden: „Wenn die Dinge aus der Region kommen, sind sie schmackhafter", erklärt Hiroaki. Der Erfolg gibt ihm recht: Das Lee steht seit 2022 auf der Liste der vom Michelin empfohlenen Restaurants.
Uus 31, Tallinn; www.leeresto.ee; So & Mo geschl.

03 BALTI JAAMA TURG

Der Markt am Baltischen Bahnhof, *Balti Jaama Turg*, in Tallinns Künstlerviertel Telliskivi ist seit seiner Eröffnung im Jahr 1993 ein beliebter Treffpunkt für die Einheimischen und einer der besten Orte, um zu erfahren, welche kulinarischen Vorlieben die Est:innen haben. Auf drei Stockwerken breiten etwa 300 Händler ihr Angebot aus. Im Untergeschoss befindet sich u. a. ein Supermarkt, im Erdgeschoss gibt es viel Fisch, Fleisch und Gemüse sowie einen großen Streetfoodbereich. Ein Anbieter dort ist das Streetfoodlokal Uulits, das den besten Burger der Stadt serviert.
Kopli 1, Tallinn; https://en.astri.ee

01 Schneebedeckte Dächer in der Altstadt von Tallinn (Unesco-Weltkulturerbe)

02 Maiasmokk ist das älteste Café Estlands

03 Die Speisen im Lee werden von den Jahreszeiten diktiert

04 Regionale Lebensmittel auf dem Balti Jaama Turg

03

04

04 JUNIMPERIUM

Die Distillerie und Bar Junimperium wurde von dem Ginliebhaber Tarvo Jaansoo gegründet und ist der Entstehungsort mehrerer preisgekrönter Craft-Gins. Dazu gehört auch der bei den World Gin Awards preisgekrönte Best Sloe Gin, den die Meistermixer hier zu einem pikanten Getränk verarbeitet haben.

Die Hipster-Bar befindet sich in einem Lagerhaus direkt gegenüber dem Markt am Baltischen Bahnhof. Eine wahre Magie entfaltet sich im hinteren Teil des Gebäudes, das dem Labor eines verrückten Wissenschaftlers ähnelt. Die Grundlage für alle Gins bilden estnische Wacholderbeeren, die für ihre besondere Herbheit bekannt sind. Die Spirituose wird dann mit pflanzlichen Extrakten wie Koriander, Angelikawurzel, Kappfeffer und Thymian sowie mit Zitrusfrüchten aus Estland und anderen Ländern versetzt.

Wir empfehlen auch die limitierten Editionen, z. B. einen Gin aus frisch marinierten Sauerkirschen. *Telliskivi 60 M, Tallinn; www.junimperium.ee; So & Mo geschl.*

05 VALGEJÕE VEINIVILLA

Bei Valgejõe Veinivilla im Landkreis Harju wird die Weinverkostung zu einem Erlebnis, bei dem du (im Wortsinn) tief in die edlen Tropfen „eintauchst". Nach einem Besuch des Weinkellers und einer Einführung in den hiesigen Prozess der Weinherstellung erwartet dich ein Bad in echtem Wein; anschließend geht es mit einem Glas des Getränks in den Wald, um den Dopaminspiegel bei ein paar Baumumarmungen noch weiter zu erhöhen. Aufgrund der geringen Sonnenlichteinstrahlung und der kühlen Witterungsbedingungen in Estland wird der Wein nicht aus den sonst dafür typischen Trauben hergestellt: Die Produzenten nutzen stattdessen Beeren, Pflanzenextrakte und andere widerstandsfähige Früchte, die dem Klima standhalten.

Valgejõe ist eines der nächstgelegenen Weingüter zur Hauptstadt – die Fahrt mit dem Bus von Tallinns Busbahnhof dauert ca. 50 Minuten. *Valgejõe, Kreis Harju; www.veinivilla.ee/en*

06 HARMOONIKUM

Wer das Essen in Tallinn mag, kann in diesem Wellnesszentrum mit eigener Kochschule, das in einem alten Gutshaus untergebracht ist, traditionelle estnische Gerichte zubereiten. Eine 45-minütige Busfahrt vom Zentrum der estnischen

05 Ein Mandelverkäufer erinnert an das mittelalterlichen Erbe Tallinns

06 Kekse als Schaufensterdekoration in den Straßen von Tallinn

07 Das Schlössle Hotel mit einer Holzbalkendecke im Inneren

Hauptstadt gibt es hier ernährungsbewusste Kochkurse, ein Spa mit traditionellen estnischen Saunas und ein Café. Die Kochkurse werden von Ene Lill geleitet, einer ausgebildeten Ernährungsberaterin, die estnische Kräutermedizin studiert hat: „Ich habe die wissenschaftliche Basis der alten Traditionen erforscht und herausgefunden, wie unsere Vorfahren ihre Gesundheit gestärkt, Lebensmittel zubereitet und gelebt haben", erläutert sie.

Nach dem Kochkurs mit Ene kannst du dich im „Bier-Spa" in einer mit Hopfen, Bierhefe und Malz gefüllten Eichenwanne entspannen oder eine estnische Massage mit natürlichen Aromaölen aus eigener Herstellung genießen.
Pargi tee 8, Viimsi, Harju maakond; https://harmoonikum.ee

07 PAJU VILLA

Nõmme, der wohlhabendste Stadtteil Tallinns, liegt nur eine 15-minütige Taxifahrt von der Altstadt entfernt. Dieser von Jugendstilhäusern und alten Kiefernwäldchen geprägte Bezirk war schon in den 1920er-Jahren ein Tummelplatz der Schönen und Reichen. Ein Wahrzeichen dieser eleganten Epoche ist die Paju Villa, deren Restaurant alle Gäste am Tisch versammeln möchte, um ihnen das Gefühl zu geben, im stilvollen Stadthaus eines Freundes oder einer Freundin zu Gast zu sein. Die Speisekarte des vom Guide Michelin empfohlenen Restaurants umfasst sowohl internationale als auch einheimische Gerichte, darunter Steak, Zanderfilet und Meeresfrüchtesuppe. Nach dem Essen kann man seinen Gaumen mit einem hausgemachten Limoncello oder einem Passionsfrucht-Tiramisu verwöhnen.
Vabaduse pst 88, Tallinn; https://pajuvilla.ee/en/

08 PÕHJALA BREWERY

Auch wenn du kein Bier liebst: Ein Besuch in der Põhjala Brewery ist ein Muss. Die Schankstube bietet 24 Craft-Biere vom Fass, die aus estnischen Waldpflanzen in Eichenfässern gebraut werden. Es werden Führungen durch die hauseigene Brauerei angeboten, und man kann sich auch für „ein kaltes Bier mit Saunagang" anmelden. Im Schankraum werden zudem BBQ-Gerichte serviert, die die kräftigen Aromen der Biere wunderbar ergänzen
Peetri 5, Tallinn; https://pohjalabeer.com; Mo geschl.

SONST NOCH WICHTIG

SCHLAFEN

SCHLÖSSLE HOTEL
Dieses romantische Hotel mit 23 Zimmern bietet Fünfsterneluxus inmitten mittelalterlicher Architektur im Herzen von Tallinns Altstadt. Ziegelwände und lodernde Kamine schaffen eine entspannte und intime Atmosphäre, die Gartenterrasse ist ein großartiger Ort für lange Sommerabende in Tallinn. *www.schlosslehotel.com*

RATASKAEVU BOUTIQUE
Hier wohnt man wie die Einheimischen in einem gemütlichen Apartment im nordischen Stil mit eigener Sauna (ein wichtiges Element vieler estnischer Wohnhäuser). Dank der Lage im Herzen der Altstadt sind die meisten Sehenswürdigkeiten und Restaurants nur einen Katzensprung entfernt. Man kann auf dem Markt am Baltischen Bahnhof einkaufen und die gut ausgestattete Kücheneinrichtung nutzen. *www.dreamstay.ee*

AKTIVITÄTEN

INSELHÜPFEN
Vor der Küste Estlands liegen über 2000 Inseln, und einige davon können im Rahmen von Tagesausflügen ab Tallinn erkundet werden. Wir empfehlen eine geführte Tour nach Prangli (der nördlichsten Insel Estlands), wo du zu malerischen Fischerdörfern radeln und die eigenständige Inselkultur entdecken kannst. Hier wirst du auch einiges über jene Piraten und Räuber erfahren, die die Insel einst bewohnten und deren Schätze der Legende nach noch immer hier versteckt sind. Wer weiß, vielleicht machst du ja eine Entdeckung? Die Ausflüge starten vom Tourismusbüro in Tallinn. *https://tallinndaytrip.com/tours/prangli-island-day-trip*

EVENTS

JAANIPÄEV
Die Sommersonnenwende (etwa 21. Juni), die den längsten Tag des Jahres markiert, ist eines der ältesten Feste im estnischen Kalender. Essen und Trinken spielen an diesem Tag eine zentrale Rolle, ebenso wie Lagerfeuer, Gesang und Geschichtenerzählen.

WEIHNACHTSMARKT
Probiere saisonale estnische Spezialitäten wie Blutwurst, Lebkuchen und Glühwein auf dem stimmungsvollen Weihnachtsmarkt im Dezember.

07

ANREISE
Zwischen Helsinki, Espoo, Turku, Kuopio und Joensuu verkehren Busse und Züge. Von Joensuu fahren Busse nach Ilomantsi. Wer einen Wagen mietet, hat zudem die Möglichkeit, in den Wäldern nach Nahrungsmitteln zu suchen.

01

[Finnland]

KÖSTLICHE KOST AUS FREIER NATUR

Im Sommer ist in den finnischen Wäldern Nahrungssuche angesagt – die Einheimischen wissen, wie sie die besten Früchte der Natur auf den Tisch bringen.

In Finnland fühlen sich alle der Natur tief verbunden, und alle wissen, welche Schätze sich etwa in den finnischen Wäldern finden. Allein die Fülle an verschiedenen Beeren ist überwältigend: Blaubeeren, Himbeeren, verschiedene Brombeerarten, Krähenbeeren, Walderdbeeren, seltene Moltebeeren ... Hinzu kommt eine enorme Fülle von Wildkräutern und köstlichen Pilzen, von Steinpilzen über Pfifferlinge bis zu den mysteriösen Stockmorcheln, die im rohen Zustand giftig sind, richtig zubereitet aber köstlich schmecken.

Die Suche nach Nahrungsmitteln in der freien Natur (auch *Foraging* genannt) ist in Finnland eine nationale Leidenschaft. Juristisch wird sie durch das im finnischen Gesetz verankerte *Jokamiehenoikeudet* (Jedermannsrecht) geschützt, und Besuchende sind herzlich eingeladen, sich den vielen Einheimischen anzuschließen, die von Mitte Juli bis Oktober durch die finnischen Wälder streifen.

Die verschiedenen Regionen Finnlands haben unterschiedliche Ernten zu bieten. Heidelbeeren gibt es fast überall, die Inseln vor der Küste sind reich an Himbeeren. In den Mischwäldern des Südens gibt es viele verschiedene Pilzarten; in den feuchten Birkenwäldern findet man Pfifferlinge. In den Mischwäldern, die vorwiegend aus Birken und Eichen bestehen, wachsen die begehrten Steinpilze.

Zu den „wilden Nahrungsmitteln" gehören auch Wildtiere; man sollte sich also nicht wundern, wenn auf den Speisekarten der Restaurants auch Gerichte mit Elch und Rentier stehen. „Wilde Nahrungsmittel" finden sich in allen möglichen Gerichten, von herzhaften Eintöpfen in Dorfgasthöfen bis hin zu Menüs in Spitzenrestaurants. Dank preisgekrönter Köchinnen und Köche wie Sami Tallberg, Filip Langhoff und Ossi Paloneva gibt es in vielen reizvollen Städten und Dörfern Südfinnlands Restaurants, die Menüs mit selbstgesammelten Beeren, Wildkräutern und Pilzen anbieten.

01 Anna Nyman und ihr Hund Noki beim Pilzesammeln

02 Das Restaurant Grön verarbeitet nur Zutaten aus der freien Natur

03 Jyrki Tsutsunen in der Küche des Skutta

04 Kochen über offenem Feuer im Wald

05 Ein Korb mit dem gesammelten Ergebnis einer Tour in Finnlands Natur

01 KAUPPATORI

Du weißt, dass der Sommer in Finnland angekommen ist, wenn die Stände auf dem Kauppatori-Markt am Südhafen von Helsinki unter dem Gewicht waldfrischer Beeren ächzen. Die Einheimischen kaufen sie kiloweise, um daraus Kuchen, Pfannkuchen und *Mustikkakeitto* (eine köstliche, kalte Blaubeersuppe) zuzubereiten.

Neben Blaubeeren, Preiselbeeren, Himbeeren und Walderdbeeren sollte man auch nach der Moltebeere Ausschau halten – einer brombeerähnlichen, sommerlich gelben Frucht, die aufgrund ihres hervorragenden Geschmacks und ihrer Seltenheit sehr teuer ist. Pilzfans können sich zudem mit den Pfifferlingen eindecken, für die Finnland so berühmt ist. Wer Konserven, Fisch und Rentierwurst kaufen will, der sollte in die angrenzende, 1889 erbaute, meist bis zum späten Nachmittag geöffnete Markthalle Gamla Saluhallen gehen.
Eteläranta, Helsinki

02 RESTAURANT GRÖN

Bei Wildkost denkt man vielleicht an eher schlichtes Essen, aber diese Vorstellung wird im Restaurant Grön widerlegt. Die kreative, mit einem Michelin-Stern ausgezeichnete Gastronomie von Chefkoch Toni Kostian bietet eine große Vielfalt an saisonalen Biogerichten mit Zutaten aus der freien Natur.

„Ich sammle zweimal pro Woche Wildzutaten für das Grön", erzählt Kostian. „Nur so können wir sicherstellen, dass wir die besten Wildzutaten auf der Speisekarte haben." Wildzutaten werden im Grön zu Gerichten wie „Fichtensprossen mit Zitronenthymian und Zitronenblatt" oder „Gegrillte Sommerbeeren mit frischen Gartenblumen" (aus dem Garten des Restaurants) verarbeitet. Man hat die Wahl zwischen vielgängigen veganen und fleischhaltigen Degustationsmenüs.
Albertinkatu 36, Helsinki; www.restaurantgron.com; Mi–Sa abends & Sa mittags

03 SKUTTA

In Finnland gibt es immer mehr Köchinnen und Köche, deren Leidenschaft für Wildzuten kaum zu bremsen ist. Jyrki Tsutsunen gehört dazu: Nachdem er seine Kochkünste in den Küchen des finnischer Konsulats von St. Petersburg perfektioniert hatte, begann er mit Pop-up-Events Musik, Performance und Nahrungssuche zu verbinden. „In meiner Arbeit möchte ich Es-

sen, Raum, Musik und Kunst zu einem Ganzen verbinden", erläutert er sein Credo. „Die Natur ist voller Nahrungsmittel, und ich möchte diese einzigartigen Aromen allen Menschen zugänglich machen."

Jyrkis kulinarische Kunst kannst du im Restaurant Skutta im Kulturzentrum Stoa in Helsinki genießen: Dort kommen wildzutatenreiche Gerichte wie Brennnesselpüree und Moosbeerensalat auf den Tisch. *Stoa, Turunlinnantie 1, Itäkeskus, Helsinki; www.skuttaan.fi; So geschl.*

04 WILDKOST-WORKSHOPS

Wer etwas über Nahrungssuche in der freien Natur rund um die Stadt Espoo erfahren möchte, der sollte sich an die örtliche Biologin und Kräuterexpertin Anna Nyman wenden. Die begeisterte Verfechterin der Wildkost veranstaltet Workshops im nördlichen Espoo und in Nurmijärvi. Zusammen mit Anna geht es in den Wäldern auf die Suche nach den besten Pilzen und Lebensmitteln: Von Juni bis August werden Beeren, von August bis Oktober Pilze gesammelt. *www.foraginginfinland.com*

05 NUUKSIO NATIONAL PARK

Die Einheimischen sind von klein auf dazu erzogen worden, die Gaben der Natur zu nutzen, aber Anfänger:innen sind vielleicht etwas zögerlicher, wenn es darum geht, Beeren oder Pilze aus dem Wald zu pflücken. Keine Angst – Hilfe ist zur Stelle! Im Nationalpark Nuuksio, einem idyllischen Wald- und Seengebiet westlich von Helsinki nahe Espoo, veranstaltet das Unternehmen „Feel the Nature" Wanderungen, die tief in den Wald zu den besten Stellen für Beeren und Pilze führen. Hier lernt man, eine Heidelbeere von einer Krähenbeere und einen Pfifferling von einem Giftpilz zu unterscheiden. Nach der Tour durch den Park ist man so gut informiert, dass man auch eigenständig auf Nahrungssuche gehen kann. *Nuuksiontie 84, Espoo; https://feelthenature.fi/en/; geführte Touren Juli–Okt.*

06 RUISSALO

Sami Tallberg, der Wildkost-Pionier, setzt sich auch in seinem nahe Turku auf der Insel Ruissalo gelegenen Heimstudio für natürliche Ernährung ein. Hier veranstaltet er faszinierende Kochkurse und Gourmetevents, in denen er sich auf die waldfrischen Zutaten fokussiert, die er in den dichten Eichenwäldern und felsigen Küstengebieten der Insel gesam-

06 & 07 Der Gutshof Koivumäki in Kuopio wartet mit einem schönen Restaurant und der historischen Brennerei Lignell & Piispanen auf

08 Luftbild von der Insel Ruissalo

melt hat. Diese Events sind perfekt auf die Teilnehmenden zugeschnitten und ziemlich exklusiv. Man spürt sofort Tallbergs Begeisterung für Wildkräuter und Pilze.

„Das Foraging ist eine Bewegung hier in Finnland", meint Tallberg. „Wir Finnen sind sehr naturverbunden und haben das Jedermannsrecht, sodass jeder auf Nahrungssuche gehen kann."

Am besten kontaktiert man Sami im Voraus, um die verschiedenen Angebote zu besprechen.
Ruissalo, Turku; www.samitallberg.com/en/courses

07 GUTSHOF KOIVUMÄKI

Die Zugfahrt nach Kuopio ist lang, aber sie lohnt sich für einen Ausflug zum Gutshof Koivumäki. Hier lebte einst Gustav Ranin, der im 19. Jahrhundert ein Imperium für Spirituosen aufbaute, die aus den Aromen des Waldes hergestellt wurden. In seiner historischen Brennerei Lignell & Piispanen werden finnische Kräuter und Beeren zur Herstellung von Gin und Obstbränden genutzt. Zu den Verkaufshits gehören Liköre aus Moltebeeren und arktischen Brombeeren sowie der mit Preiselbeeren, Birkenblättern und Brennnesseln aromatisierte *Gustav Metsä Gin*. Du kannst im Restaurant lokale Gerichte probieren, in der Bar etwas trinken, die Brennerei besichtigen, an Wildkräuterführungen teilnehmen oder Verkostungstouren durch Kuopio unternehmen.

Die Stadt am See wurde im Jahr 2020 gemeinsam mit der Provinz Nord-Savo zur „Europäischen Region der Gastronomie" gekürt.
Koivumäenkuja 18, Kuopio; https://koivumaenkartano.com/home/

08 BAUERNHOF PUUSTILA

Wildkost wird auch im Dorf Ilomantsi in Nordkarelien mit großer Begeisterung zelebriert – im August findet hier sogar ein Festival zu diesem Thema statt (siehe rechte Seite). Wer eine kulinarische Tour durch Finnland unternimmt, sollte unbedingt auch den hübschen Bauernhof Puustila besuchen. Gäste können hier in das ländliche Leben Kareliens eintauchen: Das Angebot reicht von Lammbraten am Lagerfeuer bis zu geführten Wanderungen, bei denen Wildkräuter gesammelt und anschließend gemeinsam mit den Hofbesitzern in der Küche des Hofs zu einem Wildkräuterfestmahl zubereitet werden.

Diese Wanderungen bieten einen großartigen Einblick in die finnische Sammelkultur, und man wird schnell lernen, Delikatessen wie Schafgarbe, Wilden Holunder, Sauerklee und Frauenmantel zu finden.
Puustilan maisematila, Vehnävaarantie 11, Maukkula; https://en.puustilanmaisematila.fi

SONST NOCH WICHTIG

SCHLAFEN

HOTEL KATAJANOKKA
Dieses ungewöhnliche Hotel auf der Insel Katajanokka in Helsinki war bis 2002 ein Gefängnis – aber keine Sorge, du musst dir keine Zelle teilen. Die geräumigen Zimmer des ehemaligen Zuchthauses aus dem 19. Jahrhundert verfügen über stilvolle Bäder, eine elegante nordische Einrichtung und gerahmte Erinnerungsstücke. Nimmt man noch die praktische Lage hinzu – das Hotel liegt unweit des Kauppatori-Marktes und ganz in der Nähe mehrerer Bars und Freiluftkneipen – ist das Katajanokka ein Ort, in dem man gerne für eine Nacht eingeschlossen ist … *www.hotelkatajanokka.fi/en*

08

RUISSALO CAMPING
Für einen idyllischen Aufenthalt mitten in der Natur nahe Turku bietet sich dieser weitläufige Campingplatz auf der Insel Ruissalo an. Er liegt direkt neben den Küstenwäldern und sanft abfallenden Stränden von Ruissalo. Der Campingplatz befindet sich ganz am Ende der Insel und bietet auch ein Café, das in einer schicken Villa im Empire-Stil untergebracht ist. Du kannst hier gut zelten oder in Hütten übernachten und die Tage damit verbringen, im Wald zum Sammeln zu gehen. *www.visitturku.fi/en/ruissalo-camping_-0*

AKTIVITÄTEN

SUOMENLINNA
Nach einer Stärkung auf dem Kauppatori-Markt in Helsinki geht es mit dem Boot vom Kai zur Festungsinsel Suomenlinna, die im Hafengebiet liegt und drei miteinander verbundene Inseln umfasst. Die Schweden bauten die Befestigungsanlage im 18. Jahrhundert, die Russen fügten 1854 eine Kirche hinzu. Wanderwege der Insel führen zu Museen, historischen Gebäuden, Cafés, einer Herberge und zu malerischen Orten entlang der Küste. Die Einheimischen kommen besonders gern im Sommer hierher, um zu picknicken und bis spät in die Nacht schwimmen zu gehen.

EVENTS

VILLIRUOKA FESTARIT
Das große Wildkost-Festival der Finnen findet in Ilomantsi im seenreichen Nordkarelien statt. Gourmets, Kochbegeisterte und interessiertes Publikum kommen im August zu diesem Festival, um neue Möglichkeiten zu erkunden, die wilden Schätze der Natur in die Küche zu bringen. Es gibt Kochshows, Vorträge und Verkostungen. *www.facebook.com/Villiruokafestarit*

ANREISE

Der Bahnhof von Vilnius verbindet die Hauptstadt Litauens mit benachbarten Hauptstädten wie Warschau (Polen) und Riga (Lettland). Auch auf dem Luftweg ist Vilnius gut an Europa angebunden, z. B. durch günstige Flüge mit Ryanair.

[Litauen]

IN VILNIUS ERFINDET SICH DAS BALTIKUM KULINARISCH NEU

Litauens Hauptstadt verbindet Tradition und Moderne. Es erwarten dich clevere Neuinterpretationen der lokalen Küche, bunte Märkte, gute Cocktails und beste Aromen.

Die litauische Küche ist unglaublich komplex und hat eine bewegte Geschichte. Nach einer 200 Jahre währenden Union mit Polen verschwand das Großfürstentum Litauen im Jahr 1795 von der Landkarte, als Russland das Baltikum schluckte. Erst nach dem Ersten Weltkrieg tauchte es 1918 als unabhängiges Land wieder auf. Viele der traditionellen Gerichte, die noch erhalten sind, weisen Einflüsse aus Polen und Russland auf oder gehen auf die bäuerliche Küche zurück, die trotz der jahrhundertelangen kulturellen Unterdrückung auf dem Land weiter gedieh.

Zu den klassischen litauischen Rezepten gehört *Saltibarščiai* („Kalter Borscht" – eine kalte, sommerliche Rote-Bete-Suppe, die mit saurer Sahne angedickt wird und wegen ihrer leuchtenden Lavendelfarbe gern auf Instagram gepostet wird). Hinzu kommen *Cepelinai* (klebrige Kartoffelklöße, die meist mit Schweinehackfleisch gefüllt, einem Klecks saurer Sahne und knusprigen Speckwürfeln garniert werden) und *Kibinai*, ein beliebter Snack, der an eine Pastete aus Cornwall oder eine spanische Teigtasche *(Empanada)* erinnert. Dessen Ursprünge lassen sich auf eine kleine Einwanderungsgruppe tatarischer Karäer im 14. Jahrhundert zurückführen. Auch die jüdischen Gemeinden haben in Vilnius ihre Spuren hinterlassen.

Die Bauernmärkte der Stadt bieten eine reiche Vielfalt an Beeren und Pilzen, Wild, Wurstwaren, riesige Laibe Roggenbrot und jede Menge Essiggemüse. Und nicht zuletzt haben innovative Köchinnen und Köche in den mittelalterlichen Straßen der Stadt interessante Bars, Restaurants und Cafés eröffnet, die ihrerseits Tradition und Moderne zu vereinen wissen.

01 HALĖS TURGAVIETĖ

Das Viertel, in dem sich diese schöne Markthalle aus dem Jahr 1906 befindet, ist eines der erfolgreichsten Sanierungsprojekte der Stadt. Noch vor 20 Jahren tummelten sich in den Straßen rund um den Bahnhof von Vilnius Prostituierte und gab es viele Elendsbehausungen. Heute sind die im 19. Jahrhundert erbauten Häuser am Halės-Markt mit Straßenkunst dekoriert, auf dem Markt selbst herrscht von morgens bis spät in die Nacht reges Treiben. Bauern und Bäuerinnen aus der Umgebung strömen dorthin, um ihr Obst und Gemüse, Hartkäse, riesige Roggenbrote, Honig, Blaubeeren, Walnüsse und vieles mehr zu verkaufen.

Ein Spaziergang über den Markt bietet dir eine ideale Einführung in die traditionelle Esskultur Litauens. Unter dem schmiedeeisernen Baldachin der Markthalle findest du mehrere kleine Bars, die neben Bier, Wein und Spirituosen auch Gerichte aus Marktprodukten anbieten. Du solltest entweder morgens hierherkommen, um das rege Markttreiben zu beobachten, oder nach Einbruch der Dunkelheit (Donnerstag bis Samstag), wenn sich die Einheimischen hier auf einen Drink treffen. Besonders beliebt: der Youngs' Club. *Pylimo str 58; www.halesturgaviete.lt*

02 SŪRIO DŽIUGAS® NAMAI

Was der Name – Käsehaus Džiugas – nicht unbedingt vermuten lässt: Es handelt sich um ein holzgetäfeltes Café, das nach einem riesigen Krieger benannt wurde, der (einer samogitischen Tradition folgend) nach seiner Hochzeitsnacht einen frisch gepressten Käse präsentieren musste. Dieser schmeckte den Gästen so gut, das sich das Rezept bald in der ganzen Region verbreitet. Ob man auch im Käsehaus Džiugas, in dem sich seit den 1950er-Jahren kaum etwas verändert hat, mit dem Rezept arbeitet, ist nicht gewiss. Aber nach wie vor serviert man hier Kaffee mit goldenen Käsestücken (anstelle von Keksen). Sowohl der Kaffee als auch der Käse sind sehr geschmacksintensiv – „legendär gut", so heißt es.

Im angeschlossenen Geschäft kann man verschiedene Käsesorten verkosten, die zwischen zwölf und 36 Monate lang reifen durften: Die nussigen, komplexen Aromen dieser Käse – darunter der litauische Parmesan – werden intensiver, je länger sie reifen. Anschließend trinkt man gern einen Kaffee auf der kleinen

01 Café am Fluss Vilnia

02 Die Altstadt von Vilnius gehört zum Weltkulturerbe der Unesco.

03 Internationale Küche bei Paupio Turgus

04 Räucherfisch ist ein Grundelement der traditionellen litauischen Küche

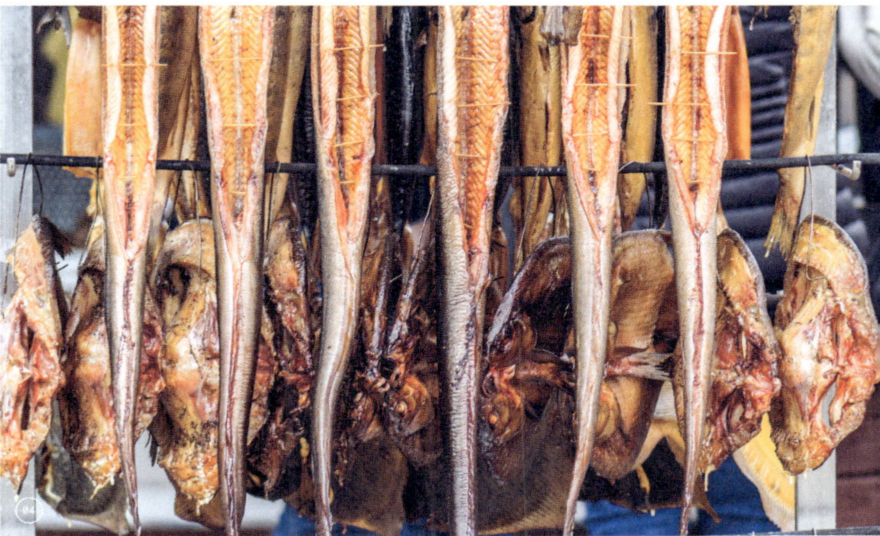

Terrasse und genießt den Blick auf den Platz. Als Beilage empfehlen wir eine mit herzhaftem Käse gefüllte Teigtasche *(Kibinai)*. Und bevor du gehst, solltest du auch die Spezialität des Hauses kosten: würziges Käseeis mit Preiselbeeren aus der Region.
Aušros Vartų g 3; www.dziugashouse.lt/de/

03 RESTORANAS „LOKYS"

Läuft man ein Stück weiter durch die Kopfsteinpflasterstraßen von Vilnius, stößt man auf dieses Restaurant, das sich auf historische Gerichte spezialisiert hat und seine Inspiration aus den Wäldern und Feldern Litauens bezieht. Zu jedem Abschnitt auf der Speisekarte – Snacks und Salate, Suppen, Wildgerichte etc. – gibt es eine kurze Vorbemerkung, seit wann diese Speisen in Litauen gegessen wurden, und von wem. So erfährt man zum Beispiel, dass die Wildschweinjagd ein Privileg des litauischen Adels war (Bürgerliche konnten sogar zum Tode verurteilt werden, wenn man sie bei der Jagd erwischte).

Besonders lecker: Hirschtatar mit eingelegten Gewürzgurken oder die cremige Röhrenpilzsuppe mit Kürbisöl. Immer eine gute Wahl: das litauische Nationalgericht *Cepelinai* (Kartoffelklöße mit Sauerrahm und Speck, bestreut mit Petersilie) – hier wird es mit Wild statt mit dem traditionellen Schweinefleisch gefüllt. Als Getränk empfehlen wir ein Glas hausgemachten *Kwas* (süße Brotlimonade, die aus fermentiertem Roggenbrot hergestellt wird). Die hauseigene Version dieser lokalen Spezialität ist trüb und wird mit Kümmel versetzt – der Geschmack ist gewöhnungsbedürftig. Im schummrig beleuchteten Speiseraum gibt es auch eine Feinkostabteilung, in der du Löwenzahnsirup, Hanfblütentee, Leinsamen-Cracker und kandierte Kiefernzapfen kaufen kannst.
Stiklių g 8; https://lokys.lt

04 KING & MOUSE

Diese tolle kleine Bar in der Trakų-Gasse ist für ihre 300 Whiskysorten (möglicherweise die größte Auswahl in ganz Litauen) und ihren Whiskyladen bekannt. Betrieben wird sie vom Inhaber der Pakruojis Manor Distillery, die sich auf Spirituosen aus lokalen Pflanzenextrakten spezialisiert hat. Die Brennerei – eine der ältesten in Litauen – befindet sich außerhalb von Vilnius auf einem riesigen Anwesen aus dem 18. Jahrhundert.

Die Barkeeper im King & Mouse haben eine Reihe von Cocktails ent-

Ø5 Das Auge isst mit: Tintenfischkreation im Gastronomika

Ø6 Der 1906 erbaute Halės Turgavietė

Ø7 Die Inselburg Trakai lohnt einen Tagesausflug

wickelt, die die Aromen der Brennerei präsentieren. Die Gäste können draußen in der schmalen Gasse an Tischen aus Fässern stehen oder drinnen in der winzigen Bar sitzen. Freue dich auf ganz besondere Geschmackserlebnisse!

Zu den Spirituosen, die in der Brennerei hergestellt werden, gehören Thymianlikör mit Honig und Safran, Schnaps mit Meerrettich oder Rote Bete, ein Ahornlikör und ein Kirschbrandy. Du kannst auch den Cocktail „Spicy and Smokey" bestellen – eine Kombi aus Ingwerbier und Schnaps mit Räucherspeck ...

Trakų gatvė 2; https://kingand mouse.lt

05 PAUPIO TURGUS

Am Rand der Altstadt, am Fluss Vilnia, wurde ein verfallenes Fabrikgelände in ein begrüntes Areal mit Mehrfamilienhäusern umgewandelt. In dessem Zentrum steht diese quirlige Markthalle. Sie hat ein Glasdach und ist mit rund 1300 Pflanzen dekoriert, die für eine Atmosphäre wie im Gewächshaus sorgen und damit den ökologischen Charakter des Projekts betonen. Anregende Musik, Wandgemälde, vier Bars, Lebensmittelläden und 17 Kioskrestaurants mit internationaler Küche – hier könnte man stundenlang essen und trinken. In der Bar Lipskio Aline gibt es lokale Craft-Biere (die angebotenen Sorten sind auf einer Kreidetafel verzeichnet). Serviert werden diese mit geröstetem Brot.

Aukštaičių g 7; www.paupioturgus.lt/en/

06 GASTRONOMIKA

Küchenchef Liutauras Čeprackas hat sich ein ehrgeiziges Ziel gesetzt: Mit seinem Flaggschiff-Restaurants Gastronomika will er die moderne litauische Küche von ihrer besten Seite präsentieren. Wie gut ihm das gelingt? Davon überzeugst du dich am besten selbst: Reserviere im Voraus und freue dich auf das mehrgängige Degustationsmenü, das mit viel Schwung im verglasten Speiseraum des Restaurants am Bokštas-Platz in der Altstadt von Vilnius serviert wird.

Liutauras Čeprackas wurde in den besten Restaurants der spanischen Stadt San Sebastián ausgebildet. Sein exzellentes Können spiegelt sich in der Speisekarte des Gastronomika wie in der Präsentation der Gerichte und in deren Qualität auf dem Teller. Da dürfen es auch gerne mal überraschende Geschmackskombinationen sein. So treffen im Gastronomika internationale Einflüsse auf litauische Aromen: Auf den Tisch kommen z. B. Knödel mit Pilzen der Saison, Quark mit Eigelb und Tintenfisch mit Artischocken oder fermentierter Kohl. Das Wachtel-Kiev mit Karotten und Himbeeren ist eines der Vorzeigegerichte dieses Restaurants, in dem auch die Werke zeitgenössischer Künstler präsentiert werden.

Bokšto g 6; https://gastronomika.lt; So& Mo geschl.

SONST NOCH WICHTIG

SCHLAFEN

DOWNTOWN FOREST HOSTEL & CAMPING

In diesem friedlichen Hostel, das sich zwischen der Altstadt und dem Stadtteil Paupys befindet, hat man das Gefühl, mitten im Wald zu übernachten. Das Hostel verfügt über Schlafsäle und Privatzimmer sowie über schattige Glamping-Hütten und Stellplätze für Wohnmobile. Die Freiluftbar, der Kicker und die Grillplätze sorgen abends für ein fröhliches Flair. In den Gärten finden oft Musikabende statt. *https://downtownforest.lt*

ARTAGONIST

Hinter der farbenfrohen Fassade dieses Stadthauses aus dem 15. Jahrhundert verbergen sich Hotelzimmer, die mit moderner litauischer Kunst ausgestattet sind. In Kombination mit einigen erhaltenen originalen Elementen ergibt sich eine ganz eigene Atmosphäre. Die Gemeinschaftsbereiche wurden komplett neu saniert. Läuft man vom Hotel aus direkt nach Norden, gelangt man zu den begrünten Wegen, die zum Gediminas-Turm (s. rechts) hinaufführen. *www.artagonist.lt*

07

AKTIVITÄTEN

GEDIMINAS-TURM & MUSEUM

Der Gediminas-Turm, das Wahrzeichen von Vilnius, ist das letzte verbliebene Relikt der sagenumwobenen Burg, die Vilnius einst wie eine Dornenkrone überragte. Heute beherbergt er eine Zweigstelle des litauischen Nationalmuseums, in der die Geschichte der Stadt dokumentiert wird. *https://lnm.lt/en/museums/gediminas-castle-tower/*

TRAKAI

Die malerische Inselburg Trakai, die im 14. Jahrhundert von litauischen Herzögen am Galvė-See erbaut wurde, sieht aus, als sei sie einem Märchenbuch entsprungen. Auf der Insel, die sich sehr gut für einen Tagesausflug eigenet, wurde der litauische Snack *Kibinai* erfunden – ein traditionelles Rezept der Karäer, die einst als religiöse Minderheit auf Trakai lebten. Mach einen Spaziergang über die Insel und schlemme den Snack danach bei Senoji Kibinine, einem renommierten lokalen Produzenten.

EVENTS

KULTŪROS NAKTIS (KULTURNACHT)

Bei diesem jährlichen Fest zu Ehren der litauischen Kultur finden auf den Straßen der Hauptstadt nächtliche Events mit Tanz, Theater, Musik, Fotografie und Installationen statt; viele kostenlos. *https://kulturosnaktis.lt/en/*

ANREISE
Scandinavian Airlines (SAS) und Norwegian fliegen Kristiansand und Stavanger ab/über Oslo an; die Flugzeit beträgt etwa 50 Minuten. Ein Großteil der Küste ist sehr abgeschieden, sodass man am besten mit dem Auto reist.

[Norwegen]

SCHÄTZE DER NATUR AN NORWEGENS KÜSTE

An der Küste Norwegens kocht man nachhaltig und erweitert auch gern die Grenzen der kulinarischen Theatralik. Immer an erster Stelle steht dabei die Natur.

Der vom Meer umspülte Süden Norwegens bietet einen malerischen Anblick. Die Küstenlinie ist ein filigranes Netz aus Fjorden, Dünen, Stränden, Felseninseln und Dörfern mit bunt bemalten Holzhäusern. Das Licht ist klar, der Horizont weit, die Luft duftet nach Meersalz. An Sonnentagen unter dem weiten Himmel fühlt man sich ganz im Einklang mit den Rhythmen der Natur.

Die Region bietet Kochbegeisterten jede Menge Inspiration: Hier hat man das Meer im Spiel der Gezeiten, aber auch die Wälder, Felder und Berge direkt vor der Haustür, was zum Fischen, Sammeln, Jagen und Pflücken einlädt. Kein Wunder, dass einige der innovativsten Köchinnen und Köche Europas diese Region mit ihrem Reichtum an Meeresfrüchten, Wild, Beeren, Pilzen und Kräutern so lieben. Die Natur hat ihren Teil beigetragen – nun folgt die kulinarische Theatralik: ein Schauspiel auf vielen Bühnen.

Wenn du die Küste entlang von Kristiansand nach Stavanger fährst, wechselt die Landschaft von üppigem Ackerland zu eindrucksvollen Küsten- und Bergregionen. Für Foodies hält diese Route viele Überraschungen bereit. Hier gibt es beispielsweise das größte Unterwasserrestaurant der Welt und weitere ausgefallene Orte und Adressen: von einem Restaurant in einem ehemaligen königlichen Gutshof bis hin zu einer cool umgestalteten Turnhalle, die mit nordischen Gerichten punktet.

Ob man auf einem Bootssteg bei Sonnenuntergang Austern schlürft oder etwas über die Züchtung von Gourmetpilzen lernt – die Verbindung zur Natur ist immer spürbar. Selbst die sternegekrönten Gourmettempel von Stavanger streben danach, ihre Gäste zurück zur Natur zu führen und ihnen ein tieferes Verständnis für die Produkte zu vermitteln, die vor ihnen auf dem Teller liegen.

02

03

01 BOEN GÅRD 1520

Hier liegt Magie in der Luft! In dem idyllisch an den bewaldeten Ufern des Flusses Tovdalselva gelegenen Anwesen blickt man zurück auf eine königliche Geschichte: Anfang des 16. Jahrhunderts war der damalige König, Christian II., der Inhaber der hiesigen Lachsfischerei, und in den 1670er-Jahren gehörte das Gut Königin Sophie Amalie von Dänemark und Norwegen. Heute sind die roten Holzgebäude des Anwesens stilvoll renoviert. Das Restaurant schwingt sich dank Küchenchef Tomasz Rochon in schwindelerregende kulinarische Höhen auf, die auch dem Michelin eine Empfehlung wert sind. Autarkie ist die Devise in den französisch inspirierten Menüs, die aus selbstgeerntetem Gemüse, Äpfeln, Beeren, Kräutern und Honig, Wildlachs aus dem Fluss und lokalem Lammfleisch bestehen. Die Gerichte – darunter Jakobsmuscheltatar mit Forellenrogen und Räuchermayonnaise – sind hervorragend.
Dønnestadveien 341, Tveit; www.boengaard.no/en; So–Di geschl.

02 SMAG & BEHAG

Eine 20-minütige Fahrt gen Süden und eine kurze Tour auf dem Wasser führt in die Küstenstadt Kristiansand. Direkt am Meer und in der Nähe der Festung befindet sich eine Turnhalle aus dem späten 19. Jahrhundert, die zu einem schmucken Restaurant umgebaut wurde. Der Speiseraum hat ein ganz besonderes Flair: Er besteht aus Backstein, hat eine hohe gewölbte Holzdecke und Bogenfenster, durch die sanftes Licht fällt. Die Küche von Chefkoch Hans Petter Klemmetsen macht dem Namen des Restaurants, der übersetzt „Geschmack und Behaglichkeit" bedeutet, wirklich alle Ehre. Auf der Speisekarte stehen kleine Gerichte, die so raffiniert wie köstlich sind. Sie reichen von Jakobsmuscheln mit Kartoffeln, Gurken, grünen Erdbeeren und fermentierter Spargelsauce bis zu glasiertem Schweinebauch mit Fenchel, gelben Rüben, Steckrüben und Apfelsauce. Das Flair ist herrlich ungezwungen.
Dronningens Gate 48a, Kristiansand; https://smag-behag.no; So & Mo geschl.

03 FISKEBRYGGA

Dort, wo die Boote über den Gravane-Kanal tuckern, der Kristiansands Zentrum von der Insel Odderøya trennt, befindet sich ein umgebauter Fischereihafen, der mit seinen geschwungenen Brücken und den hölzernen Lagerhäusern

Ø1 Die Altstadt von Stavanger

Ø2 Boen Gård: Lachs frisch aus dem Fluss

Ø2 Smag & Behag: in einer alten Turnhalle

Ø4 Das Under liegt halb in der Nordsee versunken

Ø5 In der offenen Küche des Eigra entstehen saisonale Gerichte

eine Augenweide ist. Hol dir bei einem Fischhändler wie Reinhartsen ein Mittagessen zum Mitnehmen und setz dich auf die Holztreppe am Hafen, um die Langusten, Riesengarnelen, Krabbenscheren oder den Fang des Tages direkt aus der Papiertüte zu verzehren. Im Sommer gibt es am Kai donnerstags Livemusik.
Fiskebrygga, Kristiansand; www.reinhartsen.no

04 UNDER

Wie bringst du Kritiker:innen dazu, über dich zu sprechen? Lass dir an einer Felsenküste vom Architekturbüro Snøhetta ein Restaurant bauen, das einem halb versunkenen Periskop gleicht. Tauche dann den gläsernen Speisesaal fünfeinhalb Meter tief in die eisige Nordsee. Wenn du dann noch den dänischen Spitzenkoch Nicolai Ellitsgaard anheuerst, ist dir Aufmerksamkeit gewiss! Kein Wunder, dass auch dem Michelin die Originalität wie die Qualität des Restaurants Under einen wahrlich verdienten Stern wert ist!

Das größte Unterwasserrestaurant der Welt verspricht seinen Gästen, sie in unbekannte gastronomische Gefilde zu entführen. In stimmungsvolle Blautöne gehüllt, blickt man auf Fischschwärme und die eisig wogende Nordsee. Das Essen? Sensationell! Nicolai inszeniert vielgängige Menüs mit Gerichten, die Meeresfrüchte, Wildfleisch, Pilze und Beeren enthalten. Die exakte Speisekarte wird unter Verschluss gehalten, bis man vor Ort am Tisch sitzt. Wer das Under innerhalb der nächsten sechs Monate besuchen will, sollte am besten gleich jetzt buchen.
Båly, Lindesnes; https://under.no/en/; So & Mo geschl.

05 EIGRA

Eine Fahrt auf dem Meer und um die Schären bringt dich nach Egersund, eine bezaubernde Stadt mit schönen bunten Holzhäusern. Aber du bist ja wegen des Essens hier! Das Restaurant Eigra im Grand Hotell (s. S. 103) ist im schlichten Skandi-Stil gehalten und mit Parkettböden, Bistrostühlen sowie einer schönen Hintergrundbeleuchtung ausgestattet. Die Saisongerichte aus der offenen Küche sind gespickt mit Fundstücken aus dem Wald. Sie bieten nordische Küche satt: Blaubeersuppe mit Kefir, Sorbet aus Tannentrieben mit Wacholderöl und butterzartes, gegrilltes Jæren-Steak – alles mit Stil und Liebe zubereitet. Vor dem Essen lockt ein Cocktail in der coolen Vintage-Bar.
Storgaten 12, Egersund; https://eigra.no/eigra-kjokken; So geschl.

Ø6 Hering und Kartoffeln mit Rogen im Sternerestaurant RE-NAA

Ø7 Der Preikestolen am Lysefjord ist eine der faszinierendsten Landschaftsattraktionen Norwegens

06 TOPP SOPP

„Sopp" ist das norwegische Wort für Pilz, und um fabelhafte Pilze geht es auch auf diesem Hof am Südrand von Stavanger. Sie sind die Leidenschaft der passionierten Ökologen Joakim und Ingrid: „Wir züchten unsere Pilze in lokalen Abfällen wie Kaffeesatz und Sägemehl, um ihr Aroma zu verstärken", schwärmt Ingrid. „Nachhaltigkeit muss kein Kompromiss sein."

Du kannst auf dem Hof auch Pilze kaufen: Wie wär's mit ein paar köstlichen Austernpilzen, Shiitake mit Umami oder korallenartigen Löwenmähnenpilzen mit Antioxidantien? Manchmal werden auch Kurse veranstaltet, bei denen die Teilnehmenden lernen, ihre eigenen Pilze zu züchten.

Jåttåveien 63A, Stavanger; www.toppsopp.no; Sa & So geschl.

07 RE-NAA

„Ich habe mich in die Natur und die Produkte dieser Region verliebt. Unsere hyper-saisonalen Menüs zeigen unsere Verbundenheit mit dem Meer, den Fjorden und den Bergen", sagt Sven Erik Renaa, der Chefkoch des mit zwei Michelin-Sternen ausgezeichneten Restaurants RE-NAA in Stavanger. Die Küche steht hier buchstäblich im Mittelpunkt: Sie befindet sich in der Mitte des stilvollen Gastraums und bietet den Köch:innen eine Bühne für die Zubereitung komplizierter, hervorragend zubereiteter Gerichte. Erstklassiger Fisch und Meeresfrüchte aus der Region bilden die Grundlage – höchste Küchenkunst beweist die raffinierte Ausgewogenheit delikater Aromen mit einigen kräftigeren Komponenten. Auf den Tisch kommen auch viele selbstgesammelte Produkte, Mikrokräuter und essbare Blumen. Ob Seeigel mit Garnelen und grünen Erdbeeren, Rennesøy-Makrele mit Rhabarber und Wasabi oder Hühnerhaut mit Liebstöckel, Kiefernsprossen und Zartbitterschokolade: Man wird sich wünschen, dass dieses vielgängige Festmahl nie endet.

Steinkargata 10; www.restaurantrenaa.no; So–Di geschl.

08 SABI OMAKASE

„Norwegische Produkte in Gerichten wie Hummer-Nigiri oder Sashimi, das wir mit lokalem Rentier oder Wagyu herstellen, schmecken traumhaft. Mein Ethos ist, dass Einfaches außergewöhnlich sein kann", sagt Roger Joya vom Sternerestaurant Sabi Omakase. Bei nur zehn Gedecken muss man viel Glück haben, um einen Platz in diesem nur von außen unscheinbar wirkenden Gourmettempel zu ergattern.

Roger Asakil Joya, einer der wenigen Sushi-Meister Norwegens, kreiert norwegische Sushi-Varianten und behandelt jede Auster, jede Garnele und jedes Stück Fisch mit Ehrfurcht, um deren natürliche Aromen zum Wohle seiner Gäste zur vollen Geltung zu bringen. Ihm bei der Arbeit zuzuschauen, ist ein wahres Spektakel. Wenn er gerade nicht kocht, ist er mit Taucher:innen und Fischer:innen an der Küste unterwegs, um nach den besten Produkten zu suchen.

Pedersgata 38a, Stavanger; https://omakase.no; So–Mi geschl.

SCHLAFEN

BOEN GÅRD 1520

In diesem historischen Hotel am Fluss wacht man zum Klang des rauschenden Wassers auf. Die schönsten Zimmer befinden sich im stilvollen Getreidespeicher und in der Dreschscheune. Man kann in aller Ruhe Lachse angeln, zwischen uralten Bäumen spazieren gehen – und im berühmten Restaurant (siehe 01, S. 100) köstlich speisen.
www.boengaard.no

HAVHOTELL

Das Havhotell im schicken Skandi-Stil in Lindesnes ist der perfekte Ausgangspunkt für Radtouren, Kajaktrips, Strandbesuche und ein unvergessliches Abendessen im Restaurant Under (siehe 04, S. 101).
www.havhotellet.no

GRAND HOTELL

Das Grand Hotell in Egersund verbindet den Charme des 19. Jahrhunderts mit minimalistischen Zimmern in Weiß und Taubengrau.
www.grand-egersund.no

AKTIVITÄTEN

PREIKESTOLEN

Von Stavanger aus fahren Boote an den Wasserfällen und steilen Klippen des türkisblauen Lysefjords vorbei zum Ausgangspunkt des Wanderweges, der bis zum Preikestolen (deutsch: Kanzel oder Predigtstuhl) führt, einem 604 Meter hoch über dem Fjord thronenden, spektakulären Felsplateau.
www.preikestolen365.com

MALERISCHE LANDSCHAFTSROUTEN – JÆREN

Diese Route führt an der Südküste entlang zu weißen Sandstränden, wo Surfer:innen und Kitesurfer:innen auf den Nordseewellen reiten. Wir empfehlen einen Zwischenstopp im spektakulären Magma Geopark, der von Eruptivgestein geformt wurde, das auf dem Mond häufiger vorkommt als bei uns auf der Erde.
www.nasjonaleturistveger.no

EVENTS

SØRLANDETS MATFESTIVAL

Im Juli findet in Kristiansand das Sørlandets Matfestival statt, ein kulinarisches Festival mit Verkostungen regionaler Produkte, Bauernmärkten, Streetfood, Grillabenden und Livemusik.
https://sorlandetsmatfestival.no

MANDAL SKALLDYRFESTIVALEN

Das Mandal-Festival (Mitte August) bietet frische Meeresfrüchte, viel Musik, (Klein-)Kunst, Kochshows und fröhliche Wettbewerbe im Krabben-Pulen.
www.skalldyrfestivalen.no

ANREISE
Der Warschauer Flughafen Chopin ist etwa 25 Minuten vom Stadtzentrum entfernt. Hier landen viele Flüge aus dem In- und Ausland, einige Billigfluglinien fliegen jedoch nur den weiter entfernten Flughafen Modlin an. FlixBus verbindet Warschau mit Städten in ganz Europa (auch Berlin), während die Regional- und internationalen Züge am Warschauer Zentralbahnhof (Warszawa Centralna) halten. Die Stadt selbst ist durch Straßenbahnen, U-Bahnen und via Uber gut vernetzt.

[Polen]

DER AUFSTEIGENDE STERN DES OSTENS

In Warschau, der kulinarischen Hauptstadt Osteuropas, treffen Gaststätten aus der Sowjetzeit auf mit Michelin-Sternen prunkende Restaurants.

Wer von dem – verglichen mit der eleganteren Nachbarstadt Krakau – auf den ersten Blick weniger attraktiven Erscheinungsbild Warschaus, dem politischen und wirtschaftlichen Zentrum Polens, absieht, der wird begeistert sein von einer umwerfenden Gastronomieszene, die Erinnerungen an das New York der 1990er-Jahren swachruft.

Die Warschauer Altstadt wurde im Zweiten Weltkrieg von den Nationalsozialisten zerstört. Nach dem Kriegsende hat man sie mühsam wiederaufgebaut – heute gehört sie zum Weltkulturerbe der Unesco.

Auf den Krieg folgte der Sowjetkommunismus. Die Unabhängigkeit kam erst im Jahr 1991 – seit dem Beitritt Polens zur Europäischen Union im Jahr 2004 blüht die Wirtschaft des Landes.

In der Altstadt können Touristen auf den Spuren von Adligen des 13. Jahrhunderts und Partisanen des Zweiten Weltkriegs wandeln. Geschichte ist in dieser Stadt von großer Bedeutung, aber ebenso wichtig ist, was sich in der dynamischen, lebensbejahenden Gegenwart Warschaus abspielt. Kreative Köchinnen und Köche interpretieren die traditionelle Küche neu, alteingesessene Eingewanderte aus Vietnam servieren das wohl authentischste Pho Europas. Selbst Wodka wird handwerklich hergestellt und als edle Begleitung zu einem gut zubereiteten Menü kredenzt: Die meist farblose Spirituose gibt es hier in so vielen Varianten wie Whisky in Schottland oder Wein in Frankreich.

Die traditionelle polnische Küche mit viel Kartoffeln, Fleisch und Brot passt zu den strengen Wintern des Landes. Es gibt immer noch viele preiswerte Lokale aus der Zeit des Sozialismus, in denen *Pierogi* (gefüllte Teigtaschen), Schnitzel & Co. serviert werden. Doch hinzu kommen Sternerestaurants, Cocktailbars im Flüsterkneipenstil, Bäckereien und Bars, in denen bärtige Hipster Craft-Bier ausschenken.

01 HALA KOSZYKI

Die im Jahr 1909 als Markthalle eröffnete Hala Koszyki wurde restauriert und zu einem trendigen Restaurantgebäude umgestaltet. In diesem prachtvollen historischen Bauwerk befinden sich viele Lokale und Bars, die so ziemlich alle Arten von Gastronomie anbieten, nach denen sich Foodies sehnen.

So kannst du beispielsweise im Kiełba w Gębie traditionelle polnische *Kielbasa* (Wurst) und dazu ein Craft-Bier genießen oder dich im Ristorante Semolino mit cremiger Pasta und traditioneller norditalienischer Pizza verwöhnen.

Veganer werden bei Mango Vegan Street Food fündig, das seine Wraps und Burger mit Falafel statt Fleisch füllt.

Tipp: Man sollte die Treppe in die obere Etage hinaufsteigen – dort kann man ungestört sitzen und die gute Aussicht auf die Geschäfte und Restaurants genießen.

Koszykowa 63; https://koszyki.com

02 BAR BAMBINO

„Milchbar" *(Bar mleczny)* nennt man in Polen kantinenartige Selbstbedienungsrestaurants, die traditionelle einheimische Küche zu vergleichsweise günstigen Preisen anbieten. Der Name kommt noch aus einer Zeit, als in einer solchen Bar vorwiegend Speisen aus Milch, Milchprodukte und vegetarische Gerichte angeboten wurden. Feischgerichte und Bier kamen erst später dazu. Ihre Blütezeit hatten diese Bars in der Zeit der Volksrepublik Polen, die von 1944 bis zum Ende des Ostblocks 1989 bestand.

Die Bar Bambino gilt bei den Einheimischen als eine der besten der Stadt und ist dank ihrer zentralen Lage leicht zu finden. Hier triffst du auf einheimische Familien und Studierende, die eine preiswerte Mahlzeit suchen; die Bar bietet traditionell polnische Klassiker wie *Pierogi* (mit Fleisch, Pilzen oder Quark gefüllte Teigtaschen), *Kotlet schabowy* (paniertes Schweineschnitzel) und *Zurek* (traditionelle Roggensuppe) zu erstaunlich niedrigen Preisen an. Es gibt auch vegetarische Speisen.

Hoża 19; https://barbambino.pl

03 ELIXIR BY DOM WODKI

Wodka ist für Polen, was Whisky für Schottland oder Käse für die Schweiz ist – behauptet dieses Restaurant. Das Elixir ist eine Idee von Dom Wodki, einer Warschauer Institution, die die 600-jährige Tradition der polnischen Wodkadestil-

01 Die Altstadt von Warschau wurde nach dem Zweiten Weltkrieg wieder aufgebaut

02 Der alte Hala-Koszyki-Markt hat sich neu erfunden

03 Traditionelle polnische *Paczki* (ein rundes, an Fasnachtsküchle bzw. -krapfen erinnerndes Hefegebäck)

04 Sommerliches Dinieren auf dem Marktplatz von Warschau

05 *Pierogi* (gefüllte Teigtaschen), der berühmte polnische Straßensnack

lation zelebriert. Das Lokal, das direkt neben dem Wodka-Museum liegt und vom Guide Michelin empfohlen wird, lädt seine Gäste dazu ein, ihre oftmals schon vorgefassten Meinungen über diese polnische Spirituose zu hinterfragen, indem jedes Gericht mit einem sorgfältig ausgewählten Wodka kombiniert wird. Die Köchinnen und Köche verleihen der traditionellen polnischen Küche eine moderne Note. Wir empfehlen das mit weißen Trüffeln gefüllte *Kotlet the Vollay* (Kiewer Huhn) mit Belvedere Heritage 176 Wodka oder den etwas leichteren Hering (ein polnisches Grundnahrungsmittel) mit Rote-Bete-Püree und Apfelkaviar. Dazu am besten einen Schluck Dwór Sieraków Superior Wodka.
Pl Teatralny, ul Wierzbowa 9/11; www.domwodki.pl/en

04 WELES BAR

Nach einem ausgiebigen Abendessen sollte man abseits von den Hauptstraßen Warschaus nach dieser angesagten Cocktailbar Ausschau halten, die absichtlich gut versteckt ist. Man geht eine verlassene Seitenstraße hinunter und die Stufen zu einer Haustür hoch, die wie ein Hintereingang aussieht. Hinter der nicht beschilderten Tür führt eine Treppe hinunter zu einer Bar mit Kronleuchtern, dunklen Wänden und hippen „eingeweihten" Gästen, die an perfekt zubereiteten Drinks wie Manhattan, Martini und Old Fashioned nippen. Die Bar bringt das New York der Prohibitionszeit ins Warschau des 21. Jahrhunderts – ein Erlebnis, das den Stil und die Kreativität der Stadt zeigt. Man sollte nur nicht zu vielen Leuten davon erzählen!
Nowogrodzka 11; www.instagram.com/welesbar; So & Mo geschl.

05 OH MY PHO

Die vietnamesische Bevölkerung Polens wird auf über 50 000 Menschen geschätzt. Die langjährige vietnamesische Gemeinschaft entwickelte sich in der Zeit zwischen 1950 und 1989, als die kommunistische Regierung der Volksrepublik Polen studentische Austauschprogramme forcierte.

Polen ist eines der besten Länder Europas, um wirklich authentische Pho zu genießen – eine dampfende Schüssel mit kräftiger Rindfleischsuppe zum Beispiel, die selbst den gröbsten Wodka-Kater vertreibt.

Klein, unscheinbar und extrem authentisch: Oh My Pho bietet genau das, was der Name des Lokals aussagt. Kenner:innen übergießen

06 & 07 Cuda na Kiju ist ein Pionier der Warschauer Craft-Bier-Bewegung

08 Das jährliche Warschauer Bierfestival verspricht die Verkostung von mehr als 1000 verschiedenen Biersorten zu ermöglichen

ihre Suppe mit scharfer Sriracha-Sauce und schlürfen die heiße Brühe mit einem kühlen Saigon-Bier. *Wilcza 32; www.facebook.com/ohmyphowilcza*

06 CIASTKO Z DZIURKĄ

Viele Polen im Ausland sagen, dass sie am meisten die *Pączki* vermissen – eine Art Krapfen, die bis zum Rand mit Frischkäse, Pudding oder süßen Früchten gefüllt sind. Für die Einheimischen ist diese süße Leckerei der Inbegriff von Heimat.

Das Ciastko z Dziurką liegt ganz in der Nähe von Oh My Pho und hat sich den Ruf erworben, die besten *Pączki* Warschaus zu verkaufen – außerdem gibt es hier Gebäck wie Scones mit roten Johannisbeeren und weißer Schokolade oder *Jagodzianki* (reichhaltige Blaubeerbrötchen), die das Café zum idealen Ort machen, um den Sightseeing-Nachmittag auf einem hohen kulinarischen Niveau abzuschließen. *Wilcza 26; www.facebook.com/ciastkozdziurkaa; Mo geschl.*

07 CUDA NA KIJU

Diese Bar wurde im Jahr 2013 im Büro der ehemaligen kommunistischen Parteizentrale eröffnet und leitete die polnische Craft-Bier-Revolution ein. Ihr Name, *Cuda na Kiju*, bedeutet übersetzt „Wunder am Stiel". Das ist ein polnischer Ausdruck für etwas unerwartet Großartiges. In der Bar gibt es mehrere Zapfhähne, die eine ständig wechselnde Auswahl lokaler und internationaler Bieren bieten – darunter sanftes polnisches Session Ale und herbe IPAs, deren Hopfen aus Neuseeland importiert wurden.

Zum Bier gibt es liebevoll zubereitete Pizzen, die zum Konsum weiterer Biere anregen ...

Hier vermischen sich Vergangenheit und Gegenwart: Draußen auf der Terrasse sitzen die Hipster im Schatten der sozialistischen Bürogebäude, lauschen dem Plätschern des Brunnens, kraulen sich die Bärte und diskutieren über Fußball. *Nowy Świat 6/12; www.facebook.com/CudaNaKijuMultitapBar*

SCHLAFEN

H15 BOUTIQUE HOTEL
Das kleine Hotel in der ehemaligen sowjetischen Botschaft liegt mitten im pulsierenden Herzen Warschaus und bietet 47 stilvolle Zimmer in einem prächtigen Gebäude aus dem 19. Jahrhundert. Das hauseigene Restaurant ist so angesehen wie das Hotel selbst. Lass dir ein Zimmer mit Balkon geben – dort kannst du den Trubel der Stadt genießen und dich gleichzeitig auf den Ausgehabend vorbereiten.
www.hotelh15boutique.pl/eng/home-page

08

AKTIVITÄTEN

WARSCHAUS ALTSTADT
Die von mittelalterlicher Architektur geprägte Altstadt wurde nach dem Zweiten Weltkrieg sorgfältig wiederaufgebaut. Vom Altstädter Markt bis zum Schlossplatz erlebt man hier das Europa des Mittelalters. Die Gebäude wurden so gut wie möglich wiederaufgebaut – aus Originalmaterialien von Handwerkern des 20. Jahrhunderts, die aus dem Gedächtnis, anhand von Fotos und auch mit Architekturlehrbüchern arbeiteten. Die Rekonstruktion war so erfolgreich, dass man schon genau hinschauen muss, um die Spuren der Bauarbeiten und die Schäden, die den Wiederaufbau notwendig machten, erkennen zu können.

POLIN | MUZEUM HISTORII ŻYDÓW POLSKICH (MUSEUM DER GESCHICHTE DER POLNISCHEN JUDEN)
Dieses Museum befindet sich in einem in der Vorkriegszeit vorwiegend von Juden bewohnten Stadtteil, der während des Krieges von den Deutschen in ein Ghetto umgewandelt wurde. Nicht versäumen sollte man es, auch vor dem Museum das Denkmal der Helden des Ghettos aufzusuchen: Das ist der Ort, an dem sich der damalige deutsche Bundeskanzler Willi Brandt 1970 in einer historischen Geste niederkniete.
https://polin.pl/en

EVENTS

WARSZAWSKI FESTIWAL PIWA (WARSCHAUER BIERFESTIVAL)
Das jedes Jahr im Frühjahr und im Herbst stattfindende Festival feiert die Liebe der Warschauer für alles, was mit Craft-Bier zu tun hat. Zu einer Auswahl von mehr als 1000 Sorten gibt es Streetfood an den besten Foodtrucks der Stadt.
https://warsawbeerfestival.com

ANREISE
Göteborg, Stockholm und andere Städte Schwedens sind durch ein effizientes Netz von Zügen und Bussen miteinander verbunden. SJ Rail (www.sj.se) bietet Züge von Stockholm nach Dalarna, aber wer entlegene Orte wie Hyltebruk und Vissefjärda besuchen will, der braucht ein (Miet-)Auto.

01

[Schweden]

SOMMERLICHES SCHLEMMEN IN SCHWEDEN

Folge dem Sonnenschein durch Südschweden von Göteborg nach Dalarna, genieße die Midsommar-Küche und lerne die schwedische Seele kennen.

Fans des Kinofilms „Midsommar" von Ari Aster verbinden dieses Fest mit gruseligem Horror, doch wer Südschweden besucht, wird feststellen, dass das wirkliche *Midsommar* (Mittsommer), das jährlich am Samstag zwischen dem 20. und 26. Juni gefeiert wird, eine Zeit des fröhlichen Feierns ist – und ein Anlass für *die* Party des Jahres!

Die Tradition, den längsten Tag des Jahres zu feiern, geht auf heidnische Zeiten zurück, aber heutzutage trifft man sich vor allem mit Freunden und Familie zu einem Picknick im Wald.

Wenn du deine Reise richtig planst, kannst du berühmte schwedische Köstlichkeiten genießen und zwischendurch in kristallklaren Seen baden, durch stille, unberührte Wälder wandern und Ausflüge zu schönen Stränden und unberührten Buchten unternehmen. Die Mischwälder und Küstengewässer Südschwedens liegen weit südlich des Polarkreises und bringen im kurzen, warmen Sommer Skandinaviens eine Fülle von saisonalen Wildzutaten für die Midsommarküche hervor.

Im Mittelpunkt dieser Küche steht der *Sill* – marinierter Hering oder genauer gesagt eine enorme Vielfalt an marinierten Heringsgerichten. Aber auch Räucherlachs, Erdbeerkuchen mit Sahne und reichlich *Snaps* (das traditionelle schwedische Feuerwasser mit Gewürzen) gibt es reichlich.

Midsommar markiert den Beginn der schwedischen Sommerfrische, die sich durch die gesamte warme Jahreszeit zieht – eine Zeit, in der man in den Wäldern nach wilden Blaubeeren, Himbeeren und mehr suchen kann. Auch im August geht es hoch her, wenn das *Kräftskiva* (Flusskrebsfest) beginnt. Dann versammeln sich Familien und Freunde bei Festbanketten zum gemeinschaftlichen Schalenbrechen von Flusskrebsen sowie zu Verkostungen von *Surströmming* (fermentiertem Hering), der so streng riecht, dass die Veranstaltungen immer im Freien stattfinden.

01 FESKEKÖRKA

Göteborg und die winzigen Inseln vor der Küste von Bohuslän sind berühmte Orte, in denen die wildesten Midsommarfeste gefeiert werden. Wer die Party verpasst, sollte im Sommer trotzdem hierherkommen, um die Märkte der Region zu besuchen, auf denen es viele saisonale Leckereien gibt. Das Highlight in Göteborg ist die 1874 eingeweihte *Feskekörka* (Fischkirche) – ein riesiger Markt, der aussieht wie eine Kirche: eine wahre Kathedrale für die Aromen des Meeres. Du kannst an den Ständen *Gravadlax* (gepökelten Lachs), marinierten Hering, Krabben-Sandwiches und Meeresfrüchte-Salate kaufen, um die Köstlichkeiten dann an einem Picknicktisch im Freien zu schlemmen und dabei einen schönen Ausblick auf den Rosenlunds-Kanal genießen.

Rosenlundsgatan, Gothenburg; www.feskekorka.se; So & Mo geschl.

02 KAJUTAN

Wenn du in Göteborg Meeresfrüchte essen möchtest, die so frisch sind, dass man die Netze fast noch tropfen hören kann, solltest du dieses beliebte Restaurant in der *Stora Saluhallen* (einer attraktiven Markthalle aus dem 19. Jahrhundert) besuchen. In dem hell erleuchteten Raum werden Köstlichkeiten wie schwedischer Kaviar, Krabben auf Toast, Krabbenküchlein und Krebsgratin kredenzt.

Kungstorget; www.kajutansaluhallen.se; So geschl.

03 STEDSANS IN THE WOODS

Zum Midsommarfest geht es vor allem darum, die Rhythmen der Natur zu feiern. Einer der besten Orte, um dies zu zelebrieren, ist der Gasthof Stedsans in the Woods, der zwei Stunden südöstlich von Göteborg in der Gemeinde Hyltebruk liegt. In einer atemberaubend schönen Landschaft, umgeben von Bäumen am Ufer des Hallasjön-Sees, haben die Schriftstellerin und Food-Stylistin Mette Helbæk und ihr Ehemann, der Küchenchef Flemming Hansen, dieses abgeschiedene Refugium gegründet. Die Zutaten werden im Wald gesammelt, im eigenen Garten gepflückt oder von regionalen Höfen bezogen – man erfährt erst vor Ort, was die Speisekarte gerade bietet.

„Wir orientieren uns an den lokalen Jahreszeiten und an all den kleinen Mikro-Jahreszeiten in unseren Gärten und im Wald", erklärt Helbæk. „Unsere Gäste wissen vorher nicht, was ihnen serviert wird – und

01 Eine Festtafel zum Midsommar-Fest

02 & 03 Feskekörka, die „Fischkirche" von Göteborg, bietet Meeresfrüchte und Picknickzutaten

04 Jedes Jahr im August finden in Südschweden *Kräftor*-Partys statt

wir wissen es oft auch nicht, bevor wir losziehen und ernten."

Die Gäste übernachten für eine Nacht oder drei Nächte in Waldhütten oder auf einem Campingplatz im Grünen, schwimmen im See, genießen Dampfbäder in der schwimmenden Sauna, nehmen an Kochkursen und geführten Wanderungen zum Sammeln von wilder Nahrung teil und feiern so auch ganz persönlich die Natur.
Bohult 109, Hyltebruk; www.stedsans.org

04 KYRKEBY BRÄNNERI

Schweden hat eine reiche Tradition in der Alkoholproduktion: Sie reicht vom klaren, wodkaähnlichen *Brännvin* (Branntwein) bis zu einer fast schwindelerregenden Vielfalt an Schnäpsen. Dieses „Feuerwasser" wird mit Kümmel, Fenchel und Anis oder mit saisonalen Zutaten wie Wermut, Johanniskraut, Schafgarbe, Holunderblüten sowie verschiedenen Früchten und Beeren aromatisiert. Leider wurden die meisten ländlichen Destillerien Schwedens im Jahr 1971 zur Absolut-Brauerei in Åhus zusammengeschlossen, aber die Kyrkeby Bränneri – die 1771 gegründete älteste Brennerei des Landes – ist als „working museum" zu besichtigen: Führungen durch die historische Brennerei beinhalten auch Verkostungen von Spirituosen, die vor Ort destilliert werden.

„Bei Kyrkeby Bränneri stellen wir traditionellen Kartoffelwodka her, wie man ihn im 19. Jahrhundert brannte. Wir würzen ihn mit heimischer Sumpfmyrte, um ihn im August zu Flusskrebsen zu servieren; für das weihnachtliche Smörgåsbord wird unser Wodka mit Vogelbeeren aromatisiert", sagt der Geschäftsführer Göran Persson.
Torggatan 30, Kyrkeby, Vissefjärda; www.kyrkeby.com; Führungen April bis Okt.

05 STUREHOF

Kein Gericht wird so sehr mit dem Spätsommer assoziiert wie *Kräftor* (Flusskrebs). Bei den südschwedischen Kräftskiva-Partys im August holen die Leute Partyhüte und Laternen hervor, singen Lieder und trinken jede Menge Schnaps. Auch die Hauptstadt Stockholm ist ein guter Ort, um Kräftor zu probieren.

Der elegante Sturehof ist eines der vielen lokalen Restaurants, in denen ganze Flusskrebse mit Salz, Dill und Bier gekocht werden. Das Lokal liegt im Obergeschoss des historischen Einkaufszentrums Sturegallerian. Auch Stars und Promi-

05 Die Stockholmer Märkte bieten jede Menge lokale Produkte wie Hering, Käse und Beeren

06 Das Dorsia Hotel in Göteborg hat das luxuriöse Flair eines Boudoirs aus dem 19. Jahrhundert

nente wie Jon Bon Jovi und Bill Clinton haben schon hier gespeist. *Sturegallerian, Stureplan 2, Stockholm; www.sturehof.com*

06 ÖSTERMALMS SALUHALL

Wer die sommerliche Vielfalt Schwedens an einem einzigen Ort kennenlernen möchte, der sollte dieses Backsteingebäude besuchen, in dem sich die Markthalle *Östermalms Saluhall* befindet. Sie ist der vielfältigste Markt Stockholms. Unter ihrem hohen Dach kann man durch gut geordnete Reihen von Holzständen schlendern, an denen alles verkauft wird, was typisch schwedisch ist: von Säften aus waldfrischen Beeren über schwedischen Käse bis zu streng riechendem *Surströmming* – Ostseehering, leicht gesalzen und in einer versiegelten Dose so lange fermentiert, bis sich das Metall durch die darin brodelnden Gase fast bis zum Bersten wölbt.

Östermalms ist ein großartiger Ort, um lokale Meeresfrüchte, frische Kräuter und Wurstwaren aus Elch- und Rentierfleisch zu kaufen. Bring Hunger und Neugier mit! Nach dem Marktbesuch kann man sich ins Restaurant Lisa Elmqvist setzen und ein außergewöhnliches Meeresfrüchte-Gericht genießen. *Östermalmstorg; https://en.ostermalmshallen.se; So geschl.*

07 MIDSOMMARFIRANDE FESTIVAL

Das seenreiche Dalarna liegt an der Grenze zu Norwegen und ist nur eine kurze Fahrt von Stockholm entfernt. Am Freitag zwischen dem 18. und 26. Juni wird in der Stadt Leksand am Ufer des Siljan-Sees in einer natürlichen Senke, die während der letzten Eiszeit entstanden ist, ein großer Maibaum aufgestellt. Viele Menschen kommen zusammen, es werden Girlanden aus Wildblumen gebunden, man hüllt sich in traditionelle Kleidung und tanzt in den Straßen.

Hier kannst du die Vielfalt der Midsommarküche probieren. Wenn du in einem örtlichen Hotel oder Airbnb übernachtest, werden deine Gastgeber mit Sicherheit ein Festmahl vorbereiten. Vielleicht wirst du auch zum Aufstellen des Maibaums und zum Tanzen eingeladen (wundere dich nicht, wenn du danach bei einer großen Midsommarfamilienfeier landest). Deck dich vorher mit Schnaps ein, damit du etwas zur Party mitbringen kannst.
www.visitdalarna.se/en/midsummer

SONST NOCH WICHTIG

SCHLAFEN

DORSIA HOTEL

Das märchenhaft extravagante Dorsia in Göteborg sieht aus wie eine Millionärsvilla aus dem 19. Jahrhundert. Die luxuriösen Zimmer in Purpur- und Lilatönen, die vor schweren Vorhängen, Damast und Velourstoffen nur so überquellen, erinnern an ein elegantes Boudoir. Morgens gibt es ein extravagantes Buffet, außerdem ist das Hotel für seine üppigen Nachmittagstees bekannt. Ganz klar: Im Dorsia fühlt man sich ein bisschen so wie in einem Varietétheater.
www.dorsia.se/en

06

VANDRARHEM AF CHAPMAN & SKEPPSHOLMEN

Das Af Chapman ist ein Beleg dafür, dass man nicht viel Geld ausgeben muss, um eine unvergessliche Zeit in Stockholm zu erleben. Dieses Hostel befindet sich in einem Boot, das in bester Lage nahe Skeppsholmen ankert. Das Segelschiff aus dem 19. Jahrhundert war einst auf dem Atlantik unterwegs. Heute verfügt es über Schlafsäle unter Deck und Aufenthaltsräume an Land (z. B. eine Küche für Selbstversorger direkt am Ufer). Im nahegelegenen Lebensmittelmarkt NK Saluhall kann man sich die Zutaten für ein sommerliches Festmahl kaufen.

Um den Markt zu erreichen, musst du nur ein kurzes Stück durch den Kungsträdgården-Park laufen.
www.swedishtouristassociation.com/facilities/stf-stockholmafchapman-skeppsholmen-hostel-house

AKTIVITÄTEN

IN KONTAKT MIT DER „ESSBAREN LANDSCHAFT" KOMMEN

Gemeinsam mit vier schwedischen Sterneköchen hat Visit Sweden das Konzept „Edible Country" (Essbare Landschaft) entwickelt, bei dem Reisende Menüs genießen können, die aus „wilden Nahrungsmitteln" bestehen. Die schwedische Touristeninformation bietet elf Holztische, die über das ganze Land verteilt sind und individuell gebucht werden können; sie sollen genutzt werden, um dort Campingkocher aufzustellen und Sternemenüs zuzubereiten, bei denen Köstlichkeiten der Saison wie Mädesüß, Pfifferlinge und Bärlauch zum Einsatz kommen – alles Zutaten, die man in der umliegenden Landschaft kostenlos sammeln kann.
www.visitsweden.com/edible-country

ANREISE
An den Flughäfen Belfast International und Belfast City landen internationale Flüge. Von beiden Flughäfen verkehren Busse ins Stadtzentrum. Stena Line betreibt einen Fährservice zwischen Belfast und Cairnryan, Schottland (2 Std. 20 Min.) und Liverpool (8 Std.). Busse und Züge von Translink verbinden Belfast mit Ballycastle und Portstewart, aber die Küste lässt sich am besten mit dem Auto erkunden.

[Nordirland]

SURF & TURF IN NORDIRLAND

Schlemme dich von Belfast durch üppige Weidenregionen bis hin zu den Küstendörfern, wo eine neue Generation handwerklicher Lebensmittelbetriebe Tradition und Innovation miteinander verbindet.

Wer die Gourmetwelt Nordirlands erleben möchte, der sollte in Belfast beginnen. Neben einer blühenden Kunstszene, tollen Museen und einem pulsierenden Nachtleben bietet die Stadt auch Sternerestaurants und Feinkostläden. Die Einheimischen mögen über das Wetter grummeln, aber das regnerische Klima ist zumindest teilweise für die leuchtend grünen Wiesen der Region verantwortlich.

Viele Gemeinden Nordirlands leben schon seit Langem von der Landwirtschaft, auf hochwertige lokale Produkte wird viel Wert gelegt. Auf den Speisekarten der Spitzenrestaurants findet man Bauernhöfe und Produzenten namentlich erwähnt, talentierte Köchinnen und Köche holen aus den Zutaten die besten Aromen heraus.

Besonders empfehlenswerte Produkte der nordirischen Küche sind das in Himalaya-Salz gereifte Glenarm Shorthorn Beef von der Marke Hannon's, Comber Earlies (eine neue Kartoffelsorte, die in der Nähe von Comber in der Grafschaft Down angebaut wird) sowie Kaiserhummer, Krabben und Scampi aus Kilkeel und Portavogie.

Von Belfast führt eine landschaftlich reizvolle Route die Küste von Antrim entlang nach Norden. Unterwegs locken eine normannische Burg, eindrucksvolle Klippenwanderungen, Küstenwanderwege und Surfstrände. Die Causeway Coast ist vor allem für den Giant's Causeway –, die als Unesco-Welterbe geschützte „Straße der Riesen" – berühmt, beherbergt aber auch eine wachsende Anzahl handwerklicher Lebensmittelbetriebe und toller Restaurants, die hochwertige regionale Produkte und Meeresfrüchte verarbeiten.

Zu den Tagesfängen gehören Hummer, Jakobsmuscheln und Schellfisch, die man am besten in einem Strandrestaurant mit Blick auf den Nordatlantik genießt.

Eine weitere lokale Spezialität ist *Dulse* – essbarer Seetang, der oft getrocknet und als Snack gegessen oder als Gewürz verwendet wird.

Die besten lokalen Produkte kannst du auf dem Markt Naturally North Coast and Glens probieren, der jede Woche an einem anderen Ort entlang der Causeway Coast stattfindet.

01 ST GEORGE'S MARKET

Einige der besten lokalen Produkte gibt es im St. George's Market in einer edlen viktorianischen Markthalle mit vielen unabhängigen Händler:innen, die ihre handwerklichen Erzeugnisse verkaufen. Der Markt hat von Freitag bis Sonntag geöffnet, es sind jedoch nicht immer dieselben Anbieter:innen vertreten. Das beste Anlaufziel für Gourmets ist der Lebensmittel- und Handwerksmarkt, der samstags stattfindet. Es gibt Stände mit frischen Meeresfrüchten aus Portavogie und Kilkeel sowie Produkte von örtlichen Bauernhöfen, darunter Obst und Gemüse von Helen's Bay Organic sowie Würste und Steaks von der Hillstown Farm.

Wenn die duftenden Imbissstände deinen Appetit wecken, solltest du zu Belfast Bap Co. gehen und ein klassisches *Bap* (Ei, Speck und Wurst in einem weichen Brötchen), ein gefülltes Kartoffelbrot oder ein Soda Farl bestellen – alles wichtige Bestandteile eines traditionellen *Ulster Fry* (das lokale fettige Frühstück, das auch eine beliebte Katerkur ist). Dazu empfehlen wir einen *Flat White* von Drop Hopper Coffee Roasters oder einen *Belfast Brew* (irischen Frühstückstee) vom Suki Tea Stand.

12-20 East Bridge St, Belfast; facebook.com/StGeorgesMarket Belfast/; Fr–So geöffnet

02 MIKE'S FANCY CHEESE

In Mike Thomsons kleinem Laden in Belfast liegen rund 50 verschiedene Käsesorten aus, die – mit Ausnahme des italienischen Parmesans – alle aus irischen Molkereien stammen. Im hinteren Teil des Ladens befindet sich ein verglaster Reiferaum voller Käselaibe.

„Der irische Käse ist stark von europäischen Käsesorten inspiriert", erklärt Thomson. Er verkauft Gouda und Alpenkäse sowie mehrere Sorten von Blauschimmelkäse, Schafskäse sowie Hart- und Weichkäse aus Ziegenmilch. Dieser Käse stammt oft von kleinen Bauernhöfen: Die Rohmilchkäsesorten Carraignamuc und Sobhriste kommen z. B. aus der Lost Valley Dairy in Cork, wo die fünf Milchkühe von Hand gemolken werden. Thomson stellt auch seinen eigenen Young Buck Blue Cheese her: „Wir produzieren ihn aus Rohmilch von Holstein-Friesian-Kühen, die auf einem Bauernhof in Newtownards leben. Er muss drei oder vier Monate reifen, dann bringen wir ihn frisch in den Laden. Das Käserad ist am

Ø1 Das Cathedral Quarter in Belfast

Ø2 Im St. George's Market bieten Feinkostbetriebe ihre Waren an

Ø3 Mike's Fancy Cheese bezieht seinen Käse von irischen Molkereien

Ø4 Ursa Minor bietet bestes Sauerteigbrot

Ende der Woche ausverkauft", sagt er. Wer ein Picknick plant, kann sich im Laden Abernethy-Butter – langsam gerührte Butter, die in der Grafschaft Down hergestellt wird –, Sauerteigbrot und ein Glas Chutney (hergestellt in Belfast) holen.
41 Little Donegall St, Belfast; www.mfcheese.com; So geschl.

03 THE SUNFLOWER

Dieser authentische Pub in Belfast ist nicht nur einer der freundlichsten der Stadt (mit abendlicher Live-Musik!), sondern auch ein guter Ort, um lokales Craft-Bier zu probieren. Hier gibt es Stout- und Lagerbiere, Pale Ales und IPAs von Boundary Brewing Co., einer unabhängigen Brauerei aus East Belfast. Sehr gut ist auch der MacIvors Armagh Cider. Zum Bier schmeckt eine Pizza aus dem Holzofen.
65 Union St, Belfast; www.sunflowerbelfast.com

04 URSA MINOR BAKEHOUSE

Dara und Ciara O'hArtghaile verwenden nur drei Zutaten zur Herstellung ihrer Sauerteigbrote: Mehl, Wasser, Salz. Das Geheimrezept für ein gutes Sauerteigbrot liegt für sie darin, den Biokörnern genug Zeit zu geben, im Wasser zu gären. Das Brot wird auf dem Boden des Ofens gebacken, damit es eine perfekte Kruste erhält. Über der Backstube befindet sich das Café Ursa Minor, in dem Gebäck und Brunch-Gerichte aus saisonalen Zutaten serviert werden. Die aktuellen Termine für Brotbackkurse stehen auf der Website.
45 Ann St, Ballycastle; www.facebook.com/Ursaminorbakehouse; So & Mo geschl.

05 NORTH COAST SMOKEHOUSE

Die Fischräucherei von Ruairidh Morrison an der Küste von North Antrim ist ein Ein-Mann-Unternehmen: Morrison bezieht, räuchert und verkauft seine Räucherwaren – Lachs, Forellen, Salz, schwarzer Pfeffer und *Dulse* (Tang) – größtenteils selbst. Morrison lernte in Neuseeland, Fisch in kleinen tragbaren Smokern zu räuchern. Zurück in Nordirland versuchte er zunächst, die Methoden des Räucherns zu verbessern. „Wir stellten fest, dass wir nicht die gleiche Qualität erreichen konnten, also gingen wir wieder dazu über, mehrere kleine Smoker zu verwenden. In unseren handgefertigten Produkten steckt viel Arbeit", erklärt er. „Wir verwenden Buchenholzspäne zum Heiß- und Kalträuchern und ver-

05 & 06 Das üppig gefüllte Hummerbrötchen von Native Seafood & Scran; die Speisekarte wird vom jeweiligen Tagesfang bestimmt

07 Die faszinierenden Basaltfelsformationen des Giant's Causeway

zichten auf künstliche Aromen und Konservierungsstoffe." Sein Lachs stammt aus der Biofarm Glenarm, die weniger als eine Stunde weiter südlich an der Küste liegt; Morrison nimmt die Fische selbst aus und filetiert sie. Die Gräten schickt er einem Freund auf Rathlin Island, der sie als Köder zum Hummerfang verwendet – im Gegenzug erhält Morrison Tang von der familieneigenen Kelp-Farm. Um die Räucherei zu besichtigen und die Produkte direkt vor Ort zu kaufen, musst du einen Besuchstermin vereinbaren. *3/61 Leyland Rd, Ballycastle; www.northcoastsmokehouse.com*

06 BROUGHGAMMON FARM

Als die Familie Cole erfuhr, dass die meisten männlichen Ziegenkitze bei der Geburt getötet werden, beschloss sie, etwas dagegen zu unternehmen. Nun züchten sie auf ihrer Farm in North Antrim männliche Ziegen und stellen Cabrito-Fleisch her. In der hauseigenen Craft-Metzgerei werden diverse Arten von Ziegenfleisch, Wildbret der Saison und Wurstwaren vom freilaufenden Rosé-Kalb gefertigt. Man kann den Bauernhof besuchen und die Ziegen anschauen, einen Blick in die Folientunnel werfen, im Hofladen einkaufen und die Produkte der Farm im Hofcafé probieren. Es werden auch verschiedene Kurse und Workshops angeboten. *50 Straid Rd, Ballycastle; www.broughgammon.com; nur Fr–So geöffnet*

07 NATIVE SEAFOOD & SCRAN

Die Speisenangebote auf der Kreidetafel dieses lässigen Fischrestaurants (und Fischhändlers) am Strand wechseln je nach den Tagesfängen, die direkt von den Fischerbooten in Greencastle abgeholt werden.

Native Seafood & Scran ist in einer Wellblechhütte untergebracht, die so nah am Meer steht, dass man die Salzgischt spüren kann. Auf der Speisekarte stehen frische Meeresfrüchte aus der Region, die mit Sorgfalt und Kreativität zubereitet werden: Austern aus dem Lough Foyle, Tacos mit Schellfisch aus Donegal ... Spezialität des Hauses ist eine großartige Fischsuppe, deren Geschmack du nicht so schnell vergisst. Außerdem gibt es eine Kaffee- und Kuchentheke mit leckeren portugiesischen Törtchen und Keksen aus einer nahegelegenen Kleinbäckerei. *11 The Crescent, Portstewart; www.nativeseafood.co.uk; So geschl.*

SONST NOCH WICHTIG

SCHLAFEN

THE HARRISON

Das Boutique-Hotel im Queen's Quarter von Belfast bietet Räume, die von der Inhaberin Melanie Harrison als „Gemächer von Rang und Namen" bezeichnet werden: Jedes der 16 Zimmer wurde zu Ehren einer anderen lokalen Persönlichkeit gestaltet. Die Originalarchitektur des Gebäudes von 1879 ergänzen kunstvolle Wandtapeten, lokale Textilien und diverse Upcycling-Elemente. *www.chambersofdistinction.com*

BUSHMILLS INN HOTEL

Das historische Hotel offeriert gut ausgestattete Zimmer, Kamine und sogar eine geheime Bibliothek. Es liegt nur wenige Gehminuten von der (auch Verkostungen und Führungen anbietenden) Bushmills-Whiskey-Destillerie und dem Giant's Causeway entfernt. *www.bushmillsinn.com*

AKTIVITÄTEN

TITANIC BELFAST

Das beeindruckende Multimedia-Museum befindet sich in einem funkelnden, verwinkelten Gebäude mit Blick auf die Helling, von der die Titanic vom Stapel lief. Die Ausstellung nimmt einen mit auf eine Hightech-Reise, die vom Entwurf und der Erbauung des Schiffes bis hin zu seiner unglückseligen Jungfernfahrt führt. *www.titanicbelfast.com*

GIANT'S CAUSEWAY

Die etwa 40 000 mystisch wirkenden, rund 60 Mio. Jahre alten Basaltsäulen des Giant's Causeway sollte man bei einer Reise zur Küste von North Antrim keinesfalls verpassen: ein echtes Muss! *www.nationaltrust.org.uk/giants-causeway*

EVENTS

OULD LAMMAS FAIR

Dieses berühmte Straßenfest in Ballycastle wird seit rund 400 Jahren gefeiert. Es findet jährlich am letzten Montag und Dienstag im August statt und zieht Tausende von Gästen an. Neben Livemusik und Pferde-Veranstaltungen ist das Ould Lammas Fair auch dafür bekannt, dass man hier *Yellowman* (hartes, zähes Honigwaben-Toffee) und *Dulse* (lokalen Seetang) kaufen kann. Während des Festes wird an der Strandpromenade von Ballycastle der Kunsthandwerksmarkt Naturally North Coast and Glens abgehalten. *www.naturallynorthcoastandglens.co.uk*

07

ANREISE
Newcastle verfügt über einen internationalen Flughafen, und sowohl Berwick-upon-Tweed als auch Newcastle sind mit Zug und Fernbus erreichbar. Die meisten Städte werden durch Regionalbusse miteinander verbunden. Ländliche Gebiete wie der Kielder Forest lassen sich am besten mit dem Auto erkunden.

NORTHUMBERLAND & TYNESIDE

[England]

SOULFOOD AUS DEM NORDEN, REMASTERED

Die Naturreichtümer der Küsten und Landschaften Nordostenglands werden in Northumberland und Tyneside auf neue, kreative Weise verarbeitet.

An der Küste Nordostenglands reihen sich verfallene Burgen und Schlösser aneinander – auch die römischen Kastelle Housesteads und Vindolanda sowie die Ruinen des Hadrianswalls erinnern an die bewegte Geschichte der Region.

Heute herrscht hier idyllischer Frieden: Das moderne Northumberland ist vor allem durch seine Ess- und Trinkkultur mit dem historischen Erbe und Naturreichtum der Region verbunden. Der beliebte *Craster kipper* (Räucherfisch aus Craster) wird in der Region noch immer mit Stolz serviert. Und obwohl in Lindisfarne schon lange keine Mönche mehr leben, wird dort der Honigwein *(Met)*, den sie einst entwickelten, weiterhin hergestellt. Die moderne Küche von Northumberland kommt erst heute richtig zur Geltung, weil immer mehr Köch:innen völlig neue Gerichte aus lokalen Zutaten kreieren. So brauen sie zum Beispiel „Wildbiere" und bereiten Michelin-Stern-verdächtige, skandinavisch inspirierte Gerichte zu.

Auch jenseits der Kulinarik lohnt die Region einen Besuch. Der von antiken Mithras-Tempeln und Siedlungsruinen gesäumt Hadrianswall (Limes) eignet sich wunderbar als Wanderweg. Der Nationalpark Northumberland beherbergt eine vielfältige Vogelwelt und präsentiert den dunkelsten Nachthimmel Großbritanniens. In lebhaftem Kontrast dazu stehen die Kunstgalerien und Konzerthallen von Newcastle, die diese Stadt zum kulturellen Hotspot machen.

01 AUDELA

Das Audela – eines der Spitzenrestaurants der Region, das für seine moderne britische Küche bekannt ist – erhebt die Produkte aus Northumberland und den Scottish Borders zu einer wahren Kunstform. Dieser Trend wird immer beliebter: Viele talentierte Köchinnen und Köche kreieren neue Gerichte mit den hochwertigen Produkte der Region und verbessern damit den kulinarischen Ruf des Landes.

Für das Audela in der Festungs- und Marktstadt Berwick-upon-Tweed bedeutet das Gerichte wie Wildpilz-Bourguignon mit Graupen und Butternusskürbis, Lendenbraten von Rindern aus dem Dorf Fenwick Stead oder Seeteufel aus der Nordsee mit Herzmuscheln.

Auch der Name des Restaurants hat lokale Wurzeln: Die Audela war das letzte Schiff, das 1979 in der Werft von Berwick gebaut wurde. *64 Bridge St, Berwick-upon-Tweed; http://audela.co.uk; Mo–Mi geschl.*

02 JOLLY FISHERMAN

Seit über hundert Jahren liegt ein berauschender Duft über dem Küstendorf Craster: der Geruch nach schwelendem Eichenholz, der in weißen Schwaden aus einem schlichten steinernen Räucherhaus aufsteigt. Hier befindet sich die Räucherei L Robson & Sons, die die berühmten *Craster kippers* herstellt – mit Butter bestrichene, gesalzene und über Eichenholz geräucherte Heringe.

Im Ladengeschäft der Räucherei kann man die Kippers zum Mitnehmen kaufen (perfekt für ein ländliches Picknick), aber am besten schmecken sie in Kombination mit den anderen köstlichen Produkten der Küste. Wir empfehlen einen Besuch des traditionellen Pubs Jolly Fisherman, der einen herrlichen Meerblick bietet und recht gemütlich eingerichtet ist. Hier werden die beliebten Räucherfische auf eine ganz neue, kreative Weise zubereitet. Gute Beispiele dafür sind der Tempura-Seeteufel oder das Kipper Scotch Egg.
Haven Hill, Craster; http://thejollyfishermancraster.co.uk

03 NORTHERN WILDS

Ob Sauerklee oder Pfifferlinge: Der Kielder Forest, eines der größten Waldgebiete Großbritanniens, beherbergt viele köstliche, wild wachsende Nahrungsmittel. Das Sammeln von Pilzen birgt jedoch Risiken – hier kommen erfahrene Guides wie Linus Morton und Louise Hepworth

01 Bamburgh Castle an der Nordostküste

02 Pilze sammeln und zubereiten mit Northern Wilds

03 Die Biere von First & Last locken sogar Wildtiere an

04 Hjem serviert nordisch-northumbrische Küche

von Northern Wilds ins Spiel. Sie unternehmen mit ihren Gästen Wanderungen durch die Wälder und zeigen ihnen, wie man den Grünen Knollenblätterpilz von einem schmackhaften Semmelstoppelpilz unterscheidet. Außerdem geben sie Tipps, wie man aus den gesammelten Nahrungsmitteln Gerichte zaubert, die nicht nur lecker und gesund, sondern auch verlockend exotisch schmecken. Linus' Spezialität ist eine marokkanische Pastilla, die aus lokalem Tauben- und Kaninchenfleisch besteht.

Im Frühjahr werden Kurse zum Thema „Sushi & Seetang" angeboten, bei denen man lernt, aus selbstgesammelten Leckerbissen von der Küste japanisch inspirierte Gerichte zuzubereiten..
Cottage 1, High Green, Kielder; www.northernwilds.co.uk

04 FIRST & LAST BREWERY

Die großartige Brauerei im ruhigen Dorf Bellingham ist ein familiengeführtes, umweltbewusstes Unternehmen, das sich von den Produkten und Aromen Northumberlands inspirieren lässt. Die außergewöhnlichen, köstlichen Biere basieren vorwiegend auf einheimischen Zutaten, die in der Umgebung von Bellingham gesammelt werden. Probiere die leichten Kokosaromen des Gorseflower Pale, ein gehaltvolles Damson Porter oder belgisches Bier, das mit einheimischen Pflaumen versetzt ist.

„Sie schmecken jedes Jahr ein wenig anders, je nach dem Grad der Sonneneinstrahlung und des Niederschlags", sagt Gründer Sam Kelly und fügt hinzu: „Wir wollten, dass unsere Biere den Geschmack der Landschaft widerspiegeln."

Da die Natur den Bierbrauern so viel gibt, geben sie auch etwas zurück: Die Erlöse aus dem hauseigenen Ratty Pale Ale fließen in ein regionales Projekt zur Wiederansiedlung von Wühlmäusen im Fluss North Tyne; außerdem nutzt die Brauerei ausschließlich erneuerbaren Strom.
Foundry Yard, Bellingham; www.firstandlastbrewery.co.uk

05 HJEM

Der Geordie-Dialekt, auf den der Name dieses großartigen Restaurants verweist, soll auf den Einfluss der Wikinger zurückzuführen sein: „Hjem" bedeutet so viel wie „Heimat" und ist noch immer sowohl hier als auch in Norwegen und Schweden gebräuchlich. Mit der Namensgebung machen die Inhaber:innen des Restaurants Hjem also auch ihre Verbindung zu Skandinavien

05 Riley's Fish Shack verleiht lokalen Meeresfrüchten eine moderne Note

06 Mit dem Mountainbike durch den Kielder Forest

deutlich. Für ihre nordisch-northumbrische Küche erhielt das von der Einheimischen Ally Thompson und ihrem Ehemann, dem schwedischen Koch Alex Nietosvuori, geführte Restaurant sogar einen Michelin-Stern.

„Im Norden Englands kann man gut die Jahreszeiten beobachten, und ich stütze mich auf meine natürliche Umgebung, indem ich die besten britischen Produkte nach schwedischen Techniken zubereite", sagt Nitwosvuori. Das Ergebnis ist ein vielgängiges Degustationsmenü mit Kreationen wie Räucheraal mit Doddington-Käse und Hummerscheren-Beignets (Krapfen). Zum Abschluss gibt es eine Auswahl süßer Leckereien und Snacks. Die Speisen werden von erstklassigen Weinen begleitet, und das Ambiente – ein englischer Landgasthof mit einem Hauch von skandinavischem Minimalismus – ist einfach perfekt. *Hadrian Hotel, Wall; www.restauranthjem.co.uk; So–Di geschl.*

06 HOUSE OF TIDES

Jetzt geht es nach Newcastle, in das wunderbare House of Tides, das einzige Sternerestaurant der Stadt. Es befindet sich am Kai von Newcastle in einem hübschen, denkmalgeschützten Gebäude, das einst das Wohnhaus einer reichen Kaufmannsfamilie war.

Das Gourmetrestaurant bietet u. a. Wildfleischtatar mit Kaviar und geräucherter roter Bete, Schweinebäckchen mit Räucheraal und Äpfeln sowie dunkle Schokolade mit Thai-Basilikum und Limette. Die Zutaten stammen fast alle aus der näheren Umgebung.

Obwohl es ein Sternerestaurant ist, herrscht im House of Tides eine angenehm lockere Atmosphäre – es gibt keinen strengen Dresscode, der Service ist entspannt. Man kann sich also ganz darauf konzentrieren, die exquisiten Speisen zu genießen. *28–30 The Close, Newcastle; www.houseoftides.co.uk; So–Di geschl.*

07 RILEY'S FISH SHACK

Der River Tyne schlängelt sich von Newcastle am Hadrianswall und an verfallenen römischen Festungen vorbei in Richtung Osten, um in der Stadt Tynemouth in die Nordsee zu münden. Hier findet man ein echtes kulinarisches Juwel: Das Riley's ist ein einfaches, in einem Schiffscontainer am Strand von King Edward's Bay untergebrachtes Fischlokal, dessen Speisekarte je nach Tagesfang wechselt. Fast immer gibt es Lindisfarne-Austern, Seezunge, Tintenfisch und Seehecht – alles frisch aus dem Meer und äußerst köstlich. Und obwohl das Riley's auch einige bewährte regionale Klassiker serviert – den altbekannten *Craster kipper* zum Beispiel– glänzt das Restaurant vor allem mit jenen Gerichten, die den lokalen Produkten eine kreative, kosmopolitische Note verleihen. So ist der würzige Bang-Bang-Seeteufel sehr zu empfehlen. *King Edward's Bay, Tynemouth; http://rileysfishshack.com; Di geschl.*

SCHLAFEN

HADRIAN HOTEL

Dieses hübsche Hotel gehört zum Sternerestaurant Hjem und bietet elf Zimmer mit Privatbädern. Der Einrichtungsstil lässt sich als eine moderne Interpretation der klassischen britischen Landgasthofästhetik beschreiben. Das Hadrian ist die perfekte Adresse, wenn man die Wein- und Speisekombinationen des Hjem probieren möchte, eignet sich aber auch gut als Ausgangspunkt für Wanderungen am Hadrianswall.
www.hadrianhotel.co.uk

OLD RECTORY HOWICK

Kaum ein anderes Hotel an der Küste Northumberlands ist bezaubernder als das Old Rectory, das nur einen kurzen Spaziergang von der Küste und zehn Fahrminuten von Craster entfernt liegt. Es bietet fünf Zimmer im Farmhausstil und hervorragendes Essen. *Craster kippers* sind ein fester Bestandteil der Frühstückskarte. Die Abendgerichte (nur auf Vorbestellung) bestehen aus regionalem Fleisch und Gemüse.
www.oldrectory howick.co.uk

AKTIVITÄTEN

HADRIAN'S WALL

Die Reste des Hadrianswalls, der einst die Nordwestgrenze des Römischen Reiches bildete, dienen heute als nationaler Wanderweg, die Befestigungsanlagen sind teilweise noch erhalten. Zu erreichen ist der Weg u. a. vom Dorf Wall aus, in dem sich das Restaurant Hjem und das Hadrian Hotel befinden.
www.nationaltrail.co.uk/en_GB/trails/hadrians-wall-path

KIELDER WATER & FOREST PARK

Dieses riesige Waldgebiet beherbergt eine vielfältige Tierwelt, darunter auch Arten, die in anderen Teilen des Landes sehr selten sind. Die Hälfte der roten Eichhörnchen-Population Englands lebt im Kielder Forest, auch Fischadler nisten hier. Zudem beherbergt dieses Waldgebiet das Kielder Observatory, eine Forschungsstation, von der aus man den dunkelsten Nachthimmel Großbritanniens beobachten kann. Sie ist definitiv einen Besuch wert, vor allem im Winter!
www.visitkielder.com

EVENTS

NEWCASTLE BEER & CIDER FESTIVAL

Jedes Jahr im April kommen Bier- und Apfelweinproduzent:innen aus dem gesamten Nordosten und von weiter her zur Northumbria University Students' Union im Zentrum von Newcastle, um das Beste von Real Ale, Perry (Birnencider) & Co. zu präsentieren.
https://nclbcf-tynland.camra.org.uk/wordpress

ALNWICK FOOD FESTIVAL

Die charmante Marktstadt Alnwick veranstaltet jährlich im September dieses Festival für Gourmets. An den Ständen gibt es alles, was das Herz begehrt – auch Lindisfarne Mead, einen kräftigen Honigwein.
www.visitalnwick.org.uk

ANREISE
In Darsham (nahe Southwold) und Cromer gibt es Bahnhöfe. Busse fahren die Küste von Suffolk entlang über Norwich nach Cromer. Dort kann man den praktischen Coasthopper (www.sanderscoaches.com) nehmen, der die zwischen Cromer und Wells-next-the-Sea liegenden Dörfer anfährt. Der Coastliner 36 (www.lynx bus.co.uk/busroutes/343536/36/) verkehrt zwischen Wells und King's Lynn an der Küste entlang.

[England]

SCHLEMMEN AN DEN SEAFOOD COASTS

An den nach Salzwasser duftenden Küsten von Norfolk und Suffolk lassen sich uralte Seafoodtraditionen entdecken, die teils bis in die Römerzeit zurückreichen.

Viele Englandreisende wissen nicht, dass diese vom Meer umspülte Seefahrerküste eine reiche Seafoodtradition hat, die in Europa ihresgleichen sucht und bis in die Römerzeit – wenn nicht sogar bis in die Antike – zurückreicht. Noch vor einem Jahrhundert bestand die englische Küche größtenteils aus Fischsuppen, Eintöpfen, kalten Platten und Pasteten sowie aus Meeresfrüchten, die von Aalen, Sprotten und Glattbutt bis hin zu Austern, Herzmuscheln und Miesmuscheln reichten. Die mittelalterliche Kirche schrieb zahlreiche „Fischtage" vor, an denen nur Fisch auf dem Teller landen durfte.

Im Ersten und Zweiten Weltkrieg wurde das Fischen zu einem gefährlichen Glücksspiel, und die Seeafoodfestessen, die einst in den Pubs des Landes stattfanden, verschwanden. Ersetzt wurden sie durch eine stark eingeschränkte Speisekarte mit panierten Scampi und *Fish and Chips* (in Teig frittierter Kabeljau mit Pommes frites). Wer heute die traditionelle britische Seafoodkultur erleben will, muss nach East Anglia fahren, im Osten Englands, wo kleine Fischereiunternehmen das Beste aus der Nordsee nach Hause bringen. Wenn man die kleinen Fischerdörfer besucht und zu den hügeligen Dünenstränden fährt, stellt man fest, dass fast überall köstliche Meeresfrüchte angeboten werden. In den Sümpfen rund um die Bucht The Wash werden Garnelen gefischt und in Butter konserviert. In den Dörfern und viktorianischen Seebädern entlang der Nordküste von Norfolk sammelt man fette, leuchtend rote Krabben und saftige Muscheln.

Die Seafoodbegeisterung schwappt sogar bis in das benachbarte Suffolk über: In Orford werden britische Austern – dereinst die Lieblingsspeise der römischen Kaiser – von Hand gezüchtet. Im sonnigen Southwold können Fish and Chips auch aus Hummern oder Makrelen bestehen.

01 Strandhütten in Southwold

02 Tagesfang eines Fischers in Cromer

03 Die traditionsreiche Seepromenade von Southwold

04 & 05 In Gurney's Fish Shop werden Hummer und Jakobsmuscheln verkauft

01 PINNEY'S OF ORFORD

Man mag es heute kaum glauben, aber Austern waren einst die Nahrung der Arbeiterschaft, der römischen Fußsoldaten und der Menschen, die die überfüllten Slums im viktorianischen East London bewohnten. Im verschlafenen Dörfchen Orford in Suffolk befindet sich das Unternehmen Pinney's, das seit den 1950er-Jahren auf traditionelle Weise Austern züchtet und die Fischhändler:innen am Kai sowie das nahegelegene Restaurant Butley Orford Oysterage mit britischen Meeresfrüchten beliefert.

Die Familie Pinney ist in jeden Schritt des Prozesses eingebunden: von der Ernte der Meeresfrüchte auf familieneigenen Booten über das Räuchern des Fischs bis zum Zubereiten von Pasteten und Fischkuchen auf dem Gelände dieses Familienunternehmens. Du kannst dir Meeresfrüchte zum Mitnehmen holen oder auch ganz gemütlich im Restaurant Oysterage speisen – in jedem Fall erwartet dich ein tolles Geschmackserlebnis!

Market Hill, Orford; www.pinneysoforford.co.uk; April–Okt. Mi–Sa, Nov.–März Fr & Sa

02 SOLE BAY FISH COMPANY

Wenn man Fish and Chips essen will, dann am besten so frisch, dass man fast noch hören kann, wie der Fang klatschend an Deck landet. In einer schwarzen Fischerhütte am Hafen von Southwold serviert dieses Restaurant (das einem Fischer gehört) neuartige Seafoodvariationen – Wolfsbarsch, Makrele, halber Hummer, alle serviert mit Pommes frites, sowie altbekannte Fischgerichte. Außerdem werden köstliche Platten mit Krabben, geräucherten Sprotten, Crevetten, Herzmuscheln, Wellhornschnecken und Krebsschwänzen serviert.

„Die abwechslungsreiche Küste vom Wash bis zur Mündung der Themse bietet den perfekten Lebensraum für Fische und Krustentiere", meint Manager Andy Wix. „Sie gehören wirklich zu den besten Produkten Europas."

22E Blackshore, Southwold; www.solebayfishco.co.uk

03 DAVIES FISH SHOP

Cromer steht für Krabben wie Dover für Seezunge. In den salzigen Tiefen vor der Küste dieses herrlich altmodischen viktorianischen Seebads in Norfolk tummeln sich die fettesten und cremigsten Taschenkrebse Englands. Cromer-Krabben werden auf vielerlei Art serviert, aber du

solltest sie unbedingt *dressed* (fein gegart und in ihre Schalen zurückgedrückt) probieren. Am besten schmeckt das im schlichten, mit Streifenmarkisen geschmückten Davies Fish Shop, der an der Straße liegt, die vom Pier zurückführt. Hier dreht sich alles um Seafoodplatten auf Eis – und natürlich um frische, nach Salzwasser duftende Krabben, die der Inhaber täglich mit seinem Boot, der Richard William, fängt. *Garden Street, Cromer; geschl. Winter So–Mo*

04 WELLS CRAB HOUSE

Eines der beliebtesten Restaurants, das die berühmten Cromer-Krabben anbietet, liegt gar nicht in der Stadt, nach der sie benannt sind, sondern im nahegelegenen Küstenort Wells-next-the-Sea. Ohne Reservierung sollte man nicht hierherkommen. Die Speisekarte bietet eine internationale Küche, setzt aber hauptsächlich auf kalte Platten mit den oben erwähnten *dressed crabs*, Hummer in Butter, Räucherlachs und Herzmuscheln in Essig. Die Inhaber haben eine enge Beziehung zu den örtlichen Fischerleuten, sodass alle Gerichte nicht nur superfrisch schmecken, sondern auch superfrisch sind.

Bring unbedingt Appetit und idealerweise ein paar Bekannte mit, mit denen du das reichlich aufgetragene Essen teilen kannst! *38 Freeman Street, Wells-next-the-Sea; www.wellscrabhouse.co.uk; So & Mo geschl.*

05 GURNEY'S FISH SHOP

Wir empfehlen dir einen kleinen Abstecher ins Landesinnere nach Burnham Market, einem kleinen Dorf zwischen Wells-next-the-Sea und Brancaster. Hier finest du Gurney's Fish Shop, der mit Leckereien von der Küste Norfolks aufwartet. Die Delikatesse des Hauses sind *Potted shrimps* – gekochte, in Muskatnussbutter eingelegte Nordseekrabben aus dem Wash. Das ist eine traditionelle Konservierungstechnik, die mindestens auf das 18. Jahrhundert zurückgeht.

Im Wash wurden auch während des Zweiten Weltkriegs (als das Fischen vor der Küste eine riskante Tätigkeit war) weiterhin Fische gefangen und Muscheln geerntet. *Market Place, Burnham Market; www.gurneysfishshop.co.uk; So geschl.*

06 THE MUSSEL POD

In England werden Muscheln schon mindestens so lange gegessen wie

Ø6 Seafoodplatte im White Horse Pub

Ø7 Gäste des White Horse Pub speisen in den Dünen salzigen Gezeitensümpfen

Ø8 Die Cley Windmill in Norfolk ist heute ein Hotel

in Belgien. Im Dorf Brancaster, wo hinter den Sümpfen ein klassischer ruhiger Norfolk-Strand liegt, wird die Tradition bis heute gepflegt. Der relaxte Ort Brancaster Staithe ist Sitz der Brancaster Bay Shellfish Company und ihres *Mussel Pods*; eines mobilen Food Trucks, der in der Nähe des Jolly Sailors Pub steht und originelle *Moules frites* (Miesmuscheln mit Pommes frites) serviert. Die köstlichen Muscheln werden hier mit Mariniere-Sauce, Knoblauchbutter, thailändischen Gewürzen oder englischem Cider zubereitet.

„Unsere Familie fischt seit Jahrhunderten Krustentiere in Norfolk", erklärt der Inhaber Thomas Large. „Das saubere Wasser und die Nährstoffe, die aus den Salzsümpfen angespült werden, machen unsere Muscheln besonders fett."

Olive House, Main Rd, Brancaster Staithe; www.facebook.com/brancasterbayshellfish; Di geschl.

07 THE WHITE HORSE

Von deinem Tisch im White Horse Pub kannst du die salzigen Sumpfgewässer sehen, die für die Küstenfischerei Norfolks von zentraler Bedeutung sind. Das preisgekrönte Strandlokal in Brancaster Staithe ist vor allem für seine Seafoodplatten bekannt. Im Festzelt hinter dem Pub versammeln sich die Gäste in der frischen Küstenbrise, um Hummer, Krabben, Räucherlachs, Muscheln, Crevetten sowie Austern und Herzmuscheln mit Safran zu schlemmen. Die Seafoodplatte ist ein Festmahl für die ganze Familie.

„Meeresfrüchte aus Norfolk repräsentieren Generationen des lokalen Fischerhandwerks", sagt der Manager des White Horse, Rob Williamson. Dann fügt er noch hinzu: „Sie werden keine besseren Austern finden. Sie gedeihen in den Gewässern hinter den Sümpfen, wo die Insel Scolt Head als Schutz vor den Gezeiten dient."

Main Rd, Brancaster Staithe; www.whitehorsebrancaster.co.uk

SONST NOCH WICHTIG

SCHLAFEN

SUTHERLAND HOUSE

Das Seafoodrestaurant dieses historischen Gästehauses an der Hauptstraße von Southwold ist fast so verlockend wie die Zimmer, die hier vermietet werden. Das B&B beherbergte einst Berühmtheiten wie den jungen Jakob II. Die Räume haben historische Stuck- und Balkendecken; die Bäder sind mit freistehenden Badewannen ausgestattet. Auf der Speisekarte des Restaurants stehen Dorschrücken, Cromer-Krabben und gebutterter Meerfenchel.
www.sutherlandhouse.co.uk

CLEY WINDMILL

Die kreativ umgebaute Windmühle befindet sich neben einem Sumpfgebiet in Cley-next-the-Sea und gehört zu den reizvollsten Unterkünften Norfolks. In den Zimmern, die einen schönen Blick auf die Sumpflandschaft bieten, sind noch Spuren aus jener Zeit zu finden, da die Cley Windmill als Getreidemühle diente. Die Gäste werden mit „Norfolk"-Degustationsmenüs verwöhnt, die aus lokalen Produkten und (natürlich) Meeresfrüchten bestehen.
www.cleywindmill.co.uk

AKTIVITÄTEN

HOLKHAM HALL

Das prachtvolle, palladianische Schloss hat eine luxuriöse Innenausstattung und ist von einem herrlichen Park umgeben. Ganz in der Nähe erstreckt sich einer der schönsten Strände Norfolks. Holkham Hall wurde erbaut, um die Schätze zu beherbergen, die der 1. Earl of Leicester bei seiner Grand Tour (Kavalierstour) sammelte. Das Anwesen liegt direkt neben dem dünenreichen Holkham National Nature Reserve.
www.holkham.co.uk

EVENTS

CROMER CRAB & LOBSTER FESTIVAL

Auf dem jährlichen Festival, das in Cromer und Sheringham (Norfolk) stattfindet, gibt es neben den berühmten Krustentieren Livemusik, Kochshows, einen Straßenmarkt und, und, und …
www.cromercrabandlobsterfestival.co.uk

ANREISE
Die Grafschaft South Pembrokeshire liegt 145 Kilometer westlich von Cardiff, das auch einen Flughafen hat. Mit dem Auto erreicht man die entlegensten Winkel der Region, doch es gibt auch gute öffentliche Verkehrsanbindungen (z. B. Küstenbusse) zwischen den Städten und Dörfern der Region. Etwa alle zwei Stunden verkehren Züge zwischen Haverfordwest und dem Bahnhof Paddington in London (Fahrtzeit ca. viereinhalb Stunden).

01

[Wales]

PEMBROKE-SHIRE BOOMT

In dieser Ecke von Wales ist die Küste unglaublich reizvoll. Die Gourmetszene boomt, und die Köch:innen der Region spielen mit den Aromen der wilden Natur.

An der Südwestküste von Wales vollzieht sich eine kulinarische Wende hin zu Lebensmitteln aus der freien Natur: Die Klippen, Felsbecken, Buchten, Heckenlandschaften und von Heidekraut überzogenen Hügel von Pembrokeshire bieten eine reiche Ausbeute, die viele Kochfans begeistert. Der Blick auf den Himmel und die wogende Brandung ist atemberaubend, die Köch:innen versuchen, die Schönheit der Natur mit regionalen Produkten und einer Prise Fantasie auf den Teller zu bringen. Einige streben auch heimlich nach Michelin-Sternen. An dieser weiten Küste ist alles möglich …

Die Landschaft hier hat etwas Zeitloses, egal ob du auf dem Küstenpfad über Stock und Stein läufst oder durch die von prähistorischen Menhiren übersäte Hügellandschaft spazierst. Diese tiefe Verbundenheit mit der Vergangenheit, dem Puls der Jahreszeiten, den Gezeiten und den Gaben von Land und Meer spiegelt sich auch in der Küche wider. Produzierende, Köchinnen und Köche sind hier oft gute Freunde oder Nachbarn, ihre Speisen bleiben in Heimat und Tradition verwurzelt. Jedes Jahr werden neue Lebensmittelbetriebe eröffnet, angefangen von Chilifarmen bis zu Handwerksbrauereien. Ein gutes Essen kann so schlicht sein wie ein frisches Krabbensandwich am Strand oder so kunstvoll wie ein Degustationsmenü mit Zutaten aus der freien Natur.

Unsere Route, die von der Südküste der Grafschaft nach Norden führt, stellt die Köchinnen und Köche der Region wie ihre Liebe zu Natur und Innovation ins Rampenlicht. Alles dreht sich darum, wo die Speisen und Getränke hergestellt und serviert werden: Das mag eine alte Bootshütte an der wellengepeitschten Küste sein, in der die Gäste Seafood schlemmen können, ein umgebauter Kuhstall, in dem Wermut aus selbstgeernteten Pflanzen destilliert wird, ein Bauernhof, in dem essbare Insekten auf der Speisekarte stehen, oder ein umgestaltetes Pflanzenhaus mit Menüs aus wild wachsenden Naturzutaten.

01 Der pittoreske Hafen von Tenby

02 Der preisgekrönte Wermut von Still Wild basiert auf Zutaten aus der freien Natur

03 Viele Produkte im Annwn stammen aus der essbaren Natur

04 Luftansicht der St. Davids Cathedral

01 THE STONE CRAB

An der Südküste von Pembrokeshire befindet sich das Dorf Saundersfoot, das von den Wellen der Keltischen See umspült wird. Hier gibt es exzellentes Seafood: Bei The Stone Crab, einer Steinhütte, die direkt neben den Fischerbooten am Hafen steht, schmecken sie am besten. Die Wände des rustikalen, blau getünchten Gastraums sind mit Fischbestimmungskarten und maritimem Schnickschnack dekoriert. Die Speisekarte bietet alles, was die Boote einbringen: ganze Hummer, Räuchermakrelen mit Chili-Limetten-Pastete und Krabben mit Weißwein-Meerfenchel-Spaghetti. Ein wahrer kulinarischer Traum ist die riesige Meeresfrüchteplatte für zwei Personen.
The Harbour, Saundersfoot; https://stonecrab.co.uk; Mo geschl.

02 STILL WILD

„Pembrokeshire ist ein Paradies für Leute, die gern Wildkost sammeln. Ob Meerwermut aus der Flussmündung oder Pflanzen von den Klippen – wir sind verwöhnt von den vielfältigen Aromen, die in unseren Wermut einfließen", schwärmt James Harrison-Allen. Seine Mikrobrennerei ist leicht zu übersehen: Sie befindet sich in einem umgebauten Kuhstall im Dorf Kilgetty, fünf Kilometer nördlich von Saundersfoot. James tauschte seinen Beruf als wissenschaftlicher Mitarbeiter im Britischen Unterhaus ein, um seinen Traum zu verwirklichen: Er zog nach Pembrokeshire, wo er sein Leben im Einklang mit der Natur verbringt und Spirituosen kreiert, die dem Ort ein Loblied singen sollen, der sein Herz erobert hat. Sein preisgekrönter Wermut enthält Bärenklau, Meerfenchel, Sumpfmyrte und Holunder. Im Hof gibt es eine Bar (Do geöffnet), in der du den blumigen, kräuterreichen Dry Vermouth oder die bittersüßen Rosso-variante mit Orangenaroma probieren kannst. Auch der mit botanischen Produkten wie Seetang, Ginster und Sanddorn angereicherte Küsten-Gin schmeckt köstlich.
Cresselly House, Kilgetty; https://stillwilddrinks.com; Reservierung erforderlich

03 FERNERY AT THE GROVE

Zehn Kilometer weiter nördlich befindet sich ein traumhaft schöner Landsitz. An Sommernachmittagen, wenn die Wiesen voller Wildblumen und Schmetterlinge sind, wirkt er wie die Kulisse eines Romans von Jane Austen. Aber das Grove ist nicht nur ein optischer Hingucker,

sondern auch ein echter kulinarischer Geheimtipp. Das Gourmetrestaurant Fernery bietet Romantik pur: weiß gedeckte Tische, Kerzenlicht, kunstvoll arrangierte Farne und eine dezent-ruhige Atmosphäre. In der Küche setzt man auf Gemüse und Kräuter aus dem eigenen Garten, auf Selbstgesammeltes aus den Wäldern und auf nachhaltig erzeugte Fisch- und Fleischprodukte aus der Region. Die Menüs basieren auf Zutaten der Saison und begeistern mit Gerichten wie Täubchen mit Sellerie, Kirschen und Kapuzinerkresse oder Räucherkartoffel mit Dashi, Spargel und Bottarga (Fischrogen). ***Molleston, Narberth; https://ferneryrestaurant.co.uk; So–Di geschl.***

04 ANNWN

„An Pembrokeshire inspiriert mich einfach alles: die Pflanzen, Beeren, der Boden, die Bäume, Blumen und Gräser. Die hiesige Gourmetküche hat ihre Wurzeln im Naturschutz. Die Ökosysteme werden zerstört, und wir müssen zur Natur zurückkehren", sagt der Koch, Wildkostsammler und Fischer Matt Powell, der in mehreren Sternerestaurants ausgebildet wurde, bevor er nach Wales zurückkehrte, um dort sein Talent zu beweisen.

Tagsüber streift er mit Gummistiefeln an den Füßen und einem Eimer in der Hand durch die felsigen Küsten und Heckenlandschaften von Pembrokeshire. Abends steht er in der Küche des alten Pflanzhauses auf dem Lawrenny Estate südwestlich von Narberth. Wer das Glück hat, einen Tisch zu ergattern, bekommt ein vielgängiges Festmenü mit Gerichten wie Bärlauch (konserviert in seinem natürlichen Lebenszyklus), Brühe aus *aged kelp* (Seetang) mit Fadentang-Emulgierung, Blätter der Austernpflanze, Löffelkraut und Enteneigelb mit Heckenpflanzen. Eine geniale Küche! ***The Little Retreat, Lawrenny; www.annwnrestaurant.co.uk; Mo–Mi geschl.***

05 CAFÉ MÔR

In Südwales, wo die von der Brandung umtoste Halbinsel Angle einen Haken ins Meer schlägt, lockt ein originell umgebautes Boot zahlreiche Strandgäste an. Am Ruder des Café Môr steht der Wildkostsammler und Algenliebhaber Jonathan Williams, der seinen Bürojob an den Nagel gehängt hat, um die Küsten von Pembrokeshire nach Seetang zu durchkämmen und peppige Gerichte zum Mitnehmen zuzubereiten. Williams, der sein Lokal als das erste

Ø5 Probieren Sie im Really Wild Emporium in St Davids ein Festmahl der Natur

Ø6 Der Sommergarten in Llys Meddyg

Ø7 Wanderer auf dem Pembrokeshire Coast Path, einem Fernwanderweg

solarbetriebene Meeresalgenrestaurant der Welt anpreist, kredenzt Strandkost vom Feinsten: Frühstückssandwiches mit *Laverbread* (Brotfladen aus Seetang und Haferflocken), hausgemachten Senfgurken und Seetang-Chili-Sauce oder Hummerbrötchen mit Algenbutter. Auch im Old Point House nebenan werden Fisch und Meeresfrüchte serviert: Besonders lecker sind die Atlantic-Edge-Austern, die auf nachhaltige Weise geerntet werden. *Old Point House, Angle; https://beachfood.co.uk; Mo & Di geschl.*

06 WILD ABOUT PEMBROKESHIRE

„Alle Probleme dieser Welt können mit Algen gelöst werden. Schmerzen, Arthritis und Jodmangel. Biokraftstoffe für die Luftfahrtindustrie. Der Hunger in der Welt. Alles, was du willst", meint John Mansfield. Mit seiner Frau Julia veranstaltet er Sammeltouren am Meer, bei denen man u. a. lernt, Blasentang von Lappentang zu unterscheiden. Anschließend kann man im Really Wild Emporium, seinem coolen Art-déco-Café im Herzen von St. Davids, einen Kaffee trinken und Brownies aus Seegras genießen oder zu Abend essen. Die Speisekarte bietet Gerichte wie Karotten-Bärenklau-Pakora und langsam gegartes Lamm aus dem Gwaun Valley mit Bärlauchknospen und Mädesüß-Zitronen-Posset.
24 High Street, St Davids; https://reallywildemporium.co.uk; Mo & Di geschl.

07 GRUB KITCHEN

„Käfer sind nicht ekelhaft, sie sind der Schlüssel zu einer nachhaltigeren Zukunft", schwärmt die Insektenforscherin, Ökologin und Landwirtin Dr. Sarah Beynon von der Bug Farm in St. Davids. Hier und auf den umliegenden Wiesenpfaden erhält man einen Einblick in die Schönheit der Insekten. Anschließend lockt ein Mittagessen im Grub Kitchen, wo Sarahs Ehemann Andy Holcroft grandioses Essen kocht. Würzige Grillen und Insekten-Burger mit Polenta-Pommes gefällig? Wer keine Lust auf Insekten hat, kann auch vegetarische Gerichte und Seafood aus der Region probieren. Vor der Abreise sollte man sich noch eine Schachtel Grillenkekse mit Schoko-Chips für unterwegs kaufen.
Lower Harglodd Farm, St Davids; www.thebugfarm.co.uk; Mo geschl.

08 LLYS MEDDYG

Im Küstendorf Newport steht das hübsche georgianische, zu einem Boutique-Hotel umgebaute Postgasthaus Llys Meddyg. Dazu gehört auch ein Restaurant, das sich mit seinen Speisen aus selbstgesammelten, fermentierten, geräucherten und im Garten angebauten Zutaten einen fantastischen Ruf erworben hat. Die Speisekarte bietet leichte, kreative Gerichte aus regionalen Zutaten, etwa heiß geräucherten Lachs aus der eigenen Räucherei mit Meerrettich-Espuma und Kohlrabi-Salat oder walisische Lamm-Tortellini mit gewürztem Joghurt und Seetang. Mit seiner Holzdekoration aus Strandgut, den niedrigen Decken und der sanften Beleuchtung ist das Restaurant eine Mischung aus coolem Strandlokal und rustikalem Bergchalet. Im Sommer kann man im schönen Garten speisen.
East St, Newport; www.llysmeddyg.com

SONST NOCH WICHTIG

SCHLAFEN

THE LITTLE RETREAT
Um die weitläufige Region Pembrokeshire ausgiebig zu erkunden, sollte man mehrere Unterkünfte einplanen. In Lawrenny, wo sich auch das Annwn (siehe 04, S. 139) befindet, kann man in Glamping-Zelten am bewaldeten Ufer im Mündungsgebiet Cleddau Estuary übernachten. Die luxuriösen Zelte sind mit holzbefeuerten Whirlpools ausgestattet, die Sterngucker-Zelte verfügen über Open-Air-Badewannen.
www.littleretreats.co.uk

THE GROVE
Mit seiner prachtvollen Einrichtung im Arts-and-Crafts-Stil und seinen Saisongerichten aus eigenen Gartenzutaten bietet dieser Landsitz in den Hügeln von Narberth einen Aufenthalt der Extraklasse.
https://grovenarberth.co.uk

AKTIVITÄTEN

PEMBROKESHIRE COAST PATH
Wir empfehlen einen Verdauungsspaziergang auf dem (insgesamt 300 Kilometer langen) Küstenpfad, der über Klippen voller Stechginster sowie durch viele (Wanderer durchlassende, Weidevieh abhaltende) *Kissing gates* zu einer paradiesischen Bucht und mehreren Hügelforts aus der Eisenzeit führt. Ein guter Ausgangspunkt ist St. Davids: Der Geburtsort des Schutzpatrons von Wales glänzt mit der eindrucksvollsten mittelalterlichen Kathedrale der Region.
www.pembrokeshirecoast.wales/coast-path

EVENTS

Sommer und Herbst ist an der Küste von Pembrokeshire Festivalzeit. So wird im Juni am South Beach von Tenby ein Streetfoodfestival gefeiert. Die an mehreren Orten stattfindende Pembrokeshire Fish Week bietet Verkostungen, Kochkurse, Kochshows, Wanderungen zum Sammeln essbarer Pflanzen und Pilze sowie maritime Schlemmereien. In der gourmetbegeisterten Stadt Narberth wird am letzten Septemberwochenende im Jahr ein Foodfestival veranstaltet, das Livemusik, Kochshows, Streetfood und Lebensmittelstände bietet, an denen walisischer Käse, Chorizo, Bier, Eingewecktes und vieles andere mehr verkauft wird.

01

ANREISE
Skye ist fünf Fahrtstunden von den internationalen Flughäfen Glasgow und Edinburgh entfernt. Der Flughafen Inverness wickelt Inlandsflüge ab. Von Inverness verkehren Züge in die Ortschaft Kyle of Lochalsh (der letzte Bahnhof auf dem Festland). Von dort aus kann man mit dem Regionalbus zur Inselhauptstadt Portree weiterfahren – ein praktischer Ausgangspunkt zur Erkundung der Isle of Skye.

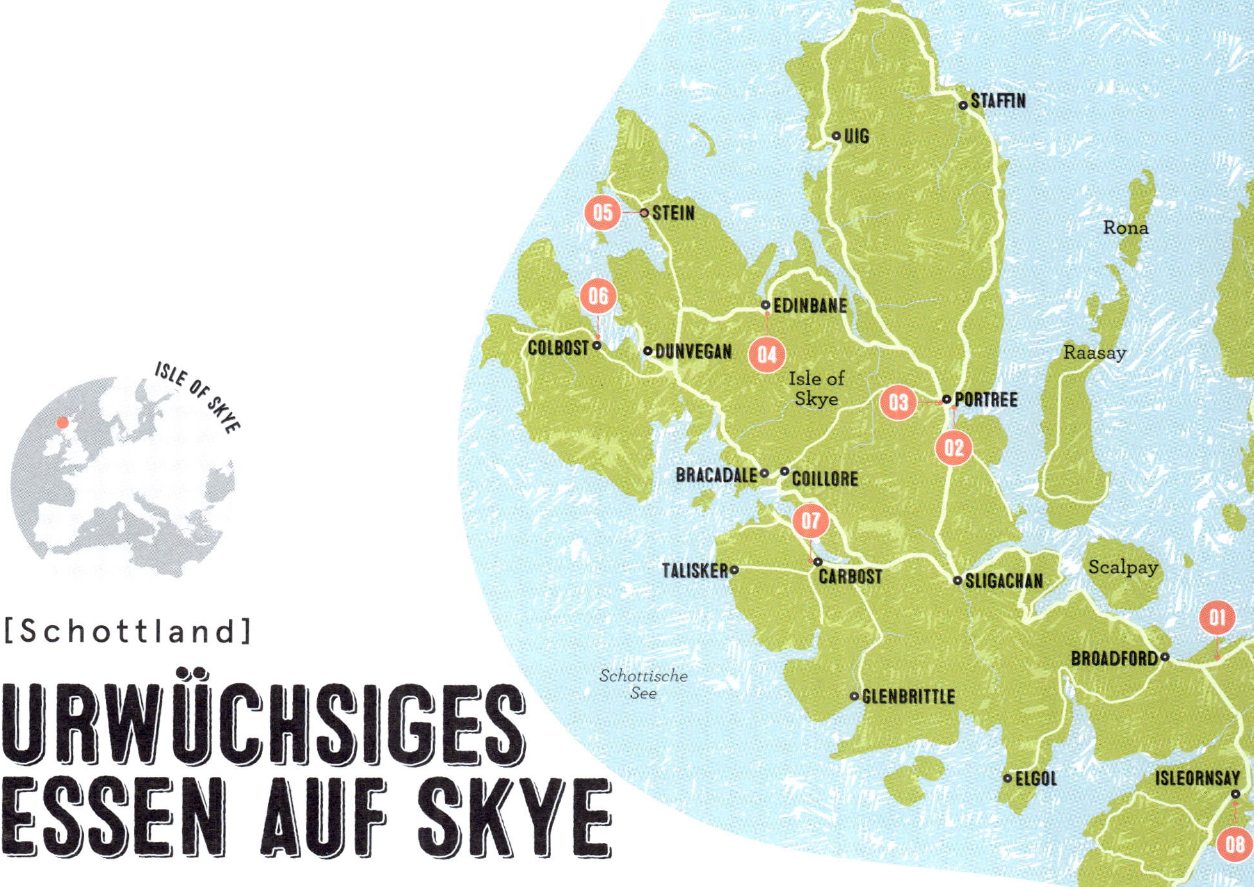

[Schottland]

URWÜCHSIGES ESSEN AUF SKYE

Auf der sagenumwobenen Hebrideninsel werden einige der besten Lebensmittel Schottlands hergestellt – und in den einheimischen Küchen zu Gerichten verarbeitet, die von der imposanten Landschaft inspiriert sind.

Die Isle of Skye erlebt gerade eine kulinarische Sternstunde – möge sie noch lange andauern! Die im Nordwesten Schottlands gelegene größte Insel der Inneren Hebriden ist wohl die beste Quelle für Produkte der Region. Die dunklen, zerklüfteten Küsten werden von außergewöhnlich klarem Meer umspült, was die Insel perfekt für die Muschel- und Austernzucht macht. Hier tummeln sich Tausende wilder Rothirsche. Das gemäßigte Klima und die geschützten Seen ermöglichen ertragreiche Streifzüge zum Sammeln von Bärlauch und Seetang in freier Natur.

Obwohl Skye schon lange gehobene Gastronomie bietet, gibt es einen neuen Zustrom von Speiselokalen, Food Trucks und Restaurants, die Austern, Pizza und Gebäck anbieten – zu Preisen, die für fast alle erschwinglich sind, denn viele Restaurants werden von Einheimischen für Einheimische betrieben. Einige Gastronom:innen haben die Insel noch nie verlassen: Sie können sich darauf verlassen, dass ihre Spielgefährten aus Kindheitstagen – Fischer, deren Familien bereits seit Generationen diesem Beruf nachgehen – ihnen frische Produkte liefern, während die Mikrobrennereien der Region kleine Chargen von Spirituosen herstellen, die von der Natur der Insel inspiriert sind.

Weil es eine ganzjährig befahrbare Brücke zum Festland gibt, ist Skye weniger abgeschieden als andere schottische Inseln. Hauptattraktion der Insel, auf der einst Dinosaurier lebten (von denen noch Fußspuren am An Corran Beach zu finden sind), ist die eindrucksvolle Landschaft.

Der Legende nach soll es hier sogar Feen geben. Gesichert ist jedoch allein, dass die Isle of Skye ein hochkarätiges Gourmetreiseziel ist, das Foodies aus aller Welt anzieht. Mit gutem Grund – kann man hier doch auf kulinarischen Selbstfahrertouren das Beste der regionalen schottischen Küche genießen.

01 RED SKYE

Das Restaurant liegt nur wenige Kilometer vom schottischen Festland entfernt und ist über die Skye Bridge zu erreichen. Chefkoch John Brown hat 35 Jahre lang an der schottischen Westküste gekocht. Seine Erfahrung spiegelt sich in der regional inspirierten Speisekarte wider, die Gerichte wie Hummer, Jakobsmuscheln und Wildbret bietet. Das in einer ehemaligen Grundschule untergebrachte Red Skye ist bodenständig, preisgünstig – und oft ausgebucht.
Breakish; www.redskyerestaurant.co.uk; So geschl.

02 ISLE OF SKYE BAKING COMPANY

Wer liebt nicht den Duft von ofenfrischem Brot? Dieser herrliche Laden in der Old Woolen Mill von Portree liegt nur einen kurzen Spaziergang vom Hafen entfernt in einem Industriegebiet, aber das schreckt die Fans nicht ab. Oft gibt es auch ausgefallene Produkte wie das beliebte Raasay-Shortbread mit Gin-Aroma oder Schokoladenaufstrich mit Talisker-Whisky. Im Sommer variieren die Öffnungszeiten, da die Bäckerei auf vielen schottischen Märkten und Veranstaltungen vertreten ist.
The Old Woolen Mill, Dunvegan Rd, Portree; www.isleofskyebakingcompany.co.uk; Di, Sa & So geschl.

03 ISLE OF SKYE DISTILLERS

Die Inseln Schottlands formen den Charakter und Geschmack der weltberühmten schottischen Spirituosen. Das 2016 gegründete Unternehmen „Isle of Skye Distillers" stellt den preisgekrönten Misty Isle Gin her, der frisches Wasser aus den „Storr Lochs" und Pflanzen enthält, die nur auf der Isle of Skye vorkommen. Mittwochs und freitags kannst du in der Gin-Schule zusammen mit erfahrenen Destillateuren eine Flasche Gin herstellen und anschließend mit nach Hause nehmen. Der dreistündige Kurs deckt jeden Schritt der Gin-Herstellung ab – angefangen von der Auswahl der Pflanzenextrakte bis zum Etikettieren der Flasche. Als Extrabonus erhältst du anschließend zehn Prozent Rabatt für einen Einkauf im Laden der Brennerei.
Rathad na Slignich, Portree; www.isleofskyedistillers.com

04 EDINBANE LODGE

Die Edinbane Lodge befindet sich in einem Gebäude aus dem Jahr 1543. Sie ist das einzige (auch von Miche-

Ø1 Austern sind eine regionale Spezialität von Skye

Ø2 Das farbenprächtige Dorf Portree

Ø3 Three Chimneys lässt sich in seinen Gerichten von den Naturreichtümern der Insel inspirieren

Ø4 Gebrannte Jakobsmuschel in der Edinbane Lodge

lin empfohlene) Restaurant in den Highlands, das mit vier (von fünf maximal zu vergebenden) Rosetten des britischen Restaurantführers AA Guide ausgezeichnet wurde. Küchenchef Calum Montgomery stammt aus Skye und ist mit vielen seiner heutigen Lieferanten etwa von Austern, Muscheln und Wagyu-Rindfleisch aus der Region schon seit Kindertagen befreundet.

Eine Besonderheit des Gourmetrestaurants ist die „Null-Meilen-Speisekarte": Viele Produkte stammen von Höfen, die weniger als eine Meile (1,6 km) vom Restaurant entfernt sind – hier wird das „Farm to table"- Konzept auf so nachvollziehbare wie beeindruckende Art und Weise in die Praxis umgesetzt. *Old Dunvegan Road, Edinbane; www.edinbanelodge.com; So–Di geschl.*

05 LOCH BAY

Dieses Restaurant wurde im Jahr 2016 vom renommierten Küchenchef Michael White eröffnet. Es liegt in einer Reihenhaussiedlung mit weiß getünchten Cottages und bietet einen schönen Blick auf die Halbinsel Waternish.

Das Bauerndorf Stein mag ein ungewöhnlicher Standort für dieses einzige Sternerestaurant der Isle of Skye sein, aber es lohnt sich, die einspurige Straße weiter zu fahren. Das intime, schottisch-französisch inspirierte Restaurant bietet nur zwanzig Gedecke und serviert ausschließlich Seafood: Die Garnelen werden direkt am Steg gegenüber gefangen – frischer geht es nicht!

Ein Kamin mit prasselndem Holzfeuer und Sitzmöbel mit Polsterbezügen aus Harris Tweed machen das gemütliche Gourmeterlebnis komplett. The Stein Inn, der älteste Pub von Skye, liegt gleich nebenan. *1 Macleods Terrace, Stein; www.lochbay-restaurant.co.uk; So & Mo geschl.*

06 THE THREE CHIMNEYS

The Three Chimneys ist das berühmteste Restaurant der Isle of Skye. Man muss lange im Voraus buchen, um in diesem herrlich abgeschiedenen Lokal am schönen Ufer des Loch Dunvegan zu speisen. Chefkoch Scott Davies lässt sich bei seinen Gerichten vom reichen Angebot der Natur inspirieren, von Land, Meer und „Skye". Die Krabben vom Loch Dunvegan sind zum Beispiel ein absolutes Muss, ebenso wie die „zweimal von Hand getauchten Jakobsmuscheln".

Wer einen besonderen Abend erleben will, der bucht „Chef's

Ø5 Austern von The Oyster Shed

Ø6 In Hafermehl gebackene Austern im Sternerestaurant Loch Bay

Ø7 Die erfrischenden Fairy Pools von Skye

Table" und übernachtet anschließend in einem der sechs luxuriösen Gästezimmer des Restaurants.
Colbost, Dunvegan;
www.threechimneys.co.uk

07 THE OYSTER SHED

Der Einheimische Paul McGlynn erbte 1981 die Austernfarm seines Vaters und führte sie weiter. 2012 eröffnete er The Oyster Shed, um lokale Produkte direkt an seine Kunden verkaufen zu können. Daraus entwickelte sich dieses schlichte Fischlokal in einem rustikalen Schuppen mit Blick auf die umliegenden Hügel, das bei Einheimischen und Reisenden gleichermaßen beliebt ist. Auf der Karte stehen Krabben, Kaiserhummer und Jakobsmuscheln aus lokalem Fang. Ein Austernschmaus im Oyster Shed ist ein perfektes Amuse- Bouche vor einer Whisky-Verkostung in der Talisker-Destillerie, am Fuß der Hügel gelegen.
Carbost Beag; www.theoysterman.co.uk; So geschl.

08 AN CRÙBH

An Crùbh, das in schottisch-gälischer Sprache so viel wie „der Knotenpunkt" bedeutet, ist ein Gemischtwarenladen mit eigenem Café und Veranstaltungsraum, der durch den Verkauf lokaler Produkte kleine Bauernhöfe unterstützt. Honig, Meeresfrüchte, Fleisch, Gemüse und Bier (Ale) von der Isle of Skye sind nur einige der regionalen Spezialitäten, die hier verkauft werden, auch Kunsthandwerkliches ist im Angebot. Ein Abstecher hierher lohnt sich in jedem Fall – vor allem dann, wenn du dir hier die Zeit mit Events wie Stand-up-Comedy, Flohmärkten oder einem „Cèilidh" (so nennt man eine schottische Tanzveranstaltung mit gälischer Volksmusik) vertreiben kannst.
Sleat; www.ancrubh.com;
Mo & Di geschl.

SONST NOCH WICHTIG

SCHLAFEN

KINLOCH LODGE

Die Kinloch Lodge wurde im 17. Jahrhundert als Bauernhof errichtet, später als Jagdhaus und Familiensitz genutzt und 1972 zu einem Hotel umgebaut. Das Boutique-Hotel ist von Bergen, vom Meer und von einer vielfältigen Tierwelt umgeben, die Gästezimmer spiegeln die Schönheit der umliegenden Natur. Auch das Restaurant ist etwas Besonderes: Wer hier speist, erhält eine echte Kostprobe aus der Speisekammer von Skye. *www.kinloch-lodge.co.uk*

BROADFORD HOTEL

Die Vergangenheit des berühmten Broadford Hotels ist untrennbar mit der Geschichte von Skye verbunden. Gegen Ende des 19. Jahrhunderts wurde hier erstmals der berühmte Whisky-Likör von Skye – der Drambuie – hergestellt. Heute ist das Broadford Hotel ein Viersterneparadies mit gemütlich eingerichteten Zimmern, schönem Meerblick, deftigem Essen und einer herzlichen Atmosphäre. *www.broadfordhotel.co.uk*

07

AKTIVITÄTEN

OLD MAN OF STORR

Die spitze Felsformation gehört zu den bekanntesten Sehenswürdigkeiten der Isle of Skye. Man sollte den Aufstieg zum Old Man of Storr bei dramatischem Wetter unternehmen – unter dem bewölkten Himmel kommen die Felsen noch besser zur Geltung. Vom Gipfel hat man einen schönen Ausblick auf den Sound of Raasay und aufs Festland.

THE FAIRY POOLS

Schwimmbegeisterte sollten diese berühmte Ansammlung von Wasserfällen und Pools in der Nähe von Carbost besuchen. Die schottischen Gewässer sind das ganze Jahr über erfrischend, also nimm dir einen Neoprenanzug mit und genieße ein Bad in den natürlichen, kristallklaren Wasserbecken. Wenn zu viele Leute da sind, kannst du auch die weniger bekannten Marble Pools bei Torrin besuchen– eine ebenso schöne Alternative.

EVENTS

SKYE HIGHLAND GAMES

Die traditionellen Skye Highland Games finden jedes Jahr im August statt. Sie ziehen Tausende von Schaulustigen an, die hierherkommen, um die Wettkämpfer:innen in Disziplinen wie Baumstammwerfen, Dudelsackspielen und Tanzen anzufeuern.

SÜDEUROPA

ANREISE

Der Internationale Flughafen Tirana, auch bekannt als Rinas International, hat direkte Verbindungen nach fast ganz Europa. Busse aus den Nachbarländern wie z.B. Nordmazedonien (Skopje) und Griechenland (Thessaloniki) fahren den Internationalen Busterminal an, der etwa 30 Minuten zu Fuß vom Zentrum entfernt liegt. Tirana ist klein genug, um es fußläufig zu erkunden.

[Albanien]

TIRANA CALLING

Willkommen in der dynamischsten Foodszene des Balkans, die von vielen Reisenden immer noch unterschätzt wird. Zu unrecht.

Schäfer:innen, die auf nebelbedeckten Bergen Raki nippen. Fischer:innen, die morgens vom Meer zurückkommen, die Hände weiß vom Salz. Moscheen, deren Minarette in einem der wenigen vorwiegend muslimischen Länder Europas in den Himmel ragen. Mehr als 170 000 Atombunker – ein Erbe der Paranoia des Kalten Krieges – verunzieren die ansonsten so reizvolle Landschaft. All das sind nur einige Eindrücke von Albanien, das als Reiseland lange vernachlässigt, häufig missverstanden wurde und nun eindeutig einen Platz auch auf jeder Foodieroute durch Europa verdient.

Albanien ist ein kleines Land mit weniger als drei Millionen Einwohnern. Die besten kulinarischen Eindrücke bekommt man in der Hauptstadt Tirana. Hier fährt die politische Elite BMW, genießt kunstvoll gemixte Cocktails. Touristen probieren eine der besten Seafoodküchen Europas, unerschrockene Feinschmecker:innen probieren auch ausgefallenere regionale Delikatessen wie *Kokë qengji*, den traditionell dem Ehrengast vorbehaltenen Lammkopf.

Beim Bummel durch die Straßen riecht man das würzige Aroma von *Byrek* (zumeist mit Spinat gefüllte Teigtaschen) und *Qofte* (Fleischbällchen), die man an Straßenständen für wenig Geld kaufen kann.

In den vier Jahrhunderten osmanischer Herrschaft bewahrte sich Albanien eine leidenschaftliche Nationalidentität, die durch den Kriegshelden Georg Kastriota, genannt Skanderbeg symbolisiert wird, nach dem der weitläufige Hauptplatz Tiranas benannt ist. Im 20. Jahrhundert folgten die Invasion durch Italien und die hyperstalinistische Herrschaft des einheimischen Diktators Enver Hoxha. Seit dem Ende des Kalten Krieges kehrt Albanien ganz allmählich zur Demokratie zurück. So erleben nun immer mehr Reisende das Land und die herzliche Gastfreundschaft in Tirana. Nur die so köstliche wie komplexe Küche Albaniens gilt es für viele Foodies erst noch zu entdecken.

02

01 ODA

Am besten beginnt man seine kulinarische Reise mit einer Würdigung der albanischen Küche in ihrer traditionellsten und ländlichsten Form. Das Oda, das sich in einem umgebauten albanischen Haus im alten Stil befindet, ist mit Artefakten aus dem Mittelalter dekoriert. Sein Menü ist so traditionell wie die Einrichtung. Das bedeutet, dass es viel Lamm gibt, aber auch vegetarische Optionen wie gegrillte Paprika und gefüllte Auberginen mit warmem selbstgebackenem Brot.
Rruga Luigj Gurakuqi; www.facebook.com/people/ODA-Restorant/100063520124785/

02 PAZARI I RI

Nach einem herzhaften Mahl im Oda gelangt man nur etwa hundert Meter weiter zum Pazari i Ri („Neuer Basar") – immer den Rufen der Händler:innen nach, die mit allen um alles feilschen: um frisches Gemüse auf dem Grünen Markt, um Fisch direkt aus dem Ozean im altehrwürdigen Fischladen Ergi …

Zeit für einen Kaffee im Ardi Caffe, bei dem du in Ruhe das Marktreiben an den über 150 Ständen beobachten kannst. Serviert wird er von Ardian, dem warmherzigen Besitzer des Caffes.
Rruga Shemsi Haka; www.pazariiri.com

03 SALT RESTAURANT

Das Salt befindet sich in Blloku, dem gehobenen Restaurantviertel Tiranas. Das schicke und stilvolle Restaurant bietet frisches Sushi, Lachs-Sashimi, einen butterweichen Oktopus und mediterran inspirierte Klassiker wie gebratener Feta – alles in allem eine gute Alternative zur traditionell eher schweren einheimischen Kost.

Auch der Brunch am Wochenende in Kombination mit einem unwiderstehlichen Cocktailmenü macht das Salt zu einer so verlockenden wie beliebten Location.
Rruga Pjetër Bogdani; https://salt.al

04 TARTUF SHOP RESTAURANT

An einer wunderschönen Fußgängerzone in der Nähe der Justinian-Festung, die vor dem 13. Jahrhundert erbaut wurde und auch als „Schloss von Tirana" bekannt ist, liegt der Wunschtraum aller Trüffelliebhaber:innen. Die Kellner:innen erklären gerne, dass der Vater des Restaurantbesitzers in den Bergen lebt und extra ausgebildete Hunde hält, die den Boden nach Trüffeln

01 Der Sheshi Skënderbej (Skanderbeg-Platz) ist nach einem albanischen Kriegshelden benannt.

02 Traditioneller Kaffee nach türkischer Art

03 Tiranas Skyline inmitten von Bergen

04 Der Dajti Ekspres hoch über den Wäldern außerhalb von Tirana

durchwühlen. Dieses luxuriöse Gourmetgold wird dann ins Restaurant gebracht und großzügig allen Speisen beigemischt – ob Spaghetti Carbonara oder Hamburger – sogar zum Rührei für das Frühstück.

Bestelle den Negroni-Cocktail nach Art des Hauses und mildere mit dessen Süße den intensiven Trüffelgeschmack ab, der alle Gerichte der Speisekarte prägt.
Kalaja Tiranes, Shëtitorja Murat Toptani; www.facebook.com/tartufshop

05 ARTIGIANO AT VILA

Mit seiner auf Bequemlichkeit ausgerichteten Inneneinrichtung, von Laub überschatteten Sitzgelegenheiten im üppig bepflanzten, ruhigen Garten und saisonal wechselnder Dekoration begeistert das Artigiano Einheimische wie Tourist:innen. Hier wird selbstgemachtes Speiseöl aus Oliven von der Südküste Albaniens auf liebevoll gefertigte, mit frischer Burrata (Frischkäse aus Kuhmilch) belegte Pizzen geträufelt.

Mit einem Buch kannst du die Stille genießen, während die Flammen des Holzofens die Luft mit dem Duft der Köstlichkeiten erfüllen, die bald auf deinem Teller landen werden.
Rruga Papa Gjon Pali II 9; www.facebook.com/Artigiano.Tirane

06 KOMITETI - KAFE MUZEUM

Teils Bar, teils Café, teils Museum – ein Stopp im Komiteti fühlt sich an wie ein Besuch bei einem leicht exzentrischen Verwandten, der über Jahrzehnte alle möglichen Artefakte gehortet hat – Telefone aus der Zeit des Kalten Krieges, osmanische Shishas und alle möglichen Schnitzereien als Deko. Hier gibt es 18 verschiedene Arten Raki. Der Verzehr dieses scharfen Traubenbranntweins mit häufig über 40 % Alkohol ist so etwas wie ein Initiationsritus für Balkanreisende. Achtung: Die hiesige Überzeugung, dass Raki selten einen Kater hinterlässt, ist mit Vorsicht zu genießen.
Rruga Fatmir Haxhiu; www.facebook.com/komiteti.kafemuzeum/

07 COLONIAL COCKTAILS ACADEMY

Ganz in der Nähe der Residenz des ehemaligen Diktators Enver Hoxha befindet sich eine der ersten Bars des inzwischen angesagten Bllokuviertels. Ilir Dushkaj, der die Idee dazu hatte, wollte damit einen Ort schaffen, an dem sich die Gäste wie zu Hause fühlen und zusammen mit dem Personal auch ihre eigenen Drinks kreieren können. Seit-

05 & 06 Das Salt Restaurant zeigt die coole, moderne Seite Tiranas; Sushi ist eine seiner Spezialitäten

07 Das BUNK'ART liegt in einem stillgelegten Atombunker

dem sind schon mehr als zehn Jahre vergangen, und bis heute serviert die Colonial Cocktails Academy saisonale und klassische Cocktails bester Qualität wie den säuerlichen Old Fashioned, den hochprozentigen Long-Island-Eistee sowie alle möglichen eigenen Kreationen und Varianten. Probiere den Margarita Calabrese mit weißem Tequila, Mango, Orangenlikör, rotem Pfeffer und Zitronensaft. Es gibt eine sorgfältig zusammengestellte Weinkarte und etwas zu essen. Auch wechselnde DJ's und Livemusiker sorgen für eine entspannte Atmosphäre.
Rruga Pjetër Bogdani 3; www.colonialtirana.com

SONST NOCH WICHTIG

SCHLAFEN

PADAM BOUTIQUE HOTEL

Dieses Luxushotel in einer klassischen albanischen Villa ist nur einen kurzen Spaziergang von Highlights wie dem Schloss Tirana und dem Sheshi Skënderbej (Skanderbeg-Platz) entfernt. Es bietet moderne, komfortable, lichtdurchflutete Zimmer. Auch ein ein Restaurant und eine Weinbar findet man hier. Viele der hohen Räume haben Balkons mit Blick auf den gepflegten Hotelgarten – eine wunderschöne Oase mitten im Herzen der Stadt. *https://padam.al*

07

AKTIVITÄTEN

BUNK'ART

Wegen des paranoiden kommunistischen Diktators Enver Hoxha ist Albaniens Landschaft mit mehr als 170 000 Atombunkern geradezu übersät. Viele sind kleiner als ein Geräteschuppen und verstauben in Privatgärten, doch der Bunker, in dem das BUNK'ART zu Hause ist, war eine ernstzunehmende Anlage mit Mehrfachhüllen, Tunneln, Kommunikationsräumen und umfangreicher Infrastruktur. Heute beherbergt diese eine moderne Kunstausstellung und bietet somit eine hervorragende Gelegenheit, das Nebeneinander der angstbesetzten Vergangenheit unter der Diktatur und der kreativen, vorwärtsblickenden Gegenwart Albaniens zu erleben. *Rruga Fadil Deliu; www.bunkart.al*

DAJTI EKSPRES

Nur einen kurzen Bummel vom BUNK'ART entfernt kann man auf dieser modernen Seilbahn die hermetisch geschlossene Welt des Bunkers gegen frische Bergluft eintauschen. Der Dajti Ekspres bezeichnet sich selbst als „Albaniens beliebteste Touristenattraktion" und verspricht auf jeden Fall einen unterhaltsamen Nachmittag, wenn man in malerischem Komfort den 1613 Meter hohen Dajti hochschwebt. Ein ansprechendes Restaurant wartet auf dem Gipfel, auch Wanderwege gibt es und einen 18-Loch-Minigolfplatz. *Stacioni i poshtem i teleferikut, Komuna Linze; https://dajtiekspres.com*

EVENTS

KORCA BEER FESTIVAL

Drei Stunden Fahrt sind es mit dem Auto von Tirana nach Korçë. Gut 100 000 Besucher:innen kommen jedes Jahr (in der Regel im August) in die Stadt, um bei diesem Festival einige Tage lang Bier zu trinken, Livemusik zu hören und fröhlich ausgelassen zu feiern. *https://festaebirres.com*

ANREISE
Der nächstgelegene kroatische Flughafen ist in Pula, hat aber einen limitierten Flugplan. Ljubljana (Slowenien) und Trieste (Italien) sind zwei Stunden mit dem (Miet-)Auto entfernt.

01

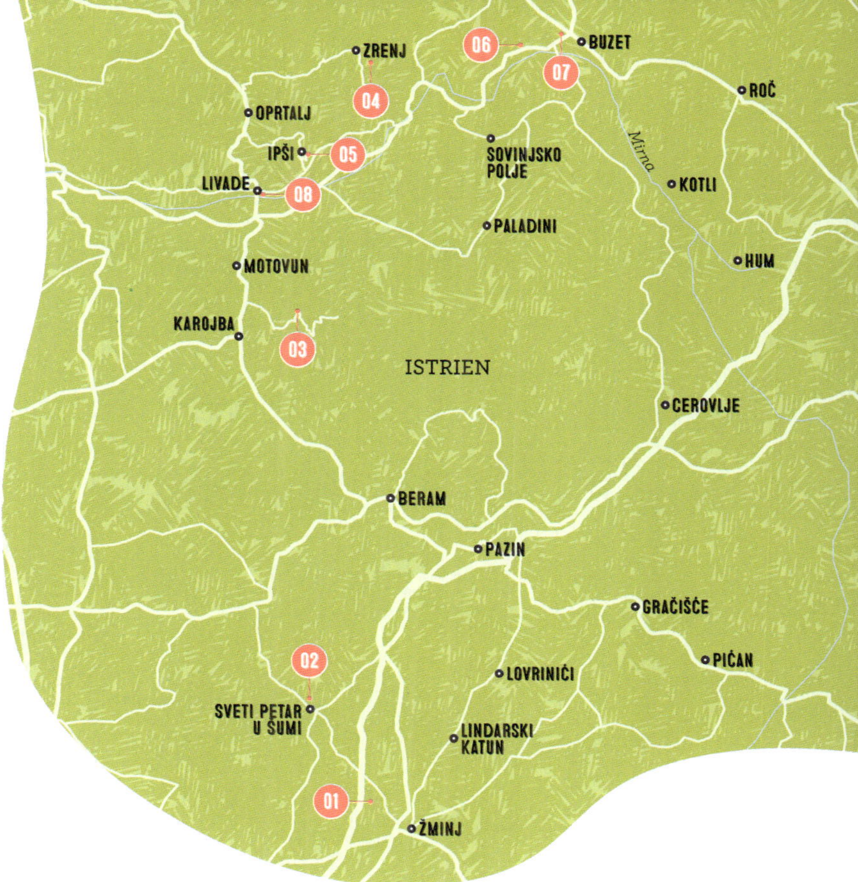

[Kroatien]

ISTRIENS IRDISCHE GENÜSSE

Wein, Olivenöl, Trüffel und Käse – in Istrien, einer der schönsten Halbinseln Kroatiens, gibt es eine Fülle an klassischen, traditionell hergestellten Nahrungsmitteln.

Mit etwa 3500 Quadratkilometer Fläche ist Istrien die größte Halbinsel an der Adria. Zwischen dem Golf von Triest und der Kvarner-Bucht vor Rijeka gelegen, befindet sich der größte Anteil dieser Fläche auf dem Staatsgebiet von Kroatien. Ein kleinerer Anteil im Norden zählt zu Slowenien. Auch die italienische Stadt Muggia und ihr näheres Umfeld liegen auf der Insel. Da könnte man leicht den Überblick verlieren. Aber vielleicht gibt es ja ein gemeinsames Band, das die seit den 1970er-Jahren zunehmend vom Tourismus lebenden Menschen in Istrien verbindet? Eine große Rolle spielt dabei sicher die regionale Küche.

Kleine, familienbetriebene Bauernhöfe dominieren noch immer eine idyllische Hügellandschaft, die von uralten Wäldern bedeckt ist. Traktoren sind häufig die einzigen Fahrzeuge auf den gewundenen Landstraßen, die zwischen Obstgärten, Feldern, Olivenhainen und Weingärten hin- und hertuckern. Diese Wälder und Felder reichen hoch bis zu mittelalterlichen Städtchen auf den Hügelkuppen, wo in bunt zusammengewürfelten Steinhäusern auch Feinkostläden und Restaurants zu finden sind. Zudem gibt hier kaum einen Ort ohne eine *Konoba* – eine Kneipe, in der aus regional geernteten Zutaten schnell etwas zu essen gezaubert wird. Tagelang kann man Bauernhöfe besuchen und bekommt dabei viele Kostproben aufgetischt. Es gibt genügend Auswahl und Qualität, um ein leckeres Picknick zusammenzustellen – Olivenöl, Käse, Würstchen, Schinken, viel Obst und Obstschnäpse, sowie Wein aus weitgehend unbekannten Rebsorten.

Die Fundplätze des begehrten weißen Trüffels werden streng gehütet, aber du kannst Fährtenleser:innen mit ihren Hunden folgen. Im Herbst, der Hauptsaison, gibt es auf jeder Speisekarte ein Trüffelgericht, vom edelsten Restaurants bis zum bodenständigsten *Agriturismo*. Lass viel Platz in deinem Koffer – du wirst viele wohlmundende Köstlichkeiten mit nach Hause nehmen wollen.

01 MLJEKARA LATUS

Diese familienbetriebene Molkerei bietet eine gute Momentaufnahme vieler Köstlichkeiten der istrischen Foodszene. Mljekara Latus liegt in einem kleinen, von Weidewiesen umgebenen Dorf, und ist äußerst traditionsbewusst. Der Besitzer Sandi Orbanić hat schon als Kind mit seiner Großmutter Käse gemacht, seine Rezepte sind bis heute unverändert. Doch seine moderne Käse- und Milchbar ist durchaus zukunftsorientiert. Hier können die Besuchenden bei geführten Verkostungen die gesamte Vielfalt der Molkerei probieren – vom gereiftem harten Žminj-Käse und dicken Mozarellakugeln bis hin zu weichem Trüffelkäse.
Gornji Orbanići 12/D, Žminj; www.mljekaralatus.hr; So geschl.

02 PRŠUTANA JELENIĆ

Gerahmte Auszeichnungen bedecken die Wände des Verkostungsraumes der *Pršutana* (Prosciutto-Produktionsanlage) Jelenić und belegen die Qualität des hier von den Brüdern Luka und Paolo hergestellten Trockenfleischprodukts: der Istrische Prosciutto ist neben verschiedenen Würsten und Fleisch die Spezialität dieser einheimischen Produzenten, die die Anlage von ihren Eltern Vanda und Branko übernommen haben, um die Familientradition fortzuführen. Gäste werden mit einem – von einem der Brüder tranchierten –Schinken und einem Glas Weißwein verköstigt. Luka und Paolo erklären auch gern den Herstellungsprozess, bei dem der Schinken von Hand mit Meersalz unter Zugabe von Pfeffer und Knoblauch und einigen Lorbeerblättern gesalzen wird, um danach mehrere Monate lang trocknen und reifen zu können. Zudem zeigt man den Gästen die Räucherkammer, die bis unter die Sparren voller Schinken hängt.
Pazinska cesta 2c, Žminj; www.istarskiprsut.hr; Sa & So geschl.

03 BENVENUTI VINA

Für Nikola und seinen Bruder Albert ist ihr Weingut weniger Business als vielmehr Passion: „Ich bin vollkommen süchtig nach Weinanbau", sagt Nikola nur halb im Scherz. Die Benvenuti-Brüder produzieren Weine aus sieben verschiedenen Rebsorten, die sie in den Weingärten rund um die Hügelstadt Motovun anbauen. Jeder Wein kann zu einheimischen Käse- und Fleischplatten im Probierraum

01 Der malerische Flickenteppich der Weinberge, Olivenhaine und Terracottadächer Istriens

02 Schinkenverkostung in der Pršutana Jelenić

03 Sonnenaufgang in Oprtal

04 Probiere erstklassige Olivenöle im Ipša

ihres Bauernhofes gekostet werden, vielleicht ergibt sich auch die Gelegenheit zu einer Führung durch die Winzerei. Das Benvenuti Vina ist ein wundervoller Ort, um weniger bekannte Weine wie den rauchigen roten Teran, den spritzigen weißen Malvazijas und den süßen Muškats auszuprobieren. *Kaldir 7, Motovun; https://benvenutivina.com/en; So geschl.*

04 AGROTURIZAM TONČIĆ

Der Reiz dieses Agriturismo liegt schon darin, ihn auf einer herrlichen Hügelfahrt überhaupt zu finden. Wenn man schon denkt, falsch abgebogen zu sein und sich hoffnungslos verirrt zu haben, liegt es auf einmal vor einem: eine ansehnliche Ansammlung von Wirtschaftsgebäuden mit Blick auf Felder und Weingärten. „Hyper-lokal" lautet das Motto des zu diesem Agriturismo gehörenden Restaurants: Die Speisen auf der Karte sind entweder hausgemacht, selbstgesammelt oder stammen von anderen Produzierenden aus der Gegend.

Das Menü wechselt mit den Jahreszeiten und kann zum Beispiel Gerichte wie Pilzravioli oder Hühnereintopf umfassen. Im Sommer können die Gäste ihr Essen auf der schattigen Terrasse mit einem prächtigen Ausblick auf Olivenhaine und das Flusstal der Mirna genießen, im Winter neben dem Feuer im Speiseraum. *Čabarnica 42, Zrenj, Oprtalj; https://agroturizam-toncic.com.hr, Fr-So 12.30-23 Uhr*

05 IPŠA

Zunächst einmal kommt man wegen der herrlichen Aussicht über die Wälder, Weinberge und Hügelstädtchen des darunterliegenden Mirnatals hierher. Aber dann bleibt man – auch wegen der nativen Olivenöle, die zu den besten der Welt gehören – gerne noch etwas länger.

Irene Ipša und ihre Familie bauen seit 1998 Oliven in über ganz Nordistrien verstreuten Hainen an. In ihrem hübschen weißen Haus hoch auf einem Plateau in der Nähe von Oprtalj verwandeln sie die Oliven in das goldene Öl. Zudem bieten sie Führungen in der Olivenmühle an und erzählen Geschichten über Familie, Landwirtschaft und die istrische Halbinsel. Am Ende gibt es eine Probe der vier Öle, die sie herstellen, in einem schön gestalteten Verkostungsraum oder draußen auf der Terrasse unter Weinreben. *Ipši 10, Livade; https://ipsa-maslinovaulja.com/en/*

05 Weiße und schwarze Trüffel aus den Wäldern rund um Buzet

06 Das hübsche Motovun, eines der mittelalterlichen Hügeldörfer Istriens

06 NATURA TARTUFI

„Trüffel liegen mir im Blut", erklärt Daniela Puh. In der sechsten Generation sucht sie die knolligen Edelpilze und begleitet oft ihre Mutter und ihre Hunde in die Buzeština-Wälder Nordistriens. Was sie findet, wird verpackt und weltweit an Toprestaurants geliefert. Die Trüffel können aber auch im Geschäft probiert und erworben werden. Zudem bietet die Familie Interessenten an, sie auf ihrer Trüffelsuche zu begleiten. Besonders begehrt und wertvoll ist der seltene weiße Trüffel, der zwischen September und Januar Saison hat und auf verschiedenen Auktionen immer mal wieder staunenswerte Rekordpreise erzielt.
Srnegla 21, Mala Huba; www.pietroandpietro.com

07 AURA PROIZVODI

Das üppig in den Gärten von Nordistrien wachsende Obst findet hervorragende Verwendung in der Aura Proizvodi, einer Destillerie am Fuß des bezaubernden Hügelstädtchens Buzet. Sie produziert 22 Arten von Branntwein, auch Obstliköre und Marmeladen. Neben Birne, Pflaume und Apfel sind auch viele ungewöhnlichere Geschmacksrichtungen im Angebot – Johannisbrot zum Beispiel oder weiße Mistel, die oft wild gelesen werden.

All das kann entweder im Ladengeschäft oder in dem mit dicken Steinmauern und Holzbalken sehr atmosphärischen Probierraum verkostet und gekauft werden.
Istarske Brigade 2/1, Buzet; www.aura.hr

08 RESTAURANT ZIGANTE

Im Eingangsbereich des Zigante sieht man ein Modell des mit einem Gewicht von 1,31 Kilogramm größten Trüffels der Welt, der hier in Istrien gefunden wurde. Als selbsterklärtes einziges Spezialrestaurant für Trüffel in Kroatien ist dies ohne Zweifel die beste Adresse in Istrien, um den knolligen Pilz in allen nur erdenklichen Variationen zu probieren.

Das Zigante ist ein Restaurant für besondere Anlässe, mit gestärkten weißen Tischdecken und formvollendeter Bedienung. Aber die „Stars" der köstlichen Degustationsmenüs mit Weinbegleitung sind Gerichte wie Shrimp-Ravioli mit Trüffeln oder ein leckeres Trüffeleis.
Livade 7, Livade; www.restaurantzigante.com

SONST NOCH WICHTIG

SCHLAFEN

VELA VRATAL

Die 19 geschmackvoll eingerichteten Zimmer dieses Boutiquehotels in der Altstadt von Buzet verteilen sich auf fünf miteinander verbundene Häuser. Es gibt einen Indoor-Pool und einen kleinen Wellnessbereich. Das Hotelrestaurant ist das beste der Stadt. *www.velavrata.net*

ROXANICH WINERY & DESIGN HOTEL

Vor den Toren der mittelalterlichen Kulisse von Motovun, eingebettet in malerische Weinberge, lädt das aufwendig restaurierte Winery & Design-Hotel Roxanich zu einem stilvollen Genussurlaub ein. Jedes Zimmer ist ein Unikat, der Weinkeller bietet vinophile Höhepunkte – hinzu kommen ein exzellentes Restaurant, eine Sonnenterrasse mit schönem Panoramablick, ein saisonal geöffneter Außenpool und ein Spa mit Sauna und Hamam. *www.roxanich.com*

AKTIVITÄTEN

TOUR DURCH DIE HÜGELSTÄDTE

Die mittelalterlichen Hügelstädtchen Istriens bieten sich für malerische Ausflüge an. Man kann Stunden damit zubringen, enge Kopfsteinpflasterstraßen entlang zu schlendern, historische Steinhäuser zu bewundern und von dicken Verteidigungsmauern atemberaubende Ausblicke über die Landschaft zu erhaschen. Motovun, Oprtalj, Buje, Grožnjan, Buzet, Završje und Hum eignen sich gut zum Einstieg.

EVENTS

Viele istrische Feste drehen sich um die edle Knolle. So feiert man Ende September in Motovun das Wein- und Trüffel-Festival *TeTa*. Im Dörfchen Sovinjak (nahe Buzet) gibt es Anfang Oktober *Bela nedeja* – ein Volksfest mit Trüffeln und einheimischen Produkten. Gleich über sieben Herbstwochenenden von Ende September bis Anfang November erstrecken sich die *Zigante-Trüffeltage* in Livade. Rekordverdächtig ist das Omelett *(Fritoda)*, das im September beim Volksfest *Subotina* im Städtchen Buzet zubereitet wird: mit mehr als 2000 Eiern und zehn Kilogramm Trüffeln in einer riesigen Pfanne. *www.istria-gourmet.com/de/gourmet-erlebnisse/istrische-truffel/truffeltage-in-istrien*

ANREISE

Die Abruzzen sind leicht per Bus oder Bahn aus Rom und den angrenzenden Regionen Latium, Marken, Molise und Campania zu erreichen. Wichtigste Städte und Transportknotenpunkte: Sulmona, L'Aquila und Pescara. In Pescara gibt es einen internationalen Flughafen sowie Bahn-, Bus- und Fähranbindung.

01

[Italien]

DIE ABRUZZEN UND DAS ECHTE DOLCE VITA

Die Abruzzen sind eine Region mit alten Buchenwäldern und hohen Bergmassiven – die Speisekammer ist voller Safran, Lamm und Linsen: Tradition geht hier über alles.

In Italien die Region mit dem besten Essen auswählen zu wollen, ist so, als müsse man sich für seinen Lieblingsferrari entscheiden. Sie sind alle unglaublich gut. Ganz sicher gilt das auch für die Abruzzen, eine häufig übersehene Berg- und Küstenregion im östlichen Mittelteil der Halbinsel, die trotz ihrer Nähe zu Rom touristisch noch nicht überlaufen ist. Ob in moosgrünen Bergdörfern oder in einem zum Restaurant umgebauten *Trabocchi*, wie die traditionellen hölzernen Pfahlbauten der Fischer an der Adria genannt werden – den Foodie erwartet oft ein kulinarisches Eden!

Neben dem Fischfang hat auch die Schafzucht in den Abruzzen eine lange Tradition. Daran erinnert eine Spezialität der Region: *Arrosticini all'abruzzese*, gegrillte Fleischspieße aus Lammfleisch.

Linsen sind aus der italienischen Küche ebenfalls nicht wegzudenken. Eine regionale Spezialität in den Abruzzen ist die besonders seltene und wertvolle *Lenticchia di Santo Stefano del Sessanio*: Sie gedeiht in der Region Gran Sasso auf 1000 bis 1600 Höhenmetern. Ganz in der Nähe produziert die Region Navelli eine der besten Safransorten der Welt, die in aromatischen Pastagerichten verwendet wird.

Jede Region in Italien hat ihre eigene Pasta. Die abruzzische Version sind die *Pasta alla Chitarra*, die wie Spaghetti aussehen, aber einen quadratischen Querschnitt haben.

Um guten Fisch zu essen, empfiehlt sich die Costa dei Trabocchi, ein 70 Kilometer langer Küstenstreifen zwischen Ortona und San Salvo. Nicht fehlen darf auch dabei der Wein. Typisch für diese Region ist der Montepulciano d'Abruzzo. Er passt hervorragend zu den erwähnten *Arrosticini*, regionalen Pastagerichten wie den *Cannarozzetti allo zafferano* oder einer traditionellen Berglinsensuppe, *Lenticchie all'abruzzese*.

01 ARROSTICINI DIVINI

Dieses zwanglose Restaurant im wiederbelebten Zentrum von L'Aquila gehört zu einem kleinen Franchiseunternehmen, hat sich aber die typisch abruzzische Atmosphäre bewahrt. Natürlich stehen auch hier auf der Speisekarte die beliebten *Arrosticini* – mit Rosmarin gewürzte Lammspieße vom Kohlegrill, die auf Holzspieße gesteckt und in bunten Keramikkrügen serviert werden.

Die besten *Amici* (Freunde) der *Arrosticini* sind *Pane Onde all'Olio* (in Olivenöl getränkte Röstbrotscheiben) und ein Glas Montepulciano aus der Region. Wenn du besonders hungrig bist, kannst du noch das reichhaltige Tomaten-Bruschetta oder ein Pastagericht mit Safran dazubestellen. *Via Castello 13/15, L'Aquila; www.arrosticinidivini.it*

02 SANTO STEFANO DI SESSANIO

Die besonders seltenen, wertvollen, einer breiten Öffentlichkeit wenig bekannten Linsen von Santo Stefano di Sessanio werden schon seit über 1000 Jahren auf den Ausläufern des Gran-Sasso-Massivs von Hand angebaut. Zunächst waren es Mönche, die hier auf einer Höhe von mehr als 1200 Metern diese Hülsenfrüchte anbauten, die in dem nahezu alpinen Klima und auf den mageren Kalksteinböden sehr kleine, aber überaus gehaltvolle und schmackhafte Samen ausbilden.

Am besten genießt man die für ihren nussigen Minzgeschmack und cholesterinsenkende Eigenschaften bekannten *Lenticchie* in einer einfachen Suppe mit Zwiebeln, Knoblauch, Kräutern, einem Schuss Olivenöl sowie vielleicht etwas Bauchspeck. Die meisten Restaurants in Santo Stefano zaubern dir so eine authentische *Zuppa* gut auf den Tisch.

Ein besonderes Erlebnis ist die *Sagra della Lenticchia*, mit der jedes Jahr in der ersten Septemberwoche das Ende der Ernte in Santo Stefano gefeiert wird.

03 MERCATO SULMONA

Die Piazza Garibaldi von Sulmona ist eine der vielen unaufdringlichen Schönheiten Mittelitaliens – der weitläufige, sowohl gotisch als auch von der Renaissance geprägte Platz grenzt an einer Seite an die edlen Säulen eines Aquädukts aus dem 13. Jahrhundert und eröffnet auf der anderen Seite den verträumten Blick auf die Morrone-Berge. Richtig lebendig zu geht es auf dem Platz vor allem am Samstag und am Mittwoch, wenn hier ein Markt ab-

01 Das mittelalterliche Dorf Villa Santa Maria

02 Santo Stefano di Sessanio ist als „Dorf der Linsen" bekannt

03 Traditionelle *arrosticini* - Lammspieße

04 *Confetti* - Mandeldragees - in Sulmona

gehalten wird, auf dem von billigen Schuhen bis zu teurem Käse, glänzenden Zucchini und rotem Knoblauch aus dem Valle Peligna fast alles angeboten wird, was das Herz der Foodies begehrt.

Nach dem Bummel an den Ständen vorbei empfiehlt sich ein Gang zu den Foodtrucks. Das Snack-Highlight ist hier ein mit *Porchetta Abruzzese* (saftigem, mit Kräutern und Fenchel gespicktem Schweinebraten) belegtes Panini, das man auf den Stufen neben dem Aquädukt genießen kann.

Piazza Garibaldi, Sulmona; www.facebook.com/mercatosulmona

04 MUSEO CONFETTI PELINO

Sulmona steht für *Confetti* (Mandeldragees) und *Confetti* wiederum stehen für Mario Pelino, der hier bereits im Jahr 1783 ein legendäres Süßwarengeschäft gründete. Heute sind die Pelinos Mitglied von Henokiens, einer exklusiven Vereinigung von Firmen, die seit über 200 Jahren von derselben Familie betrieben werden. Ihre bunten Mandeldragees werden traditionell den Gästen bei Hochzeiten, Taufen und zur Kommunion geschenkt. Meist verpackt man sie dazu in hübsch, dekorierten Geschenktüten *(Bomboniere)*. Bei einem Bummel auf dem Corso Ovidio in Sulmona entdeckt man viele Geschäfte, die die Mandeldragees in künstlerischer Verpackung anbieten. Interessant ist ein Besuch in der Fabrik Pelino, in der ein Museum die Geschichte dieses traditionsreichen Süßwarenhandwerks präsentiert.

Via Stazione Introdacqua 55, Sulmona; http://confettimariopelino.com; So geschl.

05 NESTORE BOSCO

Für ein intensives önologisches Erlebnis lohnt sich ein Besuch in der Nestore Bosco, einer der ältesten Winzereien in den Abruzzen. Gegründet wurde diese im Jahr 1897 von Giovanni Bosco in Pescara; inzwischen wird sie in der fünften Generation von derselben Familie betrieben. 1983 zog das Unternehmen landeinwärts in das Dorf Nocciano in den Ausläufern der Majella-Berge, wo ein kühleres Mikroklima konzentriertere Weine hervorbringt. Führungen umfassen den Weingarten, die in Tunneln angelegten Weinkeller, ein kleines Museum und die obligatorischen Verkostungen.

„Dank dem Museumspfad in den unterirdischen Tunneln unserer Winzerei bedeutet ein Besuch im Nestore Bosco auch ein Eintauchen in die Geschichte der Abruzzen",

05 Manuelle Nudelherstellung: Das Gerät, durch das der Nudelteig gepresst wird, ähnelt den Saiten einer Gitarre – daher auch der Name *Pasta alla Chitarra* (Nudeln nach Art der Gitarren)

06 Ein *Trabucco*-Fischrestaurant

07 Traditionelles Haus in Santo Stefano di Sessanio

meint die Leiterin der Kundenbetreuung von Nestore Bosco, Giovanna Colecchia. Am Ende der Führung dürfen die Teilnehmenden den berühmten rubinroten Montepulciano von Nestore Bosco kosten, der einen leicht vanillig-beerigen Geschmack hat, und auch ein paar hochwertige, abgelagerte Riservas mit eher würzigen und pfeffrigen Noten. „Ein ganz besonderer Wein ist der PAN Montepulciano d'Abruzzo, dessen Etikett ein Kunstwerk des Meisters Pietro Cascella ist", preist Colecchia diesen Tropfen. *Contrada Casali 147, Nocciano; www.nestorebosco.com/en*

06 LA CUCINERIA

Als Hafen- und Küstenstadt ist Pescara vor allem für guten Fisch bekannt, hier gibt es aber auch die typisch abruzzische, im Querschnitt quadratische *Pasta alla Chitarra.* Vielfältige Variationen davon kredenzt La Cucineria – ein modernes Ristorante in Pescaras verkehrsberuhigtem Stadtzentrum. So gibt es hier *Chitarrone* in einer Carbonara mit Trüffeln, *Chitarrina* in einer cremigen Zucchinisauce mit Pinienkernen und *Chitarra alla teramana con le pallottine* – dicke Spaghetti in einer pikanten, für die Provinz Teramo typischen Tomatensauce, garniert mit kleinen Fleischbällchen; ein abruzzischer Klassiker und immer eine gute Wahl. *Via Clemente de Cesaris 26, Pescara; www.lacucineriapescara.it*

07 TRABUCCO TRIMALCIONE

Auf halber Stracke an der Costa dei Trabocchi liegt direkt oberhalb von Vasto dieses Restaurant in einer der traditionellen hölzernen Fischfanghütten, nach denen dieser Küstenabschnitt benannt ist und die in Anspielung auf das Äußere dieser Pfahlbauten im Deutschen „Fischgalgen" genannt werden. Es ist ein kleines, authentisches Familienrestaurant mit nur drei Tischen – also solltest du unbedingt vorher reservieren. Das Essen ist so fabelhaft wie die Sonnenuntergänge, die man hier inmitten eines goldenen Strandabschnitts bei Punta Penna mit Blick auf die Adria gut beobachten kann. Es gibt keine gedruckte Speisekarte. Stattdessen bekommst du das, was eben am jeweiligen Tag im Angebot ist. In der Regel gibt es zuerst einen Prosecco, dann eine Fischsuppe *(Brodetto)*, gefolgt von gebackenem Fisch und abschließend einem Dessert. *Porto di Punta Penna, Vasto; www.traboccotrimalcione.it; Mo geschl.*

SONST NOCH WICHTIG

SCHLAFEN

LA FATTORIA DI MORGANA

Rustikal, traditionell und bodenständig nach bester abruzzischer Manier ist die Fattoria di Morgana – ein kleiner Bauernhof unterhalb des schönen Dorfes Opi im Parco nazionale d'Abruzzo, Lazio e Molise. Umgeben von Bergen und Buchenwäldern teilst du dir die Unterkunft mit freilaufenden Enten, Ziegen, Schweinen, Pferden und Abruzzen-Schäferhunden. Ein besonderes Highlight dieses Agriturismo-Betriebs? Die hausgemachten Mahlzeiten! *www.facebook.com/lafattoriadimorgana*

SEXTANTIO

Willkommen in diesem bezaubernden Hotel, dessen 28 unterschiedlich gestaltete Zimmer und Suiten über das gesamte kleine Dorf Santo Stefano di Sessanio verteilt sind, weshalb es sich auch *Albergo diffuso* (verstreute Herberge) nennt. Als Gast erwarten dich handgefertigte Bettwäsche und rustikale Möbel, Fußbodenheizung, eine stimmungsvolle Beleuchtung und freistehende Badewannen. Für das leibliche Wohl sorgt die Locanda Sotto Gli Archi: Hier werden in einem Speiseraum aus dem 16. Jahrhundert mit zentralem Kamin regionale Spezialitäten (auch Linsen) nach Originalrezepten zubereitet. *www.sextantio.it/en/santostefano/abruzzo*

AKTIVITÄTEN

SENTIERO DELLA LIBERTÀ

Wandern mit historischen Einblicken verbindet dieser legendäre Freiheitspfad – ein vormals von alliierten Kriegsgefangenen und italienischen Freiheitskämpfern während des Zweiten Weltkrieges zur Flucht aus dem von Nazis besetzten Sulmona genutzter und deshalb heute so genannter, rund 60 Kilometer langer Wanderweg. Dieser startet direkt vor Sulmona und windet sich anschließend im Zickzack durch die Berge des Parco nazionale della Majella. *www.parcomajella.it/Sentieri-nel-Parco.htm*

EVENTS

GIOSTRA CAVALLERESCA DI SULMONA

Sulmona ist nicht nur der Geburtsort des lateinischen Dichters Ovid, sondern auch der Schauplatz eines Ritterspektakels, das alljährlich am letzten Juliwochenende Tausende Besucher:innen in die Stadt zieht. Denn dann verwandelt sich die Piazza Garibaldi in eine mittelalterliche Arena und wird zur Bühne dieses Ritterturniers. *www.giostrasulmona.it*

07

ANREISE
Der Flughafen Guglielmo Marconi von Bologna ist mit Flügen nach ganz Europa gut vernetzt, der Bahnhof von Bologna wird von Italiens Hochgeschwindigkeitszügen angefahren. Von Bologna aus erschließt man sich die Region am besten mit einem (Miet-)Auto.

[Italien]

SCHLEMMEN IN BOLOGNA & UMGEBUNG

Mit ihren bis ins Mittelalter zurückreichenden gastronomischen Traditionen und vielen kulinarischen Klassikern ist die Emilia-Romagna die Wiege der italienischen Küche.

In Bologna sind Intellektualismus, Erfindungsgeist, Kunst und fortschrittliches Denken schon seit Jahrhunderten verankert. Als Standort der ältesten ununterbrochen aktiven Universität der Welt ist es kein Zufall, dass diese mittelalterliche Wissensstätte Zentrum einer der reichsten Landwirtschaftsregionen Italiens wurde. Die Bauernhöfe in der Emilia-Romagna wenden weltweit maßgebende Innovationen und Methoden zur Qualitätskontrolle an. So war dies die erste Region Italiens, die besondere Regelungen zur Produktion qualitätsüberwachter Lebensmittel und Gesetze über die Rückverfolgbarkeit von Lebensmitteln verabschiedete.

In der Emilia-Romagna gibt es viele mit dem Siegel DOP (Denominazione d'Origine Protetta) oder IGP (Indicazione Geografica Protetta) ausgewiesene Produkte. Ersteres ist eine geschützte Herkunftsbezeichnung, das zweite bezeichnet eine geschützte geografische Angabe (dafür reicht es, wenn mindestens eine Herstellungsstufe in einem bestimmten Herkunftsland stattfindet).

Der kulinarische Ruhm der Region basiert auf einigen der bekanntesten kulinarischen Klassiker: fleischbasierte Saucen, eierbasierte Pasta (Tagliatelle, Lasagne, Garganelli), gefüllte Pasta (Tortellini, Tortelloni), reichhaltige Schweineprodukte (Mortadella, Schinken und Speck, Würstchen und Salami). Als Weinregion weltberühmt ist die Emilia-Romagna für die Herstellung von Lambrusco-, Sangiovese-, Pignoletto- und Albana-Trauben, auch die Balsamessigproduktion und die Käseherstellung (Parmesan) haben höchste Qualität. Kurz: Die Emilia-Romagna ist einer der besten Orte zum Essen. Nur auf die weltbekannten Spaghetti Bolognese musst du hier verzichten: Die berühmte Tomaten-Fleischsauce heißt hier Ragù alla Bolognese und wird in der Regel mit Tagliatelle serviert.

01 LE SFOGLINE

Nicht die Menge der für ein traditionelles bologneser Gericht verwendeten Produkte ist entscheidend, sondern deren Qualität. Bei Nudelgerichten gilt das natürlich zuerst für die Nudeln: möglichst frisch sollen sie sein und im Idealfall von Hand gemacht. Vielleicht die besten Nudeln kauft man in Bologna im Le Sfogline, einem im Jahr 1996 von Renata Zappoli übernommenen und bis heute von ihren Töchtern Daniela und Monica geführten Pastageschäft. Für ihre nach bester bologneser Tradition von Hand gefertigten Nudeln verwenden sie nur erstklassiges Weizenmehl Typ 00 und Eier von freilaufenden Hühnern. Und wer ihre köstlichen Tortellini, Tortelloni und anderen Sorten nicht nur im Laden kaufen, sondern selbst in die Geheimnisse ihrer Fertigung eingeweiht werden möchte, der kann sich im Juni und Juli auch für Kurse anmelden (Mo, Di, Mi nachm.).

Via Belvedere 7B, Bologna; www.lesfogline.it; So geschl.

02 ACETAIA PEDRONI

Glück braucht der Mensch: Als der Kuhhirte Giuseppe Pedroni 1862 im Lotto spielte, konnte er sich vom Gewinn zwei Gutshöfe und drei Häuser kaufen. In einem der Häuser, das bis Ende 1400 ein Nebengebäude eines Benediktinerklosters gewesen war, eröffnete er eine Taverne, die Osteria di Rubbiara, in der traditionelle Gerichte der Modeneser Küche für Reisende und Saisonarbeiter serviert wurden. Außerdem hatte er eine Lizenz zum Wein- und Bierausschank – getrunken wurde meist Marsala, ein Likörwein aus Süditalien, und deutsches Bier. Doch was sollte er mit den ausrangierten Fässern machen? So kam er auf die Idee, darin Essig zu produzieren, für das man eine Batterie immer kleiner werdender Holzfässer benötigt. So entstand die Acetaia Pedroni – heute eine der ältesten Acetaien der Region, deren Balsamico-Essig von höchster Qualität ist und schon vielfach ausgezeichnet wurde: etwa beim Palio di Spilamberto, dem weltweit einzigen Wettbewerb für traditionellen Balsamico-Essig aus Modena DOP.

Seit dem Jahr 1997 leitet nun Giuseppe Pedroni III., Besitzer in der sechsten Generation, die Acetaia Pedroni: „Am besten probiert man Balsamico, indem man ihn dem zugibt, was man gerade da hat", sagt er. „Um eine Flasche mit 25 Jahre lang gereiftem Balsamico

01 Die Ernte aus der Emilia-Romagna wird auf den Märkten Bolognas verkauft

02 In der Altstadt von Bologna

03 Gefüllte Tortellini sind eine regionale Spezialität

04 Der berühmte Parmaschinken in einem Schaufenster

05 Die Emilia-Romagna ist das Kernland der Parmesanherstellung

zu öffnen, braucht es keine besondere Vorbereitung oder ein Fünfsternerezept. Balsamico ist so vielseitig, dass er zu allem passt."

Die rustikal-gemütliche Osteria gibt es ebenfalls noch. Neben traditionellen modeneser Gerichten serviert man dir hier auch ein Degustationsmenü. Natürlich mit: Aceto Balsamico.

Via Risaia 6, Rubbiara di Nonantola; www.acetaiapedroni.it/en; Di geschl.

03 FRATELLI GALLONI

Dass Parma als erste italienische Stadt für die Sparte „Gastronomie" in das Unesco-Netzwerk Creative Cities (Kreative Städte) aufgenommen wurde, hat viel damit zu tun, dass es hier und in der umliegenden Region die meisten typischen, durch Qualitätssiegel geschützten kulinarischen Produkte Italiens gibt. Eines der bekanntesten ist neben dem Parmigiano-Reggiano (Parmesan) der Parmaschinken. Mit welcher Leidenschaft dieser naturbelassen luftgetrocknete, mild-würzig schmeckende Rohschinken hergestellt wird, davon kannst du dich (nach vorheriger Anmeldung) beim Schinkenhersteller Galloni in Langhirano, 21 km südlich von Parma, überzeugen. Bei einem Ausflug dorthin lässt sich der Einblick in sonst nicht zugängliche Einrichtungen der Schinkenherstellung mit dem Genuss besten Prosciuttos und der Fahrt durch wunderschöne Landschaftspanoramen verbinden.

Via Roma 85, Langhirano; www.galloniprosciutto.it; Sa & So geschl.

04 TRATTORIA DA AMERIGO

Rund 30 km westlich von Bologna findet man in dem Dorf Savigno die mit einem Michelinstern ausgezeichnete Trattoria da Amerigo: „Unser Tal ist besonders reich an guten, gesunden Zutaten, die in nur wenigen Kilometern das Beste vereinen, was die ganze Region zu bieten hat – in einer Umgebung, in der Bauernhöfe und Felder sich mit unerwarteten Gebäuden und historischen Stätten abwechseln", sagt der Besitzer Alberto Bettini. Seine Großeltern eröffneten das Restaurant 1934 als Taverne zum Weintrinken und Kartenspielen. Mit Giacomo Orlandi als Küchenchef konzentriert man sich auf ein einfaches Erfolgsrezept: nur das zu verwenden „was der Hof, der Hühnerstall, der Gemüsegarten, die Felder und die umliegenden Wälder zu bieten haben".

Via Guglielmo Marconi 14/16, Savigno; www.amerigo1934.com; Mo & Di geschl.

05

06 Die perfekten Nudeln für das Ragù alla Bolognese sind nicht Spaghetti, sondern Tagliatelle

07 Der „Weg der Götter" schlängelt sich von Bologna nach Florenz

05 TERRA DI BRISIGHELLA

Bereits im Jahr 1962 wurde in Brisighella auf Initiative von 16 lokalen Landwirten eine landwirtschaftliche Kooperative eingerichtet, mit dem Ziel, die lokale Olivenproduktion aufzuwerten und zu fördern. Mit Erfolg: So war das nur in begrenzten Mengen hergestellte native Olivenöl von Brisighella, Brisighello DOP, eines der ersten italienischen Olivenöle, das diese geschützte Herkunftsbezeichnung erhielt. Eine weitere Spezialität der Region sind Artischocken. Während der Saison im April und Mai gibt es sie in der ganzen Stadt mit frischer Pasta angerichtet. Den Rest des Jahres über verkauft man sie hier neben Wein, Essig und anderen Köstlichkeiten als in Öl eingelegte Delikatesse.
Via Strada 2, Brisighella; www.terradibrisighella.it

06 LELLA AL MARE

Entlang der Küste der Emilia-Romagna gibt es an markanten grün-weißen Ständen *Piadina* – ein in der Pfanne mit Speck oder Olivenöl gebackenes Fladenbrot, das mit allen möglichen Kombinationen von Käse, Aufschnitt und Gemüse gefüllt wird. Für viele ist das der beste Strandsnack an der Riviera Romagnola. Aber noch viel besser als an den Ständen wird er im Lella Al Mare in Rimini serviert. Die Speisekarte des Restaurants strotzt nur so vor verführerisch veredelten Variationen des Snacks. Wer sich nicht entscheiden kann oder mag, sollte der Empfehlung der Besitzerin des Lella Al Mare folgen, Marina Nanni: Ihr Favorit kombiniert Schinken und Käse mit karamellisiertem Feigen. „Die süße Zitrusnote der Feigenschalen kreiert einen schönen Kontrast im Piadina – und dieser Kontrast ist etwas typisch Einheimisches", erklärt sie.
Piazzale John Fitzgerald Kennedy 2, Rimini; www.dallalella.it

07 TRATTORIA BERTOZZI

Es ist naheliegend, unsere kulinarische Reise durch die Emilia-Romagna in Bologna zu beschließen: In dieser Stadt, in der du offenbar kein Tortellino blind werfen kannst, ohne ein fantastisches Restaurant zu treffen, schafft es das Bertozzi, sich trotzdem abzuheben. Das liegt an der Atmosphäre – an Spieltagen des FC Bologna wird die Trattoria zur Superfanhochburg – und am guten Essen. Etwa das klassische Lasagnerezept der Stadt: Kleckse von reichhaltigem Ragù und cremiger Béchamelsauce zwischen Lagen von Eierpasta. Kein Schinken, kein Ricotta, kein Mozzarella – kein Schnickschnack! Oder das Ragù alla Bolognese – vielleicht das beste der Stadt? Aber auch die übrigen Rezepte wie Fleischbällchen mit Erbsen oder die Pasta mit Zucchini, Pancetta und Safran des Küchenchefs und Miteigentümers Alessandro Gozzi sind eine Wucht. Vorab reservieren!
Via Andrea Costa 84, Bologna; www.trattoriabertozzibologna.it; So geschl.

SONST NOCH WICHTIG

SCHLAFEN

CASA MARIA LUIGIA

Im Jahr 2019 verwandelten der gefeierte italienische Chefkoch Massimo Bottura und seine US-amerikanische Ehefrau Lara Gilmore diese Landvilla kurz vor Modena in ein B&B mit Fokus auf Essen und Kunst. Eine Übernachtung hier sichert einem auch einen Tisch in der Osteria Francescana, Botturas Dreisterneausflugsrestaurant in Modena.
www.casamarialuigia.com

06

AKTIVITÄTEN

DER WEG DER GÖTTER

Die antike, 130 km lange Via degli Dei, die Bologna und Florenz verbindet, wurde einst von Etruskern und Römern genutzt, war jedoch bis 1979 weitgehend in Vergessenheit geraten. Seinen Namen verdankt der heute als Fernwanderweg zu Fuß oder mit dem Fahrrad durch den toskanisch-emilianischen Apennin führende Fernwanderweg den Bergen über die er führt, darunter der Monte Venere (Venusberg), der Monte Giunone (Junoberg) und der Monte Luario, dessen Namen sich auf die Mondgöttin bezieht. Unterwegs kommst du an spektakulären Landschaftsszenerien vorbei. Und nicht zuletzt laden auch hier viele traditionelle Osterias und Trattorien zur Einkehr ein.
https://en.viadeglidei.it

EVENTS

FESTIVAL DEL TORTELLINO

In Bologna werden Tortellini traditonell vor allem in zwei Varianten serviert: *in brodo* (in Fleischbrühe) oder mit Parmesancreme *(fonduta di parmigiano)*. Wie kreativ und schmackhaft weitere Varianten sein können, zelebriert dieses Festival im Oktober.
www.facebook.com/tourtlen.org

FESTIVAL DEL PROSCUITTO DI PARMA

An zwei Tagen im September feiert Parma seinen berühmten Prosciutto mit gastronomischen und kulturellen Veranstaltungen.
www.festivaldelprosciuttodiparma.com

SAGRA DEL CARCIOFO MORETTO

Keine Geringere als Marilyn Monroe wurde 1949 im kalifornischen Castroville zur „Königin der Artischocke" gewählt. Da gibt es nämlich auch ein Artischoken-Festival. Aber bei diesem Festival hier in Brisighella Mitte Mai ist die Artischoke selbst die Königin ...

ANREISE
Hochgeschwindigkeitszüge verbinden Neapel mit anderen großen Städten Italiens, Direktflüge steuern Ziele in Italien und Europa an. In der Stadt selbst gibt es Linienbusse, Seilbahnen und U-Bahnen. Neapel ist aber auch gut zu Fuß zu erkunden.

[Italien]

EIN KULINARISCHER TANZ UM DEN VULKAN

Bezaubernd, gesellig und immer am Schlemmen: Neapel bringt eine – so manchen Gürtel sprengende – kulinarische Vielfalt auf den Tisch, die ihresgleichen sucht.

Vielleicht ist es ja kein Wunder, dass gerade die am Golf von Neapel, im Schatten des Ehrfurcht gebietenden Vulkanbergs Vesuv lebenden Menschen eine unersättlich scheinende Lebenslust entwickelt haben. Jedenfalls zelebrieren die Neapolitaner:innen Leidenschaft und Genuss in (fast) allen Lebenslagen – nirgends wird das deutlicher als beim Essen. Ob man sich einen einfachen Teller *Spaghetti alle vongole* (Spaghetti mit Muscheln) schmecken lässt oder ein fast schon dekadent köstliches *Casatiello napoletano* (Osterbrot mit neapolitanischer Salami, Pancetta, Pecorino und Provolone): Die *Cucina tipico* der Stadt sorgt für wahre Geschmacksexplosionen am Gaumen. Ganz nach dem pompejischen Motto: „Das Leben ist kurz – koste es aus!"

Neapel ist die *Città metropolitane* im fruchtbaren Kampanien, das u. a. für seine süßen San-Marzano-Tomaten, cremige Büffelmozzarella und handgeschöpfte Pasta aus Gragnano bekannt ist. Ein typisches Gericht der Region heißt *Spaghetti alla puttanesca* („Spaghetti nach Hurenart" mit Tomaten, Oliven, Sardellen und Chili). Ebenso unverwechselbar neapolitanisch: die weltberühmte *Pizza Margherita* in den italienischen Nationalfarben grün (Basilikum), weiß (Mozzarella) und rot (Tomaten) – auch „die Pizza der Königin" genannt, weil sie der Legende nach der Gattin von König Umberto I. im Jahr 1899 besonders gut gemundet haben soll.

Unübersehbar im Bild der Stadt sind zudem die vielen Streetfoodläden, in denen die *Pizza fritta napoletana* nicht fehlen darf – frittiert statt gebacken und gern als *Calzone* (gefüllte Pizzatasche) serviert.

Einige der raffiniertesten Spezialitäten der neapolitanischen Küche gehen aber auch auf französische Köchinnen und Köche zurück, die in den hiesigen Hofküchen arbeiteten: *Sartù di riso* etwa – mit Salsiccia, Ragù und weiteren Zutaten gefüllter Reiskuchen.

01 PINTAURO

Als diese nach Zimt duftende Konditorei noch in der Via Toledo 275 zu finden war, war sie so legendär, dass ihr Name sogar in einer neapolitanischen Redewendung vorkam, die man öfter als Stoßseufzer in einer Warteschlange hören konnte: *Tène folla Pintauro!* (Ein Andrang wie beim Pintauro!) Ebenso berühmt wie beliebt war die Konditorei dafür, dass ihr Namensgeber, Pasquale Pintauro, hier im 19. Jahrhundert die ersten *Sfogliatelle napoletana* vorgestellt haben soll, kegelförmige Blätterteigtaschen mit einer gezuckerten Füllung aus Ricotta, Grieß und Zitrusfrüchtearoma. Neben der originalen Variante mit den typischen Blätterteigstreifen, für die Pintauro ein ursprünglich von einer Nonne im Kloster Santa Rosa an der Amalfiküste kreiertes Rezept abgewandelt hatte, gibt es auch noch eine einfacher herzustellende aus Mürbeteig. Beide sind heute in Neapal fast überall zu haben – a uch im Pintauro (allerdings unter neuer Leitung an einer anderen Adresse).

Via Ferrante Imparato 25 /27, Neapel, www.pintauro.eu; So geschl.

02 GRAN CAFFÈ GAMBRINUS

Sobald du einen neapolitanischen Espresso probiert hast, wirst du verstehen, warum Einheimische den Kaffee im übrigen Italien abfällig als *Acqua sporca* (schmutziges Wasser) bezeichnen: Der dichte, kräftige neapolitanische *Caffè* spielt wirklich in einer eigenen Liga.

Eine der auch atmosphärisch stimmungsvollsten Adressen, um einen nach altem neapolitanischen Rezept zubereiteten Espresso zu trinken, ist das im Jahr 1860 eröffnete, noch immer im Stil der Belle Époque eingerichtete, mit Gemälden einheimischer Maler und Fresken ausgestattete Gran Caffè Gambrinus – ein berühmter Treffpunkt für Künstler und Literat:innen, Politiker und Journalist:innen.

Übrigens: Überall in Italien gilt, dass der Kaffee an der Theke im Stehen genossen deutlich günstiger ist als im Sitzen an den Tischen. Trinke zuerst das mit dem Espresso servierte Wasser, um den Gaumen zu reinigen.

Via Chiaia 1-2, Neapel; www.gran caffegambrinus.com

03 MERCATO DELLA PIGNASECCA

Der älteste Straßenmarkt der Stadt befindet sich im nördlichen Teil des Spanischen Viertels. Hier biegen

01 Das historische Stadtzentrum von Neapel zieht sich bis hinunter ans Meer

02 Gäste auf der Terrasse des Gran Caffè Gambrinus

03 *Sfogliatelle* sind ein typisch neapolitanisches Gebäck

04 Der Tagesfang auf einem Straßenmarkt in Neapel

sich die Stände unter einem überbordenden Angebot an Gemüse und Obst sowie fangfrischem Fisch. Auch einheimische Köche wie Raffaele Denis kaufen hier gerne ein.

„Beim Feinkostmarkt Ai Monti Lattari gibt es hervorragenden Käse", erzählt er.

Probiere den hauseigenen Provola und gehe dann zur Friggitoria Fiorenzano, um ein paar *Crocchè* (mit Käse gefüllte Kartoffelkroketten) zu genießen. Oder koste in der Antica Pizzeria e Trattoria al 22 eine *Parmigiana di melanzane* – Auberginenauflauf mit Parmesan und Mozzarella.
Via Pignasecca 28, Neapel

04 LA MASARDONA

Vielleicht die beste *Pizza fritta napoletana* gibt es in Enzo Piccirillos La Masardona, etwas versteckt in einer heruntergekommenen Seitenstraße südlich vom Hauptbahnhof. Die meisten Stammgäste bestellen ihre frisch auf Bestellung zubereitete Pizza *senza ricotta* (ohne Ricotta). Traditionell trinkt man dazu ein kleines Glas Likörwein (Marsala).
Via Giulio Cesare Capaccio 27, Neapel; So & Aug geschl.

05 TANDEM

Zum sonntäglichen Essen mit der ganzen Familie gehört in der Stadt am Golf traditionell ein *Ragù napoletano* – eine reichhaltige Sauce, die anders als das *Ragù alla Bolognese* nicht aus Hackfleisch, sondern aus einem ganzen, viele Stunden lang geschmorten Stück Fleisch hergestellt wird. Am besten schmecken sowohl die auf einem Bruschetta, unter Pasta gerührt oder einfach so mit Brot zum Eintunken angerichtete Sauce als auch das separat servierte, in Scheiben geschnittene und manchmal auch erst am nächsten Tag mit Gemüse gegessene Fleisch natürlich bei der *Mamma*. Gleich danach kommt aber das Ragù im Tandem, das schon deshalb besonders gut sein muss, weil es hier auch von vielen Einheimischen verspeist wird, die traditionell gegenüber anderer Leute Ragù eher kritisch eingestellt sind.
Via G Paladino 51, Neapel; www.tandemnapoli.it; Reservierung empfohlen

04 IL FOCOLARE

Diese Trattoria erreicht man mit dem Tragflächenboot von Neapel zur nahegelegenen Insel Ischia, und dann weiter mit Bus oder Taxi. Der Ausflug lohnt sich, um die beste

05 Ein Feuerwerk der Farben prägt die Märkte von Neapel

06 Die mit Basilikum bestreute *Margherita* ist die origianale neapoletanische Pizza

07 San Martino, ein ehemaliges Kloster aus dem 14. Jahrhundert, ist eine Schatztruhe einheimischer Kunst

Variante einer Inselspezialität zu kosten: *Coniglio all'ischitana* – Kaninchen auf Art von Ischia –, ein mit Tomaten und Kräutern zubereitetes Schmorgericht. Geführt wird die Trattoria von der Familie d'Ambra, bekannte einheimische Slow-Food-Verfechter:innen und jene Art von Gastgebenden, die einen auch gern auf einen Limoncello und ein Schwätzchen einladen.
Via Cretajo al Crocefisso 3, Barano d'Ischia, Ischia; www.trattoriailfocolare.it; Feb & Mi Nov-Mai geschl.

07 PIZZERIA STARITA

In Vittorio De Sicas *L'Oro di Napoli* (Das Gold von Neapel), einem Episodenfilm von 1954, spielt Sophia Loren eine untreue Pizzabäckerin. Logistisch und personell unterstützt wurden die Dreharbeiten von der alteingessenen Pizzeria Starita, die bis heute stolz auf ihre Mitwirkung an dem Filmklassiker ist. Neben der *Pizza fritta* gibt es hier auch die traditionelle Holzofenpizza. Die serviert man mit verschiedenen Belägen – es spricht aber viel für die vollendete Einfachheit einer *Marinara*. Diese Variante ist noch schlichter als eine Margherita: Tomaten, Olivenöl, Knoblauch, Oregano. Meeresfrüchte gehören nicht dazu - die Pizza heißt so, weil sie zunächst wegen ihrer guten Haltbarkeit und der leichten Zubereitung an Bord besonders gern von Fischern und Seeleuten gegessen wurde.
Via Materdei 28, Neapel; www.pizzeriestarita.it; Mo geschl.

08 DA MARIANO

Auf der verschlafenen Insel Procida, eine kurze Fahrt mit dem Tragflächenboot von Neapel entfernt, findet sich dieses familienbetriebene Restaurant. Neben leckersten Fischgerichten steht oft auch eine *Torta Caprese al limone e cioccolato bianco* auf der Karte, eine Variation der berühmten Capri-Torte mit weißer Schokolade und Zitronen. Das pastellfarbene Fischerdorf Marina Corricella auf der anderen Seite der Insel sieht man in Michael Radfords Film *Il Postino* (Der Postmann) von 1994.
Piazza Marina Chiaiolella, Marina Chiaiolella, Procida

SONST NOCH WICHTIG

SCHLAFEN

ATELIER INÈS ARTS & SUITES

Ein „einzigartiges Kunst-Wohn-Erlebnis" verspricht dieses stilvoll mit skurriler Kunst und Möbeln ausgestattete Gästehaus. Gestaltet wurde es von dem neapolitanischen Künstler Annibale Oste (1942–2010) und seinem Sohn Vincenzo sowie dessen Frau Inés. Jedes der sechs Zimmer und Suiten ist unterschiedlich gestaltet. Es werden auch Workshops zu Themen wie Schmuckdesign angeboten, in denen die Gäste selbst kreativ werden können.
www.atelierinesgallery.com

MAGMA HOME

Auch in diesem einfachen, gepflegten B&B, das sich über zwei Stockwerke eines Palastes aus dem 18. Jahrhundert verteilt, wurde jedes Zimmer von lokalen Künstler:innen gestaltet, um ein individuelles Wohnerlebnis zu ermöglichen.
magma.kross.travel

AKTIVITÄTEN

CERTOSA E MUSEO DI SAN MARTINO

Das im 14. Jahrhundert entstandene Kartäuserkloster wurde mehrfach umgebaut, diente auch als Lazarett und ist heute eine Zweigstelle des Nationalmuseums (s. u.). Zu sehen sind Gemälde und Statuen aus der Zeit ab dem 15. Jahrhundert, alte Kutschen und Krippen. Die schöne Lage auf dem Vomero-Hügel, zu dem auch eine Standseilbahn hinauffährt, ermöglicht herrliche Aussichten auf die Stadt am Vesuv.
www.beniculturali.it/luogo/certosa-e-museo-di-san-martino

MUSEO ARCHEOLOGICO NAZIONALE

Das Archäologische Nationalmuseum präsentiert beeindruckende Funde aus Pompeji und Herculaneum, darunter dekorative Zyklen mit Wein, Früchten und Fisch.
https://mann-napoli.it

EVENTS

PIZZA VILLAGE

Bei diesem zehntägigen Foodfestival im Juni am Lungomare Caracciolo, Neapels Uferpromenade, dreht sich alles um das berühmteste kulinarische Exportgut der Stadt. Begleitet wird das Festival von einem attraktiven Rahmenprogramm.
www.pizzavillage.it

WINE & THE CITY

Kunst, Kultur und Genuss zelebriert man im Mai oder Juni in Neapel mit einer Vielzahl von Events – Weinverkostungen, Aperitif-Sessions, Abendessen, Ausstellungen und vielen interessanten kulturellen Veranstaltungen.
www.wineandthecity.it

ANREISE
Palermo ist per Fähre mit verschiedenen Häfen am Festland Italiens verbunden. Direktflüge fliegen größere italienische Städte und viele andere europäische Ziele an. Das Zentrum ist relativ kompakt und gut zu Fuß erschließbar.

[Italien]

EIN BISS(CH)EN PALERMO

Siziliens Hauptstadt zelebriert ihren Status als Knotenpunkt zwischen Europa und Afrika mit soukartigen Märkten, ausgefallenem Streetfood und bunten Süßigkeiten.

Palermo liegt näher an Tunis als an Rom, weshalb es gerne scherzhaft als eine der europäischsten Städte Nordafrikas bezeichnet wird. Nach seiner Eroberung durch die Sarazenen im Jahr 831 war Palermo bis 1091 die Hauptstadt des Emirats von Sizilien; ein goldenes Zeitalter, in dem die Stadt zu einem der kosmopolitischsten Zentren der muslimischen Welt wurde. Im Lauf der Jahrhunderte hinterließen hier Griechen, Karthager und Römer, aber auch Deutsche, Franzosen und Spanier ihre Spuren.

Diese kulturelle *Caponata* hat eine der einzigartigsten Küchen Italiens geprägt, eine süßsaure Fusion, die Pasta, Couscous und die frischesten einheimischen Meeresfrüchte mit Mandeln, Pistazien, Pinienkernen, Sultaninen und einer Fülle an lokal angebautem Gemüse und Zitrusfrüchten kombiniert.

Die unvergesslichsten Essenserlebnisse erwarten dich in Palermo vielleicht weniger in den Gourmettempeln als an bescheidenen, überraschenden Orten: Retro-Trattorien in Seitensträßchen, kaleidoskopische Märkte, Klosterküchen und teils mit literarischen Größen verbundene private Palazzi.

Zudem ist Palermo wie Kairo und Marrakesch eine der interessantesten Streetfood-Städte der Welt. Hier verkaufen *Friggitorie* (Verkäufer:innen von Frittiergut) an Straßenständen und verbeulten Lieferwagen ein wahres Füllhorn an sizilianischen Snacks: *Arancini* (frittierte Reisbällchen mit den verschiedensten Füllungen), *Panelle* (frittierte Kichererbsenfladen), *Sfincione* (sizilianische Focaccia) oder auch das gewöhnungsbedürftige *Pani ca meusa* (Milz-Sandwich). Dieses hat seinen Ursprung in der jüdischen Gemeinde Palermos des 15. Jahrhunderts.

Lass aber noch Platz für die arabisch inspirierten Süßigkeiten. Wofür soll man sich da entscheiden? Für *Cannoli* mit cremiger Ricottafüllung? Eine *Cassata* (Schichttorte) oder eine *Frutta martorana* (Marzipan in Form von Früchten)? Am besten: alles probieren!

01 MERCATO DI BALLARÒ

Palermos arabische Wurzeln erkennt man vielleicht am deutlichsten auf diesem bodenständigen alten Markt, der sich durch das staubige, bröckelige Albergheria-Viertel schlängelt. Verschmitzte Verkäufer:innen singen ein Loblied auf ihre frischen Inselwaren – dralle Auberginen, Paprika und Fenchel, süße Aprikosen und Grappolo-Tomaten, Oliven, silbrige Sardinen, grobe *Salsiccie* (Würstchen), sizilianischer Pecorino DOP, ausgezeichnete Pistazien aus Bronte und würzige Kapern von der windgepeitschten Insel Pantelleria.

Der gefeierte Koch und regelmäßige Marktkunde Carmelo Trentacosti weiß: „Ein echter Palermer kauft nie, ohne vorher zu probieren, also bitten Sie höflich um *un assaggino, per favore* (eine Kostprobe, bitte). Immer eine Versuchung wert sind der gekochte Oktopus *(Polpo bollito)*, die Kartoffelkroketten *(Crocchè di patate)* oder die verschiedenen, auf improvisierten Grills zubereiteten, um einen Bund aus Lauch, Petersilie, Zwiebeln und Kräutern gewickelten Lammdärme *(Stigghiole)*.

Via Ballarò; Mo–Sa 7.30–20, So 7.30–15 Uhr

02 KOCHEN MIT DER HERZOGIN

Bei diesem ungewöhnlichen Kochkurs schnippelt und rührt man nicht irgendwo – sondern genau in dem Palast, in dem Giuseppe Tomasi di Lampedusa einen Roman schrieb, *Il Gattopardo* (Der Leopard), der heute als moderner Klassiker gilt. Kursleiterin ist die Schwiegertochter des Autors, Herzogin Nicoletta Polo Lanza Tomasi, deren schalkhafter Humor so ausgeprägt ist wie ihre Leidenschaft für die Inselküche. Nach einem morgendlichen Besuch auf dem örtlichen Capo-Markt werden Biokräuter im Palastgarten gepflückt, bevor Nicoletta und ihre Schützlinge ein mehrgängiges sizilianisches Festessen zubereiten. Nach dem Mittagessen bekommen die Gäste eine private Führung durch den Palazzo aus dem 18. Jahrhundert – und einen kleinen Einblick in das handgeschriebene Originalmanuskript des auch von Luchino Visconti mit großem Aufwand verfilmten Romans.

Via Butera 28; www.butera28.it

03 FRIGGITORIA CHILUZZO

Diese im Jahr 1943 von Michele Biondo, genannt *Micheluzzo*, eröffnete und immer noch von seiner Familie betriebene *Friggitoria* (Frittierbu-

01 Palmen in Palermo – an der Schnittstelle von Europa und Afrika

02 Auf dem Mercato di Ballarò

03 Kochen mit der Herzogin

04 Das I Segreti del Chiostro ist berühmt für sein Klostergebäck

de) im geschäftigen Kalsaviertel ist ein Lieblingstreffpunkt für Einheimische, die an Plastiktischen Streetfoodklassiker wie *Pane e panelle* (frittierte Kichererbsenfladen im Sesambrötchen) verspeisen. Koste mal das *Panino allo sgombro* (Makrelensandwich mit Salat), oder folge dem lokalen Künstler und Stammgast Loredana Lo Verde, der das *Verdure in pastella* (gebackenes Gemüse) empfiehlt. Beim benachbarten Gemüsehändler bildet sich ab 18 Uhr garantiert eine Warteschlange, denn da gibt es eine besondere Spezialität: *Babbaluci* – mit Knoblauch und Petersilie in Kupfertöpfen gekochte Schnecken. Mit einem angenehmen Gefühl der Sättigung flaniert man danach durch die nahe Via dello Spasimo, in der es viel Street-Art zu sehen gibt.
Piazza della Kalsa 11; So geschl.

04 I SEGRETI DEL CHIOSTRO

Völlerei ist eine Sünde, bei der man im Monastero di Santa Caterina d'Alessandria gern mal ein Auge zudrückt. Berühmt wurde diese dominikanische Abtei aus dem 15. Jahrhundert durch ein Projekt, das sich der Aufdeckung „der Geheimnisse des Klosters" *(I segreti del chiostro)* verschrieben hat. Konkret geht es um Rezepte sizilianischer Klosterkonditoreien, die einst nur von den älteren Nonnen an die jüngeren weitergegeben wurden. Und wie sich zeigt, sind diese lange geheim gehaltenen süßen Sünden wirklich eine Verführung wert: Die tägliche Produktion ist begrenzt, also geh früh hin, um seltene Genüsse wie *Couscous dolce* (süßer Couscous mit verschiedenen Nüssen, kandierten Früchten und Schokolade) oder die himmlischen *Fedde del cancelliere* (mit Aprikosenmarmelade und Creme gefüllte Marzipanmuscheln) zu genießen. Außerdem gibt es hier womöglich die besten *Cannoli* der Stadt. Dem Ganzen wird die Krone – oder besser: das sprichwörtliche Sahnehäubchen – aufgesetzt durch die herrliche Anlage des ehemaligen Klosters mit einem majolikagefliesten Kreuzgang, wundervollen Panorama-Dachterrassen und einer Barockkirche, in der es Fresken von Filippo Randazzo zu bewundern gibt.
Piazza Bellini 1; www.isegreti delchiostro.com

05 TRATTORIA AL VECCHIO CLUB ROSANERO

In dieser gemütlichen Trattoria, versteckt in einer winzigen Seitengasse gelegen, spielen Essen und Fußball eine gleichermaßen große

Ø5 Die Kreuzgänge der Cattedrale di Monreale in Palermo

Ø6 Das Ciambra serviert kreative, moderne sizilianische Küche

Ø7 Klassische Majolika-Fliesen schmücken die Zimmer im Stanze al Genio

Rolle. *I Rosanero* (die Rosa-Schwarzen) nennt man wegen ihrer Teamfarben die Spieler des FC Palermo, deren Fotos und verschiedene Fanartikel die alten Steinwände der Trattoria schmücken. Aus der Küche kommt beste Hausmannskost *(Cucina casareccia)*, wie das so gut sonst nur die sizilianische *Nonna* (Großmutter) kocht: *Spaghetti al nero di seppia* zum Beispiel, schwarze Tintenfisch-Spaghetti, oder *Sarde a beccafico* (mit Pinienkernen und Sultaninen gefüllte Sardinen). Auch die *Caponata e pesce spada* (süßsaures Gemüse mit Schwertfisch) ist zu empfehlen.

Da die Portionen großzügig bemessen sind, nimm lieber eine *Mezza porzione* (halbe Portion) beim *Primo piatti* (ersten Gang), um Platz für einen zweiten Gang *(Secondo piatti)* und ein Dessert *(Dolce)* zu lassen.
Vicolo Caldomai 18; nur mittags geöffnet, Mo–Mi & So geschl.

06 I CUOCHINI

Trotz seiner diskreten Lage in einem Innenhof abseits der Via Ruggiero Settimo, zwischen dem Teatro Massimo und dem Teatro Politeama, ist dieser Retro-Imbiss stets gut besucht. Geboten werden Streetfoodsnacks, wobei der Begriff „Snack" hier sehr weit gefasst ist: Wer mag, kann sich mit einer kleinen Auswahl auch gleich eine günstige Mahlzeit zusammenstellen. Probiere die köstlichen *Arancinette* (gefüllte Reisbällchen), die buttrigen *Timballetti* (auflaufartige Küchlein) oder die *Panzerotti* (frittierte Teigtaschen, die zum Beispiel mit Ricotta und Minze gefüllt sein können).

Das I Cuochini ist schon seit dem Jahr 1826 in Betrieb – ältester Verkaufsschlager sind *Pasticcino*, ein süßes rundes Mürbegebäck, gefüllt mit Hackfleisch, Tomaten und Kräutern.
Via Ruggiero Settimo 68; www.icuochini.com; So geschl.

07 CIAMBRA

Monreal – vom Stadtzentrum Palermos in etwa 30 Minuten mit dem Bus zu erreichen – ist für seine als Unesco-Welterbe gelistete Kathedrale berühmt. Foodies schätzen den Ort aber auch wegen dieses edlen Fischrestaurants, in dem Kreativität in der kulinarischen Innovation und die hohe Wertschätzung einheimischer Produkte eine besonders geglückte Verbindung eingehen. Auf den Tisch kommen so moderne Kreationen wie ein süßes Tartar aus roten Garnelen mit Erdbeeren und Stracciatellakäse, oder Fettuccine garniert mit Makrelen-Ragù und gerösteten Mandeln. Ein köstlicher Ausklang sind die *Croccante di mandorle* – Krokanttafeln mit Ricotta und Pistazien-Mousse. Im Sommer reservierst du am besten einen Tisch für draußen.
Via d'Acquisto 18, Monreale; www.ciambrarestaurant.it; Mi geschl.

SCHLAFEN

BUTERA 28

Neben dem Kochkurs „Kochen mit der Herzogin" (s. S. 182) gibt es im Palazzo Lanza Tomasi auch eine Auswahl geschmackvoll eingerichteter Apartments mit eigener Küche zu mieten – perfekt, um sich seine eigenen sizilianischen Riesenmahlzeiten zu kochen. Die meisten Apartments bieten Platz für eine vier- oder mehrköpfige Familie, in Nr. 9 steht sogar ein Flügel.
www.butera28.it

STANZE AL GENIO

Im zweiten Stock des Palazzo Torre Pirajno aus dem 16. Jahrhundert, über einem Museum für Majolika-Fliesen, bietet dieses stimmungsvolle, LGBTQIA+-freundliche B&B vier großzügige, mit hohen Decken ausgestattete und antikem Mobiliar eingerichtete Zimmer sowie mehrere Gemeinschaftsräume.
www.stanzealgeniobnb.it

AKTIVITÄTEN

PALAZZO DEI NORMANNI

Im Normannenpalast, auch „Palazzo Reale" genannt, der zum Welterbe der Unesco gehört, findet man die Cappella Palatina – für viele die schönste Hofkapelle der Welt. Errichtet wurde diese in der ersten Hälfte des 12. Jahrhunderts für den König Roger II. im normannisch-arabisch-byzantinischen Stl. Besonders schön ist das Mosaik in der Kuppel.
www.federicosecondo.org

CATTEDRALE DI MONREALE

Eine Vision der Jungfrau (und womöglich sein Ego) trieb den ehrgeizigen Enkel Rogers II., König Wilhelm II. von Sizilien dazu, die Kathedrale Santa Maria Nuova in Monreale in Auftrag zu geben. Sie wurde in den Jahren 1172 bis 1176 errichtet und gehört ebenfalls zum Welterbe der Unesco. In ihrem Inneren erwartet die Besuchenden eine überwältigend schön funkelnde Mosaikpracht mit biblischen Szenen.
www.monrealeduomo.it

EVENTS

FESTINO DI SANTA ROSALIA

Am Abend des 14. Juli werden in einer Prozession die Überreste der Schutzpatronin Palermos, die die Pest vertrieb, in einem großen Wagen von der Cattedrale di Palermo bis ans Meeresufer gebracht. Feuerwerk erleuchtet den Himmel, an Straßenständen holt man sich gegrillten Fisch oder gekochte Schnecken …

ANREISE
Turin ist durch Hochgeschwindigkeitszüge mit Europa und anderen großen italienischen Städten verbunden; am Flughafen Caselle gibt es auch einige internationale Flüge.

[Italien]

IN DER HEIMAT DES SLOW FOODS

Turin und das Piemont sind eine perfekte Kombination aus Stadt und Land – auch in kulinarischer Hinsicht. Slow Food steht hier besonders hoch im Kurs.

Das Piemont liegt „am Fuß der Berge" (daher der sich vom lat. *ad pedem montium* ableitende Name). Diese größte Region des italienischen Festlands grenzt im Norden an die Schweiz, im Westen an Frankreich und unterscheidet sich von beiden Nachbarn nicht nur durch die Sprache, sondern auch durch eine leidenschaftlich eigenständig gebliebene Kultur und Kulinarik.

Turin, die Hauptstadt der Region, symbolisiert diese Eigenständigkeit auf erfrischend originelle Weise. Einst die erste Hauptstadt des vereinten Italien, offizielle Residenz des Königshauses Savoyen und nach dem Krieg das industrielle Zentrum des modernen Italiens, hat sich die Stadt immer wieder neu erfunden – nicht zuletzt als (so von der Unesco bezeichnete) „Kreativstadt für Design". Und Turin ist nicht die einzige Stadt mit einer solchen Auszeichnung im Piemont: Alba wurde zur „Kreativstadt für Gastronomie" gekürt, Biella zur „Kreativstadt für Handwerk und Volkskunst".

Es ist auch sicher kein Zufall, dass die Slow-Food-Bewegung ihre Basis in Piemont hat: Diese Gegend scheint für „die Entdeckung der Langsamkeit" wie gemacht zu sein. Das gilt auch für das Reisen: Übernachte in rustikalen Agriturismo-Unterkünften oder in gemütlichen Winzerei-B&Bs, um abends die neuesten Jahrgänge zu verkosten. Erkunde mit dem Auto oder Fahrrad die bildschönen, von Reben bedeckten Hügel und kehre in einer traditionellen Osteria ein, um in der einfachen, aber köstlichen Küche der Region zu schwelgen. Oder leiste dir ein Gourmetrestaurant, in dem delikate handgemachte Pasta mit aromatischen weißen Trüffeln bestreut wird, begleitet entweder von einer erschwinglichen Flasche Dolcetto oder einem unvergesslichen Barolo-Jahrgang.

Das Hinterland von Piemont ist ideal zur Erkundung von Küche und Keller, mit einigen gut als Ausgangspunkt geeigneten historischen Städten wie Alba und Bra, Gründungsstadt der Slow-Food-Bewegung.

01 Auf den terrassierten Hügeln bei Alba wird Wein angebuat

02 Im Turiner Restaurant Consorzio schätzt man auch Innereien

03 Lokale Erzeugnisse auf dem Mercato di Porta Palazzoo

04 Das Museo Lavazza präsentiert hundert Jahre regionaler Kaffeegeschichte

05 La Drogheria serviert sorgfältig zubereitete Cocktails in einem stimmungsvollen Ambiente

02

03

01 MERCATO DI PORTA PALAZZO

Mit etwa 800 Ständen, die die gesamte Piazza della Repubblica einnehmen, ist dies der flächenmäßig größte Markt Europas – und akute Reizüberflutung garantiert, sobald man einen Fuß auf den vor Menschen wimmelnden Platz setzt. Lautstarke Turiner Fischverkäufer wetteifern mit nordafrikanischen Obst- und Gemüsehändlern, die im Piemonter Dialekt scherzen, während sie „das absolut günstigste Obst und Gemüse der Saison" verkaufen: duftenden Fenchel und Artischocken, lila Broccoli und blutrote Orangen.

Der alte überdachte Markt, *Antica Tettoia dell'Orologio*, ist die richtige Adresse, um regionale Käse- und Salamivarianten zu entdecken. Gehe durch den Hinterausgang hinaus und stoße auf einen Geheimtipp – den offenen Bauernmarkt, auf dem es Urgemüse und seltene Kräuter direkt von den Feldern der *Contadini* (Bauern) zu kaufen gibt. Im Herbst kommen dann noch frisch gesammelte Pilze und weiße Trüffeln hinzu.
Piazza della Repubblica, Turin; https://scopriportapalazzo.com; So geschl.

02 RISTORANTE CONSORZIO

Die traditionelle Küche Piemonts ist im Wesentlichen eine *Cucina povera* (eine Küche der Armen). Typisch dafür sind Gerichte, die das häufig unterschätzte *Quinto quarto* (das „fünfte Viertel", sprich: die Innereien) verwenden. Für diese Tradition steht auch Ristorante Consorzio: Leber, Nieren und Zunge stehen hier genauso auf der Speisekarte wie Pasta mit Lamminnereien oder Herz-Ragù, geröstetem Bries und Rindermark, mutig kombiniert mit cremefarbenem Kabeljau, Mangold und einer herben Anchovis-Petersiliensauce. Eine besondere Delikatesse sind die *Ravioli di finanziera* – gefüllt mit exotischen, aber köstlich schmeckenden Innereien. Das Sagen in der Küche hat die innovative Chefköchin Valentina Chiaramonte, die auch unkonventionelle vegetarische Gerichte aus saisonalem Urgemüse zu kreieren weiß. Dazu gehört etwa die *Cardo gobbo* (Krumme Karde), eine Artischockenart, bei der die Stiele im Piemont traditionell in Panade frittiert und gern auch zum Eintauchen in verschiedene Dipps verwendet werden.
Via Monte di Pietà 23, Turin; https://ristoranteconsorzio.it; So & Mo mittags geschl.

04

05

03 MUSEO LAVAZZA

Lavazza ist eine vor allem für Espresso-Kaffee bekannte, weltweit exportierende Marke, die im Jahr 1895 in Turin gegründet wurde und sich bis heute in vierter Generation im Besitz der Familie befindet. Luigi Lavazza, der Firmengründer, röstete den Kaffee noch selbst und verkaufte ihn in einem kleinen Einzelhandelsgeschäft. Sein Enkel Emilio baute dieses Geschäft zu einem der größten Kaffeekonzerne Italiens aus. Im April 2018 eröffnete Lavazza ein neues, futuristisch anmutendes Hauptquartier in Turin, das „Nuvolo": Zu den öffentlich zugänglichen Bereichen dieses rundum verspiegelten, gut 30 000 Quadratmeter großen Gebäudekomplexes gehören neben der Café-Bar im Eingangsbereich das liebevoll gestaltete Museo Lavazza und das Sternerestaurant Condividere, bei dessen Konzeption der spanische Starkoch Ferran Adrià, mit dem das Unternehmen seit Längerem zusammenarbeitet, deutliche Spuren hinterlassen hat. Wer mag (und sich rechtzeitig einen Platz im Restaurant reserviert hat), kann also zunächst im Café einen Espresso trinken, sich dann im Museum multimedial präsentierte Einblicke in die Firmengeschichte verschaffen und dann feinste Sterneküche goutieren. *Via Bologna 32, Turin; www.lavazza.com/en/lavazza-museum.html; Mo & Di geschl.*

04 LA DROGHERIA

La Drogheria, direkt an der monumentalen Piazza Vittorio Veneto gelegen, ist nicht nur Turins hippste Bar, sondern auch eine Art Basar mit allen nur erdenklichen Zutaten und Mischutensilien für Amateur-Barmixer. Turin ist die Hauptstadt des Aperitifs, die Heimat weltberühmter Wermutweine und Magenbitter wie Martini Rosso, Campari und Carpano Antica Formula. Anders als in den opulenten Turiner Salons aus dem 19. Jahrhundert, in denen Barleute in weißen Jacken klassische Cocktails zubereiten, zaubern hier angesagte Mixolog:innen zu DJ-Musik moderne Cocktails wie zum Beispiel Wabi-Sabi aus Sake, bitterem Umami und selbstfermentiertem Schwarztee-Kombucha. Kostenlos dazu reicht man Häppchen mit Salami und Schinken, Käse, Pasta, Pizza und Salaten. *Piazza Vittorio Veneto 18/d, Turin; www.la-drogheria.it; Mo geschl.*

05 BANCA DEL VINO

Piemont steht für Slow Food, und hier, in der Gemeinde Bra an den

06 Weiße Trüffeln aus Piemont

07 Das Castello Comunale Falletti di Barolo birgt ein Weinmuseum (WIMU)

Ausläufern der Weingärten von Langhe und Roero nahm diese im Jahr 1986 von Carlo Petrini gegründete Bewegung auch ihren Anfang. Deren Ziel ist ein genussvolles, bewusstes und regionales Essen als Gegenbewegung zum uniform globalisierten Fast Food.

Etwas außerhalb von Bra wird das verschlafene Nest Pollenzo von dem monumentalen Castello di Pollenzo überschattet, das als eine der „Residenzen des Königshauses Savoyen" Teil des Unesco-Weltkulturerbes ist. Heute befindet sich in dem roten Backsteinbau die von Slow Food initiierte Gastronomische Universität, zu der auch die „Weinbank", La Banca del Vino, gehört. In deren Gewölben lagern rund 100 000 kostbare Weine von Winzereien aus ganz Italien. Man kann eine Selektion edler Tropfen verkosten und eine Führung mitmachen.
Piazza Vittorio Emanuele II 13, Pollenzo, Bra; www.bancadelvino.it; So geschl.

06 LA CROTA

Der Chefkoch Danilo Lorusso gibt hier in seinem Gourmetrestaurant kurz vor Alba Kochkurse. Dabei erfährt man einiges über tradierte Familienrezepte, lernt, die typischen *Agnolotti piemontesi* bzw. *Tortellini del plin* (benannt nach der Gestalt eines Bauchnabels), von Hand zu formen, zu falten und zu füllen sowie die piemonteser Variante der *Tagliolini – Tajarin* – in feine Stränge zu schneiden. Kursteilnehmer lernen zudem ein herzhaftes Fleisch-Ragù zuzubereiten und eine Butter-Salbei-Mischung für die Tortellini del plin. Als Antipasti gibt es je nach Saison zum Beispiel in rauchigen Schweinespeck *(Pancetta)* gewickelten Spargel, als Dessert einen köstlichen Haselnusskuchen. Lorusso organisiert auch Ausflüge und Verkostungen zu Winzereien sowie zum Trüffelsuchen im Wald.
Via Fontana 7, Roddi di Alba; https://ristorantelacrotalanghe.com/esperienze/; Mo geschl.

07 OSTERIA DA GEMMA

Diese traditionelle Osteria liegt gleich an der Einfahrt nach Roddino, einem typischen mittelalterlichen piemonteser Weindorf auf einem mit Reben bestandenen Hügel. Hier eine Mahlzeit im Da Gemma zu bestellen, bedeutet, das ultimative Erlebnis klassischer piemonteser Küche genießen zu dürfen. Gemma Boeri, die in Hochglanzmagazinen schon als „Königin der piemonteser Gastronomie" gefeiert wurde, ist definitiv eine Legende der *Cucina casalinga*, der klassischen Hausmannskost. In ihrer unprätentiös eingerichteten, mit Holztischen möblierten Osteria bekommt jeder das gleiche Menü – ein kulinarisches Fest schier nicht enden wollender Gangfolgen. Dazu gehören zum Beispiel selbstgemachtes Brot zu leckerster Salami, *Vitello tonnato* (dünn aufgeschnittene Kalbsfleischscheiben mit einer Thunfischsauce), *Carne cruda* („das Tatar der Piemontesen") und *Insalata russa* (eine hauptsächlich aus Kartoffeln und gekochtem Gemüse zubereitete, mit Mayonnaise angemachter, kalt servierter, in der Savoyer Hofküche anlässlich des Besuchs eines russischen Zaren kreiierter Salat). Und das waren jetzt nur die Antipasti – auf die selbstverständlich noch beste Pastavariationen sowie, nach einer kurzen Pause, ein reichhaltiger Rindereintopf und zuletzt ein köstliches Dessert folgen.
Via Guglielmo Marconi 6, Roddino; Facebook, Tischreservierung online https://osteriadagemma.plateform.app/welcome; Mo & Di geschl.

SONST NOCH WICHTIG

SCHLAFEN

B&B FORESTERIA DEGLI ARTISTI

In Turin gibt es großartige Privatunterkünfte, da fällt es gar nicht leicht, sich zu entscheiden. In jedem Fall eine gute Wahl ist dieses B&B von Signora Anna, die schon seit rund 20 Jahren Gäste in ihrem Apartment unter dem Dach eines historischen Palazzo empfängt. Man muss drei Stockwerke hochsteigen oder mit dem Lift hinauffahren, dann sind es noch „12 steps to Heaven" – zwölf Stufen in den wohnlichen Himmel der Privatunterkunft. Es gibt eine voll ausgestattete Küche, man kann also auf dem Markt einkaufen und sich selbst etwas kochen. *www.foresteriadegliartisti.it*

HOTEL CASTELLO DI SINIO

Dieses schöne Schloss aus dem 12. Jahrhundert wurde liebevoll restauriert ist nun ein Traum-Resort im Herzen der Weingärten von Piemont. Dort wohnt seit Langem die Amerikanerin Denise Pardini, eine Chefköchin aus San Francisco. Pardini leitet das Restaurant, gibt Kochkurse und ist eine Expertin bei der Organisation von Winzerbesuchen und Trüffeljagdexpeditionen. *www.hotelcastellodisinio.com*

AKTIVITÄTEN

WIMU

In dem festungsartigen mittelalterlichen Schloss, das die Gemeinde Barolo überragt, erstreckt sich auf vier Stockwerken ein faszinierendes Multimediamuseum zum Thema Wein. Nach dem Besuch empfiehlt sich eine Kostprobe in den Weinkellern aus dem 15. Jahrhundert. *www.wimubarolo.it*

PINACOTECA GIOVANNI E MARELLA AGNELLI

Autos werden im Fiat-Werk Lingotto in Turin schon lange keine mehr hergestellt. Stattdessen findest du hier heute ein modernes, von dem Stararchitekten Renzo Piano entworfenes Kultur- und Messezentrum, zu dem auch dieses Kunstmuseum gehört. Ebenso sehenswert wie die darin ausgestellte Kunst (18.–20. Jh.) ist das auch von Renzo Piano gestaltete Gebäude: ein silberfarbener Kubus im Oval der Rennstrecke auf dem Dach. *www.pinacoteca-agnelli.it*

EVENTS

TRÜFFELMESSE IN ALBA

Alba ist die Welthauptstadt der weißen Trüffel. Die kostbare aromatische Knolle erzielt Spitzenpreise und lockt Besucher aus aller Welt in die im Hügelland der Langhe gelegene Stadt. In der Hauptsaison der Trüffeljagd findet hier an jedem Wochenende im Oktober und November eine Trüffelmesse statt. Dazu gehört ein buntes Rahmenprogramm mit mittelalterlichen Festspielen, Konzerten, Kochshows – und natürlich Verkostungen der begehrten Knolle. *www.fieradeltartufo.org*

ANREISE
Flüge landen am Flughafen Marco Polo. Der Linienbus Nr. 5 bringt Reisende direkt in die Stadt, der Transportservice Alilaguna unterhält Fähren zu den Inseln Murano, Burano und Torcello, zum Lido und nach Cavallino-Treporti.

01

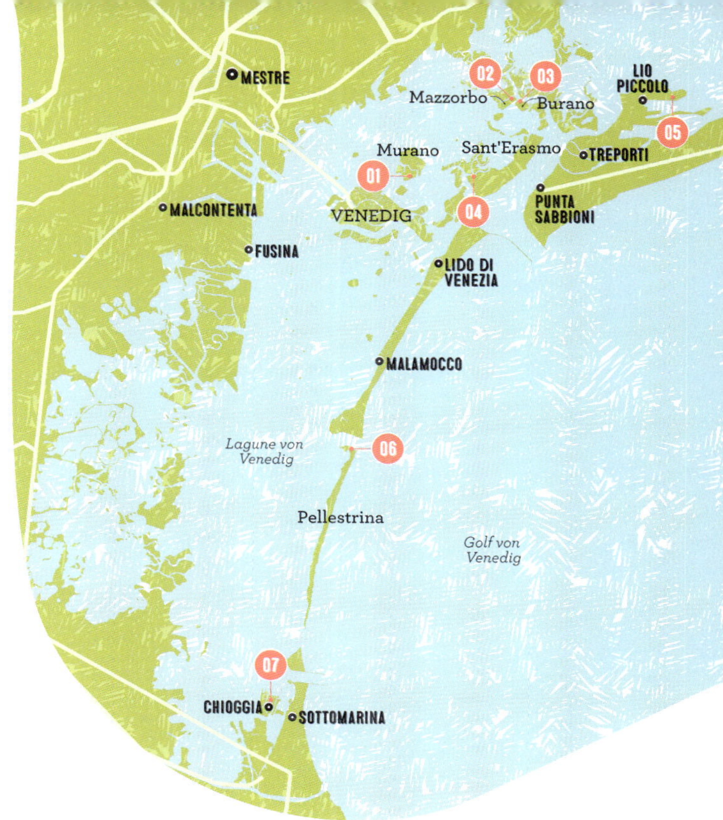

[Italien]

VOM LEBEN AN UND IN DER LAGUNE

Jenseits von Venedig finden Foodies weniger stark frequentierte Ort mit Fischerei, Landwirtschaft, Weinherstellung und romantischen Trattorien am Wasser.

In Venedig gibt es so viel zu sehen, dass man schnell vergisst, dass das auch den Beinamen *Serenissima* (kurz für den offiziellen Staatstitel *La Serenissima Repubblica di San Marco*) tragende Eiland nur eine von vielen Inseln und Inselchen in einer rund 550 Quadratkilometer großen Lagune ist – von der offenen Adria nur getrennt durch einen schmalen Lido, der von Chioggia bis Jesolo reicht. Sobald man Venedig und all die Menschenmassen, die sich hier entlang ungezählter Kanäle durch die engen Gassen drängen, hinter sich lässt, fährt man anscheinend in eine andere Welt. Im fragilen Ökosystem der Lagune mit seinen vielen Sandbänken und Salzmarschen *(Barene)* findet man auch viele seltene Tier- und Pflanzenarten. Möwen, Fischreiher, Kormorane, Seidenreiher und die rosafarbenen Flamingos breiten ihre Flügel aus – die Lagune ist voller Leben! Fischer:innen werfen riesige Netze aus, um Tintenfische zu fangen, andere Einheimische navigieren ihre schmalen Holzboote wie Gondoliere im Stehen geräuschlos durch das ruhige Wasser, als Vorbereitung auf die heiß umkämpften Insel-Regattas.

Jede Insel hat ihren eigenen Reiz: Da findet man einen versteckten Weingarten, dort werden Obst und Gemüse angebaut. Hier bietet eine Fischtrattoria dicke Garnelen und Muscheln, zappelnde Aale und stachlige Spinnenkrabben an, die eben erst frisch vom Fischkutter am Kai abgeladen wurden. Dort bereitet eine Osteria im eigenen Garten geerntete Artischocken zu, die ein Gericht mit in der Lagune gejagten Wildenten begleiten werden. Und irgendwo findet man auch immer einen Platz für ein Picknick am Strand ...

Die Lagune ist durch das öffentliche Fährsystem gut vernetzt, das bis nach Burano und Murano reicht, hinüber zum Lido und weiter nach Cavallino, Pellestrina und Chioggia ganz im Süden. An Land kommt man mit Bussen, Fahrrädern oder zu Fuß weiter, zurück nach Venedig tuckert man dann gemächlich im Vaporetto.

01 Die Laguneninsel Burano und ihre bunten Häuser

02 Das Venissa bietet seltene Lagunenspezialitäten an

03 Weinverkostung im Orto di Venezia

01 OSTERIA AI CACCIATORI

Die Fondamenta dei Vetrai ist die Haupttouristenattraktion der Glasbläserinsel. Bei all den schicken Vorführräumen könnte man leicht ein verstecktes gastronomisches Juwel übersehen, an dem die meisten Reisenden auch tatsächlich einfach vorbeigehen – nämlich diese traditionelle Osteria ai cacciatori, in der Einheimische dicht gedrängt laut über Fußball reden oder Karten spielen. Mittags kommen die Glasbläser zum Essen, also muss man schnell sein.

„Gerne serviere ich auch den Touristen unsere Tagespasta – wenn wir nicht schon ausverkauft sind", sagt Besitzer Enrico Regazzi.

Statt der Pasta kann man aber auch den guten Raboso der Osteria, eine Rotweinsorte, mit *Cicheti* probieren – den traditionellen venezianischen Snacks. Als Cicheti serviert werden zum Beispiel *Mozzarella in carrozza* (frittierter Käsetoast) mit Anchovis, *Polpette* (Hackfleischbällichen), und leckere *Tramezzini* (italienische Sandwiches) mit Radicchio und rauchigem Schinkenspeck.

Fondamenta dei Vetrai 69, Murano; So geschl.

02 VENISSA WINE RESORT

Mazzorbo ist eine der kleinsten Inseln Venedigs, eine friedliche Oase mit kaum 50 Einwohner:innen und eine gute Alternative zum Aufenthalt im stets überfüllten Venedig selbst. Gianluca Bisol war es, ein Winzer aus der nahe gelegenen Provinz Treviso, der sich hier Anfang der 2000er-Jahre auf die Suche nach Reben der autochthonen Weinsorte Dorona machte. Über Jahrhunderte hinweg auf den Inseln der Lagune angebaut, war diese schon lange selten geworden. Als es Bisol gelang, doch noch einige in verstreuten Gärten überlebende Reben ausfindig zu machen, ließ er einen Weingarten neu auspflanzen – mit Erfolg. Daraufhin wurden die umliegenden Wirtschaftsgebäude saniert, ein Gemüsegarten angelegt und fünf Zimmer des alten Landguts für einen angenehmen Aufenthalt renoviert. Den guten Tropfen gibt es nun auch in dem von Chiara Pavan und ihrem Lebensgefährten Francesco Brutto geführten, dem Weingut angeschlossenen Restaurant zu verkosten, das mit einem Michelin-Stern ausgezeichnet wurde und zu dem auch eine einfachere Osteria gehört. Eine Besonderheit des Restaurants ist, dass man hier auch invasive Arten zubereitet, also

aus der Not eine Tugend macht, in dem man etwa die ursprünglich aus dem Westatlantik stammende Blaukrabbe für ein „Canaletto" genanntes Gericht verwendet. Zu einer Art Bisque püriert sowie mit Miesmuscheln, Algen und Queller kombiniert verspricht dieses ein ganz neues Geschmackserlebnis am Gaumen ...
Fondamenta Santa Caterina 3, Mazzorbo; www.venissa.it

03 BURANO

Ein unvergessliches Erlebnis ist auf der für ihre bunt gestrichenen Häuser bekannten Insel eine Tagestour mit Luisella Romeo als Guide und dem Buraner *Pescatore* Domenico Rossi. Mit dessem Fischerboot geht es aufs Wasser hinaus, und Rossi erzählt dabei viel über das traditionelle Handwerk der Lagunenfischerei, die besonderen Netze und sonstigen Gerätschaften, die dafür benötigt werden – darunter auch jene Holzkisten, die zur Zucht der in den Restaurants äußerst geschätzten Weichschalenkrabben dienen. Nach dem Einholen des Tagesfangs bleibt dann noch Zeit für einen leckeren Kekskringel *(Bussola)* zu einem Glas Prosecco, ehe es dann wieder zurück nach Burano geht.
www.seevenice.it/en/fishermen-in-burano-and-the-venetian-lagoon/; im Voraus buchen

04 ORTO DI VENEZIA

Sant'Erasmo ist Venedigs Garten, eine ländliche Insel mit Bauernhöfen und Obsthainen, die schon seit Jahrhunderten die Märkte der Serenissima versorgt. *Orto* bedeutet Gemüsegarten, und als der französische Medienmogul Michel Thoulouze beschloss, den Beruf zu wechseln und hier seinen eigenen Tropfen anzubauen, hielt er das für den perfekten Namen des Weins, der seit 2018 sogar im Pariser Restaurant des Starkochs Alain Ducasse auf den Tisch kommt.

Nach einer Weinprobe lohnt sich ein kurzer Spaziergang durch die Gemüsebeete der Insel hinunter zum ruhigen Strand und der Trattoria Al Bacan am Wasser.
Via delle Mtte 1, Sant'Erasmo; https://ortodivenezia.com/english.html; nach Vereinbarung

05 AL NOTTURNO

Cavallino und Treporti bilden einen rund 20 Kilometer langen Küstenstreifen zwischen den Adriastränden und der Lagune von Venedig, ein noch weitgehend unberührtes Naturparadies und eine Zuflucht für

Ø4 Fischerboote befahren immer noch die Lagune

Ø5 Das Restaurant Venissa auf Mazzorbo liegt mitten in einem Lagunen-Wein-Resort

viele Vögel. Ein rund zehn Kilometer langer Fahrradweg führt über das Wasser nach Lio Piccolo, ein idyllisches Dörfchen auf einer schmalen Inselgruppe aus Salzmarsch und Gartenbaugebieten, versteckt im Sumpfgebiet. Obwohl es schon seit Römerzeiten bewohnt ist, hat es heute nur noch 20 Einwohner:innen. Hier ist Ruhe und Entspannung garantiert!

Am Ende der Straße findest du mit dem seit Generationen von der Familie Ballarin betriebenen Al Notturno ein romantisches, rustikales Restaurant, von dessen Terrasse am Ufer spektakuläre Sonnenuntergänge zu sehen sind. Auf den Tisch kommt ein Menü mit köstlich frischen Meeresfrüchten aus der Lagune, im Garten angebautem Gemüse und Prosecco aus einer nahen Winzerei.

26 Via di Lio Piccolo, Cavallino-Treporti; www.facebook.com/pages/category/Diner/Al-Notturno-1652773578305902; Di geschl.

06 AGRITURISMO LE VALLI

In Pellestrina geht man direkt von der Lido-Fähre zu dieser freundlichen Privatunterkunft. Das Agriturismo betreibt eine Fischfarm für Wolfsbarsch, Brassen, Venus- und Miesmuscheln, die auch im Restaurant serviert werden. Und von hier aus kann man das restliche Pellestrina erkunden, eine nur zwölf Kilometer lange und kaum 500 Meter breite Insel mit verlassen daliegenden Stränden und dem Naturschutzgebiet Ca'Roman.

Die meisten Einheimischen leben von der Fischerei. Berühmt für seine auf einer romantischen Lagunenterrasse servierten Meeresfrüchte ist das Inselrestaurant Da Celeste. Alternativ bietet die schlichte Trattoria Laguna zwar keinen vergleichbaren Ausblick, aber viel Atmosphäre: Hier isst die Fischergemeinschaft selbst zu Mittag – frischere *Spaghetti alle vongole* findest du kaum anderswo.

Via dei Murazzi 1d, Santa Maria del Mare, Pellestrina; https://m.facebook.com/profile.php?id=174759292582339

07 FISCHMARKT IN CHIOGGIA

Wegen seiner vielen Kanäle, den mittelalterlichen Kirchen und prunkvollen Palästen wird Chioggia – am Südende der Lagune gelegen und über eine Steinbrücke mit dem Festland verbunden – gern als Klein-Venedig bezeichnet. Hier findest du den größten Fischereihafen an der Adria und den größten Fischmarkt Italiens. Letzterer ist ein wahres Fest für alle Sinne. Eingezwängt zwischen dem Palazzo Granaio aus dem 14. Jahrhundert und dem schmalen Vena-Kanal wird an über 30 Ständen der frischeste Fang der Adria angeboten, den die Fischerinnen und Fischer schon in aller Frühe mit ihren Booten an Land gebracht haben.

Calle Doria 953, Chioggia; www. chioggiapesca.it/en/mercato-ittico-al-minuto-di-chioggia; Di–So 7–13 Uhr

SONST NOCH WICHTIG

SCHLAFEN

CAMPING CA'SAVIO

Noch weitgehend unberührte Sandstrände erstrecken sich entlang der Insel Cavallino, wo der familienbetriebene Campingplatz Ca'Savio nachhaltige Ökoinitiativen – vom Wasser- und Energiesparen bis zum Schutz der Dünen und Pflanzenwelt, fördert. Man kann auch in einem hippen silbernen Airstream oder in einem gemütlichen Chalet übernachten.
www.casavio.com

CASA BURANO

Eine Übernachtung auf Burano ist ein unvergessliches Erlebnis, da mit Einsetzen der Dämmerung wie von Zauberhand alle Tagesausflügler von der Insel verschwunden sind. Die Besitzer des Venissa haben einige Fischerhütten am Kanal restauriert und in Designer-B&Bs umgewandelt.
www.casaburano.it

AKTIVITÄTEN

TORCELLO

Die erste Besiedlung von Torcello wurde lange auf das 7. Jahrhundert datiert – aus dieser Zeit stammt auch die mit exquisiten Mosaiken verzierte Kathedrale. Inzwischen nimmt man an, dass die Insel schon im 1. Jahrhundert besiedelt wurde.

SAN MICHELE

Eine ganze Insel als Friedhof: Auf San Michele wurden viele berühmte Persönlichkeiten begragen, darunter Ezra Pound und Igor Strawinsky. Sehr sehenswert sind die elegante Chiesa San Michele und ihre Kreuzgänge aus dem 15. Jahrhundert.

EVENTS

SANT'ERASMO

Sant'Erasmo richtet zwei beliebte Feste aus. *La Festa del Carciofo Violetto* feiert an zwei Sonntagen im Mai die hier sehr geschätzten violetten Artischocken, während die *Festa del Mosto*, das Mostfest am 1. und 2. So im Okt., Gelegenheit bietet, an einem *Torbolino* zu nippen – dem leicht prickelnden, süßen Wein aus weißen Trauben, der nicht vollständig vergoren ist. Traditionell isst man dazu Röstkastanien.

ANREISE
Vom Flughafen Santorin (JTR) gibt es im Sommer täglich Flüge nach Athen und Direktflüge in europäische Städte. Mit der Fähre erreicht man Tinos in vier Stunden; zu empfehlen sind Golden Star Ferries oder Minoan Lines (ferries.gr). Im Juli und August gibt es die meisten Verbindungen, im Winter sind sie auf manchen Strecken reduziert oder ganz gestrichen.

[Griechenland]

INSELHOPPING AUF DEN KYKLADEN

Pendle zwischen dem strahlend weißen Santorin und dem ländlicher anmutenden Tinos, um Inseldelikatessen, Gastronomietempel und exquisite Weine zu entdecken.

Die Kykladen sind ein Traumziel: azurblaues Wasser, glitzernde Küsten und weiße Häuser, die sich wie Zuckerwürfel den Hang hinauf stapeln. Zudem bieten diese Inseln in der Ägäis je nach Klima, Boden und Tradition auch unverwechselbare Delikatessen. Ihre Erkundung umfasst traditionelle Tavernen, kopfsteingepflasterte Dörfer, Weingüter und hochgelobte Gastro-Tempel. Du wirst salzige Käsesorten wie den körnigen weichen Myzithra und den harten Graviera kosten. Auf Andros gibt es *Fourtalia* – ein einfaches Omelett, oft mit hausgemachten Würstchen oder Speck und Kartoffeln. Milos ist bekannt für seine Käsekuchen, den sommerlichen Wassermelonenkuchen und *Kouféto*, eine Süßspeise aus weißem Kürbis, Honig und Mandeln.

Starte deine Tour durch diesen Foodie-Mikrokosmos in Santorin (auch: Santorini), wo es eine der besten Foodszenen Griechenlands gibt und exzellenten Wein. Auf den Speisekarten der Tavernen stehen traditionelle Familiengerichte, die ausschließlich mit lokalen Zutaten zubereitet werden. Am oberen Ende der gastronomischen Skala lockt die Fusion-Küche namhafter internationaler Chefköche. Besuche etwa den Sternekoch Ettore Botrini im *Selene* oder *Botrini's*. Top-Spezialist für Meeresfrüchte ist Lefteris Lazarou im Varoulko Santorini. Getoppt werden all die kulinarischen Reize nur durch die visuelle Schönheit der Insel – vorzugweise mit Blick über einen blau leuchtenden Infinitypool hinweg auf die überwältigend schöne Caldera und die schwarzen Sandstrände zu genießen.

Noch ein Geheimtipp ist die Nachbarinsel Tinos mit ihren versteckten Buchten und schmucken Dörfern. Die Szene hier ist vergleichsweise ruhig, aber die regionale Küche zählt zur besten in ganz Griechenland.

01 Die weißen, würfelförmigen Häuser an den Hängen der Steilküste von Santorin

02 Estate Argyros, das beste Weingut Santorins

03 Das Lauda kreiert Spektakuläres aus regionalen Zutaten

01 KRINAKI

Schon die Anreise zur südlichsten Insel der Kykladen bietet einen überwältigenden Anblick. Steile Klippen ragen aus dem türkisfarbenen Meer, das eine gewaltige Caldera flutet – Santorin entstand vor Urzeiten durch eine verheerende Eruption unermesslichen Ausmaßes. Von der verbliebenen Vulkanerde profitiert nicht zuletzt Santorins traditionelle Küche, weil diese dem Gemüse ganz besondere Eigenschaften verleiht.

Nur frische einheimische Zutaten wie wildes Blattgemüse, weiße Auberginen, von Hand zerdrückte Acker- bzw. Favabohnen, Kapernblätter und wilder Spargel werden für die erstklassigen Gerichte im Kirinaki verwendet, einem ehemaligen Weinkeller aus dem 19. Jahrhundert in dem kleinen Dorf Finikia östlich von Ia (auch: Oia), dem touristischen Hotspot von Santorin, der in eine gemütliche Taverne umgewandelt wurde. Typische Gerichte, die du mal probieren solltest, sind *Skordomakarona* (hausgemachte Spaghetti mit frischen Tomaten, Knoblauch, Olivenöl und Salz), *Fava*, ein cremiges Püree aus gelben Spalterbsen und *Apochti*, eine luftgetrocknete Schweinelende, die mit Salz, Essig und sonnengetrocknetem Zimt, Pfeffer und Petersilie gewürzt wird. Genieße dazu ein einheimisches Bier oder einen Wein aus den schon seit der Antike auf Santorin angebauten Rebsorten – und den schönen Blick auf die Caldera.
Finikia; www.krinaki.gr

02 LAUDA

In der Hauptsaison von Juni bis September wird Santorin zum Tummelplatz für Wohlhabende, die sich auch die Preise der Nobelrestaurants leisten können, in denen sich raffinierte Präsentation mit exquisiten Zutaten und kreativer Kochkunst vereinen. Eines der gehobensten Nobellokale ist das bereits im Jahr 1971 als erstes Restaurant des Dorfes Ia auf einem Felsen errichtete Lauda, das sich von einer bescheidenen Taverne für Einheimische zum hochklassigen Ausflugsziel für Gourmets am Rand der Caldera gewandelt hat. Chefkoch Emmanuel Renaut wendet hier internationale Kochtechniken auf regionale Zutaten an und erzielt damit grandiose Ergebnisse.
Ia, Santorini; www.laudarestaurant.com

03 ESTATE ARGYROS

Santorin ist mit einem trockenen vulkanischen Mikroklima gesegnet,

03

in dem einige der besten Weine Griechenlands gedeihen – dank der insularen Lage weitab vom Festland blieben die Rebsorten dieses ältesten Weinbaugebietes des Landes auch von der Reblaus verschont, die die meisten europäischen Rebsorten im späten 19. Jahrhundert vernichtet hat. Für die besondere Qualität des Weins sorgt zudem ein spezieller, bodennaher (und dadurch windgeschützter) Anbau der Reben in nestähnlichen Körben *(Kouloura)*. Nachts steigt aus der Caldera Feuchtigkeit auf, die in dem aus vulkanischem Gestein, Kalk und Bimsstein bestehenden Boden gespeichert wird. In der Mitte eines der Körbchens ist die Temperatur immer ein bisschen niedriger: Dadurch und durch die Form der Reben wird die Feuchtigkeit besser gespeichert. Das ist dringend notwendig, denn da Wasser auf der Insel ein kostbares Gut ist, dürfen nur die ganz jungen Reben fünf Jahre lang gewässert werden – danach müssen sie um jeden Tropfen Wasser kämpfen. Auf diese Weise gedeihen rund 30 autochthone Rebsorten, die seit 1971 die geschützte Herkunftsbezeichnung „P.D.O Santorin" tragen dürfen. Am weitesten verbreitet ist der Assyrtiko, ein mineralischer Weißwein mit einer knackigen Säure. Süß und aromareich, aber nicht mit dem italienischen Süßwein zu verwechseln ist dagegen der Vinsanto, dessen Trauben hochreif gelesen und im warmen Klima getrocknet werden, sodass sich das Wasser reduziert und der Zucker konzentriert.

Bestens verkosten lassen sich die edlen Tropfen im Estate Argyros, der bereits im Jahr 1903 gegründeten bekanntesten Winzerei Santorins. Der Preis für eine Weinprobe in der eleganten Weinbar beinhaltet eine Winzereiführung.
Messaria-Kamari Rd, Santorini; www.estateargyros.com

04 WINZEREI GAVALAS

In der Regel findet die Weinlese auf Santorin im August statt. Bei den dazu veranstalteten Erntefesten kannst du in einigen kleinen familiengeführten Betrieben wie der Winzerei Gavalas auch noch dabei zusehen (und mitmachen), wie der Wein traditionell (barfuß) gepresst wird. Zu einer Auswahl hervorragender Weißweine (Assyrtiko, Aidani, Katsano) und angenem trockener Rotweine (Mavrotragano, Xenoloo) werden Knabbereien serviert.
Megalohori, Santorini; www.gavalaswines.gr

04 Tinos ist voller hübscher, urtümlicher Dörfer

05 Ruhige See vor Tinos

06 Wallfahrtskirche Panagia Evangelistria auf Tions

05 SANTORINI BREWING COMPANY

In dieser Inselbrauerei kann man die beliebten Donkey-Biere probieren: Yellow Donkey (hopfiges Golden Ale), Red Donkey (bernsteinfarbenes Amber Ale), Crazy Donkey (IPA), White Donkey (Weizen mit Orangenschalennote), Blue Donkey (blondes Saison) und Lazy Ass-Lagerbier. Alle sind ungefiltert, nicht pasteurisiert und sehr wohlschmeckend. Im August solltest du nach dem saisonalen Slow Donkey Ausschau halten, der in Eichenfässern vom Argyros Estate reift, in denen zuvor Dessertweine fermentiert wurden.
Messaria-Kamari Rd, Santorini; www.santorinibrewingcompany.gr; So geschl

06 TEREZA

Die Landschaft auf Tinos ist eine herrliche Mischung aus breiten Hügelterrassen, felsbedeckten Berggipfeln, urtümlichen Dörfern, schönen Stränden und faszinierender Architektur. Es gibt auch eine ausgeprägte künstlerische Tradition auf Tinos – vor allem aber ist die Insel für ihre gute Küche bekannt. Einen exzellenten Eindruck davon bekommt man im Tereza, einer einfache Taverne mitten im Dorf mit einem Minimarket und einigen Tischen vor der Tür. Die hier servierten Spezialitäten kommen frisch aus dem Ofen und werden vorzugsweise aus einheimischen Produkten hergestellt. Probiere den Ziegenbraten oder den griechischen Nudelauflauf *(Pastitsio)* – beste traditionelle Inselküche!
Myrsini, Tinos

07 O NTINOS

Diese Taverne bietet eine sonnige Terrasse mit Blick auf die weitläufige Bucht von Giannakis und beste Inselspezialitäten. Dazu gehört eine besonders umfangreiche Auswahl mediterraner Appetithäppchen *(Mezedes)* – Makrele in Öl mit Basilikum und Fenchel zum Beispiel oder Aubergine mit würzigem Käse von der Insel. Eine Fischsuppe zu Beginn und selbstgemachtes Eis am Ende vervollständigen das Mahl.
Ormos Giannaki, Tinos; www.facebook.com/ontinos.tinos; Okt-Mai geschl.

08 NISSOS CYCLADES MICROBREWERY

Auf dem Rückweg in die Hauptstadt von Tinos gönnst du dir ein frisches Bierchen in dieser Mikrobrauerei. Als eines der Pionierunternehmen in der Craft-Bier-Szene der Kykladen hat das Nissos sechs Biere entwickelt, von Lager bis Porter. Bei einer Führung werden die Braumethoden erklärt, und wer auch ein ein bisschen Appetit hat, kann den passend zu den Bieren angebotenen Aufschnitt bestellen.
Tinos-Ormou Agios Ioannis, Tinos; www.nissos.beer

SONST NOCH WICHTIG

SCHLAFEN

TINOS HABITART

Sieben im Stil traditioneller Inselhäuser errichtete Mietvillen wurden mit authentischem Mobiliar ausgestattet und mit der Kunst (Stein und Marmor) einheimischer Künstler geschmückt. Private Swimmingpools und auch sonst viele Annehmlichkeiten modernen Komforts machen kurze wie längere Aufenthalte auf Tinos zum Vergnügen. *www.tinos-habitart.gr*

AROMA SUITES

In diesem ganzjährig geöffneten Luxushotel mit Blick auf die Caldera am ruhigeren Südende von Fira, dem Hauptort von Santorin, gibt es charmanten Service und besten Wohnkomfort in drei Zimmern (zwei davon mit Meerblick) und drei direkt in den Fels gehauenen Höhlensuiten. Die Anlage liegt nur wenige Minuten vom Zentrum entfernt, in dem immer viel los ist – wieder zurück im Hotel erwartet dich dennoch eine Oase der Ruhe. *www.aromasuites.com*

AKTIVITÄTEN

SANTORINS STRÄNDE

Was wäre eine Inseltour ohne Strandaufenthalt? Auf Santorin gibt es ein breites Spektrum zu erleben, vom Schwarzen Strand *(Mesa Pigadia)* an der südlichsten Spitze über den Roten Strand *(Kokkini Paralia)* an der Südküste, der seinen Namen den ihn umgebenden roten Felsen verdankt, bis zum nicht weit davon entfernten Weißen Strand *(Aspri Paralia)*, der am einfachsten mit einem Boot erreichbar ist. Auch dieser Strand verdankt seinen Namen den ihn umgebenden Felsen.

WALLFAHRTSKIRCHE PANAGIA EVANGELISTRIA

Tinos ist die wichtigste Marien-Wallfahrtsstätte des Landes und wird oft „das griechische Lourdes" genannt. Pilger:innen strömen zur Wallfahrtsbasilika der Gottesmutter (Panagia Evangelistria), um ein hier im Jahr 1823 gefundenes, als wundertätig geltendes Marienbild zu verehren.

EVENTS

FEST MARIÄ ENTSCHLAFUNG

Am 15. August wird Hora, die Hauptstadt von Tinos, von Pilgernden und Besucher:innen des Marienfestes überlaufen.

ANREISE
Vom Thessaloniki Airport „Makedonia“ gibt es Verbindungen in viele große europäische Städte. Alternativ ist Thessaloniki mit einem der wenigen griechischen Züge aus Athen, Larissa oder sogar Kalabaka mit seinen berühmten Meteora-Klöstern zu erreichen.

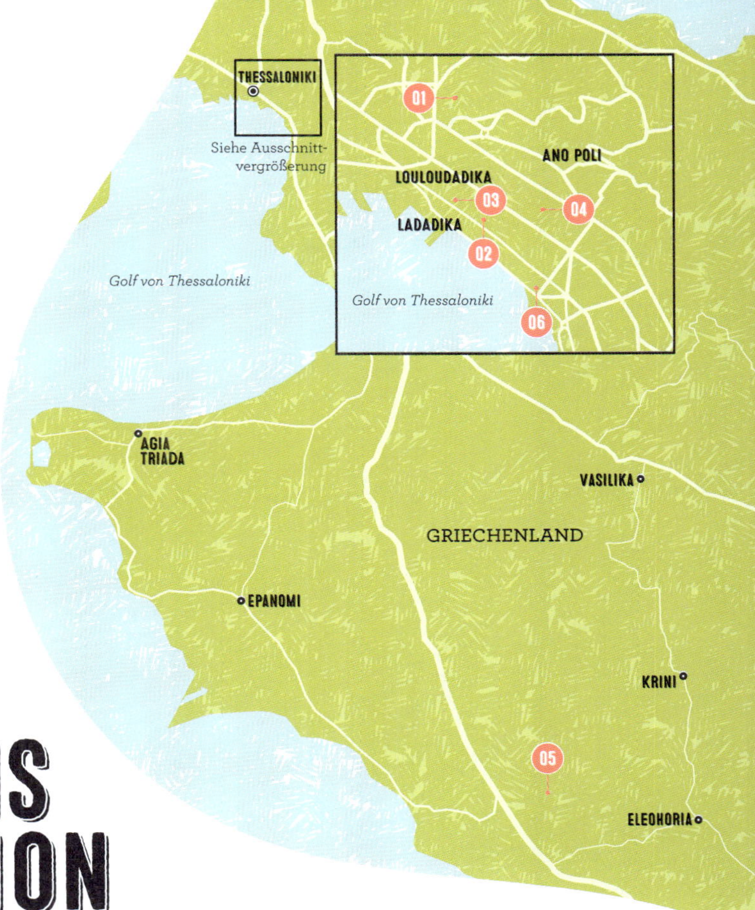

THESSALONIKI

[Griechenland]

THESSALONIKIS FOOD-EVOLUTION

Seit jeher am Schnittpunkt verschiedener Kulturen gelegen, hat sich in Thessaloniki im Lauf der Jahrhunderte eine ganz eigene kosmopolitische Küche entwickelt.

Thessaloniki, die zweitgrößte Stadt des Landes und zugleich das wirtschaftliche wie kulturelle Zentrum der gesamten Region Makedonien, hat schon viele Namen gehabt – Salonicco, Selanik, Salun, Salonicha oder Salonique –, doch in der mazedonischen Metropole zieht man die umgangssprachliche Kurzform Saloniki vor. Die vielen Namen der Stadt sind auf ihren kosmopolitischen Charakter zurückzuführen, der sich auch in der Landesküche widerspiegelt. An der Via Egnatia gelegen, welche die Adriaküste mit dem Bosporus verband, nahmen die Küchen der Stadt schon früh die Gewürze ferner Länder in ihren kulinarischen Fundus auf. Zugleich erweiterten sie ihr Repertoire beispielsweise mit dem Servieren verschiedener Vorspeisen – *Mezze* oder *Meze* – um typische Bestandteile der Esskultur im vorderasiatischen Raum. Jede Kultur, jede Religion und jedes Volk, das durchzog, hinterließ auch kulinarische Spuren. Den wahrscheinlich größten Einfluss hatte nach dem Zusammenbruch des Osmanischen Reichs (1923) die Ankunft von Hunderttausenden griechischer Flüchtlinge von der pontischen Schwarzmeerküste und aus dem ägäischen Hafen Smyrna (heute: Izmir).

Im Jahr 2021 wurde Thessaloniki von der Unesco zu Griechenlands erster „City of Gastronomy" ernannt – diese Auszeichnung ist Teil des Projekts „Creative Cities", mit dem die Unesco kulturelle Vielfalt in den Bereichen Literatur, Film, Musik, Volkskunst, Design, Medien und eben Gastronomie feiern und aufrechterhalten möchte. Die Ernennung fällt in eine Zeit, in der sich die Stadt erneut den Einflüssen anderer – latein-amerikanischer, afrikanischer – Weltküchen öffnet. Eine spannende Zeit auch, um Thessalonikis kosmopolitische Küche neu zu entdecken

01 Essensstände an der Promenade von Thessaloniki

02 Bunte Straßen in der kopfsteingepflasterten Altstadt

03 Frisch gebackene *Bougatsa*

04 Marianna vom Marianna's Vineleaves

01 BOUGATSA BANTIS

Das bevorzugte Frühstück in Thessaloniki ist *Bougatsa* (eine Portion sämiger Grießcreme zwischen blättrigen Filoteigschichten). Man bekommt sie hier an den meisten Straßenecken, doch Bougatsa Bantis ist eine der wenigen Bäckereien, die dank Philippos Bantis, einem Bougatsa-Meister in dritter Generation, noch selbst backt.

Einheimische wie Reisende kommen jeden Morgen hierher, um sich diese kulinarische Herrlichkeit zu holen. Die Speisekarte ist gemischt, von Klassikern bis hin zu eher unerwarteten Varianten wie mexikanischen Barbecue.

„Es hat etwas Magisches. Einfache Zutaten – Mehl, Öl, Wasser – ergeben all diese Dinge", lächelt Philippos. Am Sonntag gibt es Philippos' Lieblingsgebäck: *Authentiki*, ein unverfälschter Blätterteiggenuss mit goldbraunen, in Butter getränkten Flocken, mit Kristallzucker bestreut. Am besten kommt man vor dem Ende des Gottesdienstes um 11 Uhr hierher, um dem Sonntagsandrang zuvorzukommen. ***Panagias Faneromenis 33; https://bougatsa-bantis.business.site***

02 AGORA MODIANO

Der Modiano-Markt – 2022 nach sechsjähriger Renovierung wiedereröffnet – ermöglicht einen Crashkurs in Sachen multikultureller Knabbereien. Die Agora wurde von dem sephardisch-jüdischen Architekten Eli Modiano an der Stelle einer alten Synagoge neu gestaltet – das Art-déco-Interieur behielt er aber bei. Im Erdgeschoss bieten über 70 Stände die unterschiedlichsten kulinarischen Genüsse an – *Soutzoukakia* (mit Kreuzkümmel gewürzte Hackfleischbällchen) genauso wie Bergtee aus Kreta.

Mach einen Abstecher zu Olicatessen, einem Bioladen mit Honig und Olivenöl, der vom ehemaligen Ingenieur Alex Stefanidis betrieben wird. Nimm an einer Verkostung teil und lass dir von ihm zeigen, wie das native Olivenöl aus Chalkidiki richtig verkostet wird: vom Anwärmen mit den Händen über das Riechen und Nippen (sprich: Schlürfen). Im Zwischengeschoss gibt es eine Niederlassung von Estrella, der thessalonischen Brunch-Bar (https://estrella.gr/en/about-us/), die auf Instagram berühmt wurde, als sie Grießcreme mit Croissants kombinierte und so ihr ganz eigenes Bougatsa kreierte. ***Vasileos Irakleiou 30; www.agoramodiano.com***

03

04

03 YPSILON

Der Überlieferung nach soll *Café frappé* – das inoffizielle Nationalgetränk Griechenlands – im Jahr 1957 in Thessaloniki erfunden worden sein, als man hier mit dem Mixen von aufgeschäumtem Instantkaffee und Eiswürfeln sowie der Hinzugabe von Zucker, Milch, Wasser, Sahne oder Kondensmilch experimentierte. Was dabei herauskam, nennen manche auch „den besten Zufall der Stadt". Da scheint es nur naheliegend zu sein, das erfrischende Kaltgetränk auch gleich mal am Ort seiner Entstehung zu probieren. Eine gute Adresse dafür ist das Ypsilon: ein minimalistisch eingerichtetes Café in einer neoklassizistischen Papierfabrik mit hohen Decken – eines der wenigen Gebäude, die das große Feuer von 1917 in Thessaloniki überstanden haben.

Tagsüber ist das Ypsilon auch ein Co-Working-Space, in dem gelegentlich Ausstellungen und Dokumentarfilme gezeigt werden. Abends verwandelt es sich in eine DJ-Location auf zwei Ebenen.
Edessis 5; www.facebook.com/ypsilonproject

04 MOÚRGA

Im Moúrga, einem der besten Fischrestaurants der Stadt, hat man von seinem Barhocker aus einen Blick auf die offene Küche, sodass man beim Kochen zusehen kann. Die Auswahl ist abhängig vom Tagesfang – den Gästen reicht man dann eine jeweils von Hand geschriebene Speisekarte. Den Wein bezieht man von der Domaine Ligas, einem Vorreiter für Naturweine in Griechenland, dessen edle Tropfen, im Holzfass ausgebaut, nicht gefiltert, nicht stabilisiert und minimal geschwefelt werden. Frag die Kellner:innen, und sie werden dir stolz erzählen, dass dieser im nahen Pella angebaute, weltweit exportierte Wein stark limitiert und entsprechend rar ist – das Moúrga bekommt aber seine eigene Speziallieferung.
Es empfiehlt sich eine Buchung mindestens zwei Tage im Voraus, da das Restaurant sehr beliebt ist.
Christopoulou 12; www.instagram.com/mourga2016

05 MARIANNA'S VINELEAVES

Mariannas Vorzeigeprodukt sind *Dolmadakia* – gefüllte Weinblätter nach einem Rezept aus dem Kochbuch ihrer armenischen Mutter. Während die Söhne der Besitzerin, Sakis und Pangalos, dafür sorgen, dass man sich hier wie zu Hause fühlt, kann man auch noch die übri-

Ø5 Buttrige *Dolmadakia* im Marianna's Vineleavess

Ø6 Thessalonikis architektonisches Wahrzeichen, der Weiße Turm

gen selbstgemachten Köstlichkeiten von Marianna kosten. Saftige Sultaninen, Traubenextrakt und eingelegte Weinstängel passen hervorragend zu kleinen Schlückchen Abelon, dem erlesenen, in Eichenfässern gereiften Traubenbranntwein des Familienbetriebs.
Nea Gonia 630 80; www.ntolmadakia.com; am Wochenende geschl.

06 DORE ZYTHOS

Unter den vielen Terrassencafés an der Stratiou Tsirogianni, die einen freien Blick auf den – inzwischen doch etwas angegrauten– Weißen Turm von Thessaloniki bieten, empfehlen wir das Dore Zythos: Die Speisekarte des mit Mosaikfließen ausgestatteten Cafés spiegelt den ganzen kulinarischen Reichtum und die kosmopolitische Evolution der Stadt. Hier bekommt man zum Beispiel gute *Dakos* (die an das italienische Bruschetta erinnernde kretische Vorspeise mit Tomaten, Kräutern und Feta). Außerdem gibt es Gerichte mit byzantinischer Granatapfelsauce oder persischem *Halwa* (einer sirupartigen Paste mit Rosenwasser und Kardamom). Der Hit ist *Bouyourdi*, ein osmanischer Dip mit gebratenem Feta und Peperoni. „Das bedeutet alles zusammengemischt", erzählt Restaurantchef Dionisis Katranitsas.
Stratiou Tsirogianni 9; www.zithos.gr

SONST NOCH WICHTIG

SCHLAFEN

HOTEL ONOMA

Um deinen Aufenthalt so persönlich wie möglich zu gestalten, wird in diesem hochmodernen Hotel am Bahnhof von Thessaloniki Individualität großgeschrieben. Schon auf der Webite gibt man zuerst seinen Namen (griech. *Onoma*) ein. Vom Einchecken bis zu den Gardinen können die Gäste hier alles selbst bestimmen – die Panorama-Poolterrasse hat eine Bar, an der Cocktails nach dem Namen der Gäste gemixt werden. Nicht zuletzt gibt es auch noch ein Restaurant mit dem vielversprechenden Namen „Good Mood Food", das westliche Hausmannskost mit thessalonikischem Touch serviert. *www.onomahotel.com*

06

AKTIVITÄTEN

DER WEISSE TURM

Wahrzeichen der Stadt ist der im 15./16. Jahrhundert vom osmanischen Architekten Sinan gebaute „Weiße Turm" *(Lefkós Pýrgos)*. Im Lauf der Jahrhunderte diente er als Befestigungsanlage, Garnison und Gefängnis. Heute beherbergt er eine Ausstellung des Museums für Byzantinische Kultur zur Geschichte Thessalonikis. Für Foodies besonders interessant: Hier erfährst du auch einiges darüber, wie die beliebtesten regionalen Gerichte zubereitet werden. Zudem hast du vom – über eine Wendeltreppe zu erklimmenden – Dach einen guten Blick über die sich von Chalkidiki über den Golf von Thessaloniki bis zum Olymp erstreckende Stadt. *www.lpth.gr*

EVENTS

THESSALONIKI FILM FESTIVAL

Jeden November werden die Lagerhäuser und Piers am Hafen von Thessaloniki zum Traum eines jeden Filmliebhabenden. Indie-Filmemacher:innen vom Balkan treffen auf Hollywoodgrößen.

Verpasst? Im März gibt es das Dokumentarfilmfestival, den Sommer über ziehen viele Freiluftkinos Cineasten an, und das Kinomuseum hat im ganzen Jahr geöffnet. *www.filmfestival.gr*

THESSALONIKI FOOD FESTIVAL

Bei der Auszeichnung als „City of Gastronomy" wies die Unesco auch auf dieses Festival hin, das Thessalonikis kulinarische Tradition das ganze Jahr über in diversen Veranstaltungen präsentiert. *https://foodfestival.thessaloniki.gr*

ANREISE
Am einfachsten erreicht man den Alentejo von der Hauptstadt Lissabon mit einer der täglichen Zugverbindungen nach Évora (1,5 Std.) und mietet dann ein Auto, um die ländliche Region zu erkunden.

[Portugal]

HERZHAFTE GERICHTE IM ALENTEJO

Dieser rustikale, von Reisenden oftmals noch übersehene Landstrich wird von den Einheimischen für seine gute Küche geschätzt.

Jeder Portugiese und jede Portugiesin wird dir gern bestätigen, dass diese im Süden Portugals gelegene Region für gutes Essen und Trinken steht. Außerhalb des Landes ist diese ländliche Gegend aber immer noch ein kulinarischer Geheimtipp. Dabei findet man hier neben angenehmen kulinarischen Überraschungen auch eine der eindrucksvollsten Landschaften in ganz Europa – mit roten Korkeichen, grünen Olivenhainen und goldgelben Sonnenblumenfeldern, pinienbedeckten Waldböden sowie oft fast menschenleeren Sandstränden. All das hinterlässt bleibende Eindrücke ...

Nicht viel größer als Belgien, ist der Alentejo die mit 22 Einwohnern pro Quadratkilometer am geringsten besiedelte Gegend Portugals. Spuren in Kultur und Küche hinterließen in dieser schon in der Jungsteinzeit besiedelten Region zunächst die Römer, dann die Mauren. Mit dem spanischen Nachbarn war man einst in der Iberischen Union (1580–1640) vereint. Aus all diesen Einflüssen speist sich Alentejos Küche, eine Fusion traditionsreicher Kulturen. Dazu gehören viel rotes Fleisch, Würstchen, hochwertiger Schinken vom *Porco preto*, dem schwarzen Alentejo-Schwein, Brot und cremiger Käse, Fisch und Meeresfrüchte. Bevorzugt isst man herzhafte Gerichte aus einfachen, frischen Zutaten, gern in Knoblauch getränkt und mit Kräutern verfeinert.

Auch die katholische Kirche hat in der regionalen Küche ihre Spuren hinterlassen: Viele bis heute nach alten Rezepten zubereitete Desserts wurden von den Klarissen erfunden und tragen klingende Namen wie „Nonnenbauch" oder „Himmelskuss". Ein Segen für den Wein ist es, dass es im Alentejo dreimal so viel regnet wie im übrigen Land. Die aromatischen Trauben der Region haben auch eine neue Generation von Winzer:innen inspiriert, die moderne Technologien anwendet und viel Beifall erntet für spritzigen Vinho Verde, Biotrauben und nachhaltigen Anbau.

Ø1 Im Alentejo: Waldbedeckte Täler und Dörfer mit Terracottadächern

Ø2 Traubenhimmel in der Herdade de Coelheiros

Ø3 Beste klimatische Bedingungen für Wein

Ø4 Herzhaft und deftig kocht man im Alentejo

Ø5 Süße Sünden nach alten Rezepten

01 CRAVEIRAL FARMTABLE

Auf fast neun Hektar Bio-Ackerland ist das Craveiral das geistige Kind eines Lissaboner Anwalts, der dem Stadtleben entfloh, um 2010 einen Landstrich im Alentejo in ein elegantes Anwesen umzuwandeln.

Kern des landwirtschaftlichen Betriebs ist das dem „Farm-to-table-Prinzip" verpflichtete Restaurant im Freien. Rund 70 Prozent der Zutaten stammen aus dem eigenen Gemüsegarten und Obsthain, die restlichen 30 Prozent werden direkt von Produzenten aus der Region Odemira bezogen. Das Essen im Craveiral ist frisch, herzhaft und gesund – eine gute Verbindung traditioneller und neuer Geschmacksrichtungen. Ein Highlight ist das Fleisch vom schwarzen Alentejo-Schwein (Porco preto), das zu einem Glas Rotwein serviert und auf einem brutzelnden offenen Feuer neben dem Tisch zubereitet wird.

Die Gäste des Restaurants können auch in einer der 38 Luxusvillen des Craveiral übernachten, die mit Korkbädern eingerichtet sind. Übernachtungsgäste dürfen Obst und Gemüse im Garten ernten und bekommen täglich Frühstück mit Eiern von den Hofhühnern und großzügigen Portionen erntefrischer Früchte, Tomaten und Honig.

Estrada Municipal 501, Km 4, São Teotónio; www.craveiral.pt

02 TASCA DO CELSO

Für exzellente authentische Alentejoküche empfiehlt sich dieses rustikale familienbetriebene Restaurant, nur rund zehn Minuten von einem schönen Strand entfernt. Die Atmosphäre ist entspannt und gemütlich – mit Küchenutensilien und Besteck an den Wänden sowie einer offenen Küche, von der es in einen Shop geht, in dem Brotaufstriche und Wein verkauft werden.

Dank der Nähe zur Mündung des Rio Mira in den Atlantik spielen Meeresfrüchte im Tasca do Celso eine Hauptrolle. Auf den Tisch kommen zum Beispiel in Knoblauch gedünstete Garnelen, mit Koriander gekochte Muscheln, gegrillter Seeteufel oder Wolfsbarsch.

Fleischgerichte sind ebenfalls zu haben – Lamm mit Rösttomaten etwa oder Fleischsalat vom bereits erwähnten Porco preto.

Die Mitarbeitenden sind aufmerksam und kompetent, die Weinkarte hat über 30 Seiten.

Im Sommer ist es empfehlenswert, im Voraus fürs Abendessen zu reservieren, oder man versucht mittags spontan sein Glück.

Rua dos Aviadores 34, Vila Nova de Milfontes; Tel. +35 12 83 99 67 53, Tischreservierung über www.thefork.pt/; Mo geschl.

03 HERDADE DE COELHEIROS

Dieses etwa 30 Minuten von Évora entfernt gelegene weitläufige Familiengut hat sich auf biologische Rot- und Weißweine spezialisiert, die im Sommer mit leuchtend grünen und während der Erntezeit mit violetten Trauben bestückt sind. Eine Führung durch den Weinberg dauert zwei bis drei Stunden, dabei spazierst du auch an den Korkeichen und Olivenbäumen des Anwesens vorbei und kannst vielleicht sogar Rehe sehen. Du darfst die Trauben probieren und erfährst einiges über die Ernte und den Reifeprozess des Weins. Natürlich gehört auch eine Weinverkostung zur Führung. Wir empfehlen die leichten zitrusfruchtigen Weißweine, die sich stark auf die einheimische Arinto-Sorte stützen; sowie kräftige preisgekrönte Rotweine, bei denen Cabernet Sauvignon mit regionalen Varianten wie dem Touriga Nacional und dem Alicante Bouschet gemischt werden.

Herdade de Coelheiros, Igrejinha, Arraiolos; www.coelheiros.pt; am Wochenende geschl.

04 RESTAURANT DOM JOAQUIM

Den Besuch dieses familiengeführten, mit einem Michelin-Stern ausgezeichneten Restaurants verbindest du am besten mit einem vorherigen Abtauchen in die mittelalterlichen Gassen der Regionalhauptstadt Évora, deren historisches Zentrum zum Weltkulturerbe der Unesco gehört. Beginne deinen Rundgang zum Bespiel bei den Arkaden des Praça do Giraldo und spaziere von dort zu den wichtigsten Sehenswürdigkeiten der Stadt – besonders beeindruckend ist Sé, die Kathedrale. Im Restaurant bekommst du schließlich perfekt zubereitete portugiesische Küche, darunter viele Klassiker aus dem Alentejo wie gebratener Oktopus, gegrillter Wolfsbarsch und frittierte Kabeljaufrikadellen. Am meisten Aufmerksamkeit verdienen allerdings die Fleisch- und Wildgerichte von den Tieren, die auf den Feldern und in den Korkeichenwäldern des Alentejo aufwachsen. Unbedingt probieren solltest du das sehr zarte, in einer Kirschsauce marinierte halbe Rebhuhn und den Krustenbraten – am besten zu einem wirk-

06 Das hübsche mittelalterliche Stadtzentrum von Évora

07 Gebäck mit Kürbisfüllung in der Pastelaria Conventual Pão de Rala

08 Der Infinitypool im Quinta da Comporta

lich herzhaften Eintopf aus schwarzen Bohnen oder Reis. Die passende Weinbegleitung dazu lässt du dir am besten vom Sommelier empfehlen; das Restaurant veranstaltet aber auch Weinabende, bei denen Winzer ihre besten Tropfen präsentieren. *Rua dos Penedos 6, Évora; http://restaurantedomjoaquim.pt; Mo geschl.*

05 PASTELARIA CONVENTUAL PÃO DE RALA

Wie eingangs erwähnt, stammen viele regionale Desserts aus der Klosterküche der Klarissen, dem vom heiligen Franziskus und der heiligen Klara von Assisi (1193–1253) gegründeten Frauenorden. Diese berühmte *Pastelaria* (Konditorei) gehört zu den besten Adressen, um einige süße und salzige Varianten zu kosten. Probiere den aus Mandeln und Eiern zubereiteten *Queijo do céu* (Käse aus dem Himmel), den *Pão de rala* (ein mehlloser Brotkuchen mit Mandeln und Zitronengeschmack) oder den Zucker, Eier, Butter und Brot kombinierenden Nonnenbauch *(Barriga de freira)*. Eine runde, mit Marmelade gefüllte Torte mit salzigem Nachgeschmack nennt sich Speckpastete *(Pastel de toucinho)*, auch wenn gar kein Speck darin enthalten ist. Geradezu unwiderstehlich: *Pão de Deus* (Gottes Brot), eine brioche-ähnliche, mit Kokosstreuseln überzogene Teigrolle.

Setz dich am besten an einen der kleinen Holztische, trink einen *Cafe pingado* (Espresso mit zwei, drei Tropfen Milch) und lass dir die Köstlichkeiten der klösterlichen Rezepte auf der Zunge zergehen. *Rua de Cicioso 47, Évora; https://m.facebook.com/profile.php?id=169787683079463*

SONST NOCH WICHTIG

SCHLAFEN

QUINTA DA COMPORTA

Entspannung pur auf einer ehemaligen Reisfarm, die in einen Komplex mit 73 luxuriösen Zimmern und vier weiß getünchten Villen umgewandelt wurde. Gönn dir ein Bad im solarbeheizten Infinity-Pool mit Blick auf die hügeligen Reisterrassen oder schnapp dir ein Fahrrad und radle zum nahe gelegenen Strand. Auch vom großflächig verglasten Restaurant der Quinta bietet sich eine unglaublich schöne Aussicht auf die umliegenden Felder. *https://pt.quintadacomporta.com*

ALBERGARIA DO CALVÁRIO

Dieses unprätentiös-elegante, mit viel Komfort einladend-behaglich ausgestattete Gästehaus wurde in einer umgebauten Ölmühle aus dem 16. Jahrhundert eingerichtet. Die Loungebereiche sind in einer stimmigen Mischung aus Antiquitäten und modernem Mobiliar eingerichtet. Das Gästehaus befindet sich innerhalb der Stadtmauern um das historische, als Unesco-Welterbe geschützte Zentrum von Évora, in der Nähe der Porta Velha da Lagoa und des Aquädukts. Die freundlichen Mitarbeiter:innen geben dir hilfreiche Tipps zur Erkundung der Stadt wie des Alentejo. Bestens dafür gerüstet bist du nach dem exzellenten Frühstück mit lokalem Obst, hausgemachtem Kuchen und Eierspeisen. *https://adcevora.com*

AKTIVITÄTEN

RESERVA NATURAL DAS LAGOAS DE SANTO ANDRÉ E DA SANCHA

Im Alentejo liegen einige noch weitgehend naturbelassene Landfschaften Portugals, und dieses Naturschutzgebiet ist eines der schönsten davon. Es umgrenzt die Lagoa de Santo André (die größte Lagune an der Küste des Alentejo) und die kleinere Lagoa da Sancha. Reisende können das Areal mit dem Kanu erkunden oder die atemberaubenden Bergpanoramen auf Wanderungen durch grasbewachsene Dünen und Sümpfe genießen. Mit etwas Glück siehst du sogar ein paar Delphine an der Mündung des Sado. Für die Vogelbachtung eignen sich der Spätsommer und der Frühherbst besonders gut. *https://natural.pt/protected-areas/reserva-natural-lagoas-santo-andre-sancha*

EVENTS

FESTIVAL NACIONAL DE GASTRONOMIA

Der Alentejo verkörpert die gastonomische Seele Portugals, da ist es nur folgerichtig, dass auch das Nationale Kulinarikfestival hier stattfindet. Rund zehn Tage lang im Oktober können Besucher:innen hier Gerichte aus allen Regionen Portugals sowie von den Azoren und Madeira probieren. *www.festivalnacionaldegastronomia.pt*

08

ANREISE
Internationale Flüge landen am Flughafen Porto, der etwa 40 Minuten mit der Metro vom Stadtzentrum entfernt ist. Bahnlinien verbinden Porto mit den wichtigsten Städten entlang des Douro.

[Portugal]

PORTO & DER DOURO: EINE PERFEKTE KOMBINATION

Alte Portweinkeller und köstliche Sandwiches machen Porto zum kulinarischen Vergnügen – das perfekte Vorspiel zum Probieren historischer Douro-Tropfen.

Auf den ersten Blick scheint es nur schwer vorstellbar zu sein, dass eine Stadt, deren Einwohnende leicht abfällig als *Tripeiros* (Innereienesser) bezeichnet werden und wo vor Sauce triefende Sandwiches als regionale Delikatesse betrachtet werden, ein lohnendes europäisches Ziel für Foodies sein könnte. Und doch ermöglichen Portos Speisen und Getränke eine erfrischend entspannte kulinarische Erfahrung. Denn in dieser am Ufer des in den Atlantik mündenden Flusses Douro gelegenen Stadt hat sich eine ganz eigene, angenehm dezent in Erscheinung tretende regionale Küche entwickelt.

Zwischen den farbenfrohen Häusern, die sich vom nördlichen Flussufer aus die steilen Straßen hinaufziehen, servieren winzige traditionelle *Tascas* (Tavernen) regionaltypische Gerichte wie *Bacalhau à Gomes de Sá* (portugiesischer Stockfisch mit Kartoffeln, Zwiebeln, Ei und Oliven). Neben den Tascas sorgen moderne Brunch-Hotspots und Craft-Beer-Shops dafür, dass die Stadt attraktiv für Foodies ist.

Auf der anderen Seite des Flusses beherbergen die historischen Portweinkeller von Vila Nova de Gaia Fass um Fass des weltberühmten portugiesischen Dessertweins, der hier nach einer langen Reise auf dem gewunden fließenden Douro anlandet.

Flussaufwärts erstreckt sich das Dourotal *(Vale do Douro)* mit seinen malerisch steil terrassierten Weinbergen – viele davon in Familienbesitz. Edle Tropfen werden hier schon seit rund 2000 Jahren angebaut: Alto Douro ist die älteste Weinbauregion der Welt mit geschützter Herkunftsbezeichnung und gehört als solche zum Weltkulturerbe der Unesco. Seit dem 18. Jahrhundert ist das Hauptprodukt dieser Region, der Portwein, für seine Qualität weltberühmt.

01 A COZINHA DO MARTINHO

Tripas à moda do Porto (Innereien nach Porto-Art) ist ein Gericht, das den kulinarischen Geist dieser Stadt perfekt definiert, auch wenn das Rezept auf dem Papier erstmal fragwürdig klingen mag. Mit am besten schmeckt es im Restaurant A Cozinha do Martinho, weshalb es auch Anthony Bourdain, ein US-amerikanischer Koch, Autor und Moderator von Dokuserien zu kulinarischen Themen, genau hier probierte, als er für die Portugal-Folge einer seiner TV-Serien in Porto war.

Die Ursprünge dieses Gerichts, das aus weißen Bohnen und verschiedenen Fleischsorten (Magen, Darm – einfach alles) gemacht wird, reichen bis in das Zeitalter der Entdeckungen zurück, als Portugal noch eine große Seemacht war. Der Legende nach bat Heinrich der Seefahrer die Stadt, all ihr Pökelfleisch an die Seeleute Portugals herauszugeben, was zur Folge hatte, dass für die Einwohnenden selbst nur noch die Innereien übrig blieben. Daraufhin sollen diese alle Reste zusammengekratzt und das Gericht erfunden haben.

Rua Costa Cabral 2598-2606, Porto; Mo geschl.

02 A REGALEIRA

Das A Regaleira ist eine gastronomische Institution in Porto. Als es im Jahr 1934 eröffnet wurde, bewirtete António Passos zunächst vorwiegend wohlbetuchte Gäste mit traditionellen Gerichten – später entstanden im Versuch, ein breiteres Publikum anzusprechen, auch erschwinglichere Gerichte, etwa ab 1952 eine Variante der *Francesinha*, die Daniel David Silva, ein portugiesischer Emigrant, nach seiner Rückkehr aus Frankreich und Belgien kreierte. Sein Sandwich ähnelt dem französischen *Croque Monsieur* (zwei Toastbrotscheiben mit Käse, Schinken und Béchamelsauce) bzw. dem *Croque Madame* (hier kommt noch ein Spiegelei dazu). Die noch wesentlich üppigere portugiesische Variante besteht aus Toastbrot, Kochschinken, Wurstscheiben und wird mit geschmolzenem Käse sowie einer heißen, dickflüssigen Sauce aus Tomaten, Bier und Senf übergossen. *Welche* Sauce Daniel David Silva nun genau seiner Francesinha hinzufügte, bleibt das Geheimnis dieses (nach der Schließung 2018 nur wenige Schritte weiter an der Rua do Bonjardim wieder eröffneten) Restaurants – und ist wohl auch das Geheimnis seines Erfolgs.

01 Restaurantgäste an den Flussterrassen in Portos historischem Stadtkern

02 Portweinkeller bieten Verkostungen an, meistens nach Vereinbarung

03 Der Portweinkeller im Taylor's

04 Gegrillte Garnelen in einem Straßenrestaurant von Porto

Rua do Bonjardim 83, Porto; https://en-gb.facebook.com/ARegaleira; Mo geschl.

03 FÁBRICA NORTADA

Wie bei vielen Craft-Bierbrauereien in Porto stehen am Anfang der Geschichte der Fábrica Nortada zwei Freunde, Tiago Talone und Pedro Mota, die mal etwas etwas anderes kreieren wollten als immer die gleichen Lagerbiere Super Bock und Sagres, die jahrzehntelang die Bierszene Portugals dominierten. 2018 verwirklichten sie ihren Taum mit der Eröffnung einer modernen Kleinbrauerei samt Schenke in Portos Stadtteil Bolhão. Klare Linien und modernes Dekor ergänzen die mit Gärtanks bestückten Wände, aus bronzenen Zapfhähnen an der Bar wird das frische Bier gezapft. Führungen durch die Brauerei inklusive Verkostung sind im Voraus zu buchen.
Rua de Sá da Bandeira 210, Porto; https://cervejanortada.pt; So & Mo geschl.

04 THE PINK PALACE, WOW

Inmitten der alten, teils verfallenden Lagerhallen der Portweinhändler in Vila Nova de Gaia entstand ein neuer Freizeit- und Themenpark aus Museen, Restaurants, Bars und einer Weinschule, genannt WOW (World of Wine), der im Jahr 2020 eröffnet wurde. Das Thema dieses Parks ist die in Form von sieben „Erlebniswelten" erzählte Geschichte der Portweinindustrie in Porto. Am vergnüglichsten ist wohl der ganz dem Roséwein gewidmete Pink Palace. Hier erhältst du fünf Kostproben in Verbindung mit farbenfrohen interaktiven Bereichen, die von einem Raum mit einem rosafarbenen Bällebad bis zu einem auf dem Kopf stehenden Picknickplatz reichen. Schnell wird klar: Hier geht es mehr um Fotoshootings und Spaß als um Spucknäpfe und Verkostungsnotizen ...
Rua do Choupelo 39, Vila Nova de Gaia; https://wow.pt

05 TAYLOR'S PORTWEINKELLER

In Vila Nova de Gaia, am Südufer des Douro gegenüber dem historischen Zentrum von Porto gelegen, haben bis heute alle großen Namen im Portweingeschäft ihren Sitz. Schon während des ab dem 17. Jahrhundert einsetzenden Portweinbooms lagerten die Händler den bereits aufgespriteten (mit Alkohol angereicherten) Wein, den sie den Winzern im Dourotal abkauften,

Ø5 Die Gerichte im Restaurante DOC sind ein Fest für die Sinne

Ø6 Portos opulent ausgestatteter Palácio da Bolsa

in tief in die Felshänge gegrabene Weinkeller. Diese garantierten konstant kühle Temperaturen für den Reifeprozess der Portweine, der bis zu 40 Jahre lang dauerte. Eine der ältesten Adressen in Gaia ist der rund 300 Jahre alte Portweinkeller der Marke Taylor's. Hier gibt es eine 60-minütige Audio-Führung in vielen Sprachen, die auch ohne vorherige Reservierung besucht werden kann und die Verkostung zweier Portweine inkludiert. Um noch mehr Proben und Jahrgänge zu kosten, musst du vorher reservieren.
Rua do Choupelo 250, Vila Nova de Gaia; www.taylor.pt

06 A PRESUNTECA DE LAMEGO

Etwas landeinwärts liegt Lamego, ein beliebtes Ausflugsziel, um die Wallfahrtskirche Santuário de Nossa Senhora dos Remédios aus dem 18. Jahrhundert zu besichtigen, die für ihre barocke Treppe mit 686 Stufen berühmt ist. Der Ausflug lohnt sich aber auch für kulinarische Entdeckungen. Eine davon könnte der *Presunto de Lamego* sein, ein gesalzener, geräucherter und gepökelter Schinken. Genießen kannst du diese und andere Köstlichkeiten beispielsweise auf der teils mit Gras bepflanzten Terrasse der Presunteca de Lamego. Vielleicht mit einem Gläschen *Espumante* (Schaumwein) dazu?
N2, Lamego; www.facebook.com/apresunteca.apresunteca

07 RESTAURANTE DOC

Doch, die Lage dieses Restaurants in Folgosa und der Blick aus dem verglasten Saal oder der über dem Douro schwebenden Terrasse sind wirklich toll. Noch mehr aber begeistert die Kunst des mit zwei Michelin-Sternen ausgezeichneten Küchenchefs Rui Paula, für den der Geschmack seiner Gerichte an erster Stelle steht. Für seine fantastischen Degustationsmenüs lässt er sich zum einen von Rezepten inspirieren, die über mehrere Generationen tradiert wurden und denen er seine persönliche Note verleiht. Zum anderen stützt er sich auf die besten Produkte der Region wie des nahen Meers. Alles zusammen ergibt eine ideale Symbiose von Tradition und Moderne.
Folgosa, Estrada Nacional 222, Folgosa; www.docrestauran te.pt; Di & Mi mittags geschl

08 QUINTA DO CRASTO

Die Familie von Leonor und Jorge Roquette bewirtschaftet das Weingut Quinta do Crasto schon seit mehr als einem Jahrhundert. Die Geschichte des Weinbaus in dieser Region ist aber noch viel älter: Dokumente belegen das bereits für das Jahr 1615, also lange bevor der damalige Premierminister, Marqués de Pombal (1699–1782) 1757 die erste umfassende Klassifizierung der Weinberge vornahm (fast ein Jahrhundert vor der berühmten Bordeaux-Klassifizierung). Damit schuf er die Grundlage der heute weltweit angewendeten DOC-Regelwerke (DOC steht für *Denominação de Origem Controlada*, kontrollierte Herkunftsbezeichnung). Eine Führung durch das Gut (Reservierung nötig) schließt natürlich mit einer Verkostung der edlen Tropfen ab.
Gouvinhas, Sabrosa; https://quintadocrasto.pt

SONST NOCH WICHTIG

SCHLAFEN

THE YEATMAN HOTEL
Allein die Lage inmitten der historischen Portweinkeller in Vila Nova de Gaia mit Blick auf die Häuser von Portos Altstadt am anderen Ufer ist schon ein guter Grund, im Yeatman einzuchecken. Dazu kommen aber auch noch ein Infinitypool und ein Spa, ein Zweisternerestaurant und ein Weinkeller – jede Menge Luxus für den Foodie Trip! *www.the-yeatman-hotel.com*

QUINTA DA PACHECA
Wie wär's mit einer Übernachtung zwischen Reben aus dem 16. Jahrhundert? Oder doch lieber gleich in einem Weinfass schlafen? Am linken Ufer des Douro im Dorf Cambres gelegen, verfügen die mit Holz verkleideten Zimmer im Fass-Stil dieser Quinta sogar über runde Fenster, die das Panorama umrahmen. *www.quintadapacheca.com*

AKTIVITÄTEN

PALÁCIO DA BOLSA
Nicht versäumen solltest du eine Führung durch Portos prachtvollstes Gebäude aus der Mitte der 1850er-Jahre: Vor allem der *Salão Árabe* mit seinen goldbeschichteten Stuckwänden im maurischen Stil ist wirklich zum Staunen. *www.palaciodabolsa.com*

DOURO-FLUSSFAHRT
Das Leben ist ein langer, ruhiger Fluss? Nicht immer, hier aber gewiss: Lass die Seele baumeln und genieß an Bord einer Tages- oder Mittagsflusskreuzfahrt auf dem Douro die wunderschönen Ausblicke auf die Terrassen und kleinen Dörfer am Ufer. *www.rotadodouro.pt*

PARQUE ARQUEOLÓGICO DO VALE DO CÔA
Die Geschichte des Alto Douro beginnt schon lange, bevor sich die ersten Winzer hier ansiedelten. Das zeigt eindrucksvoll eine Führung zu den altsteinzeitlichen Felsgravuren unter freiem Himmel im Vale do Côa. *www.arte-coa.pt*

EVENTS

WEINLESE IM ALTO DOURO
Im September (die genauen Daten variieren) beleben sich die Weinterrassen des Alto Douro, wenn Erntezeit ist. Dabei werden die Trauben von Hand geerntet und manchmal noch ganz traditionell mit den Füßen gestampft. Auf einigen Quintas darf man die Winzer begleiten und vielleicht sogar mitstampfen: ein tolles Erlebnis!

ANREISE
Als Alternative zum Fliegen gibt es von Valencia, Dénia und Barcelona auf dem spanischen Festland eine gute Fähranbindung nach Ibiza. Um die ganze Insel zu erkunden, braucht man ein (Miet-)Auto. Zwischen Ibiza-Stadt und anderen großen Städten kann man aber auch gut das örtliche Bussystem nutzen.

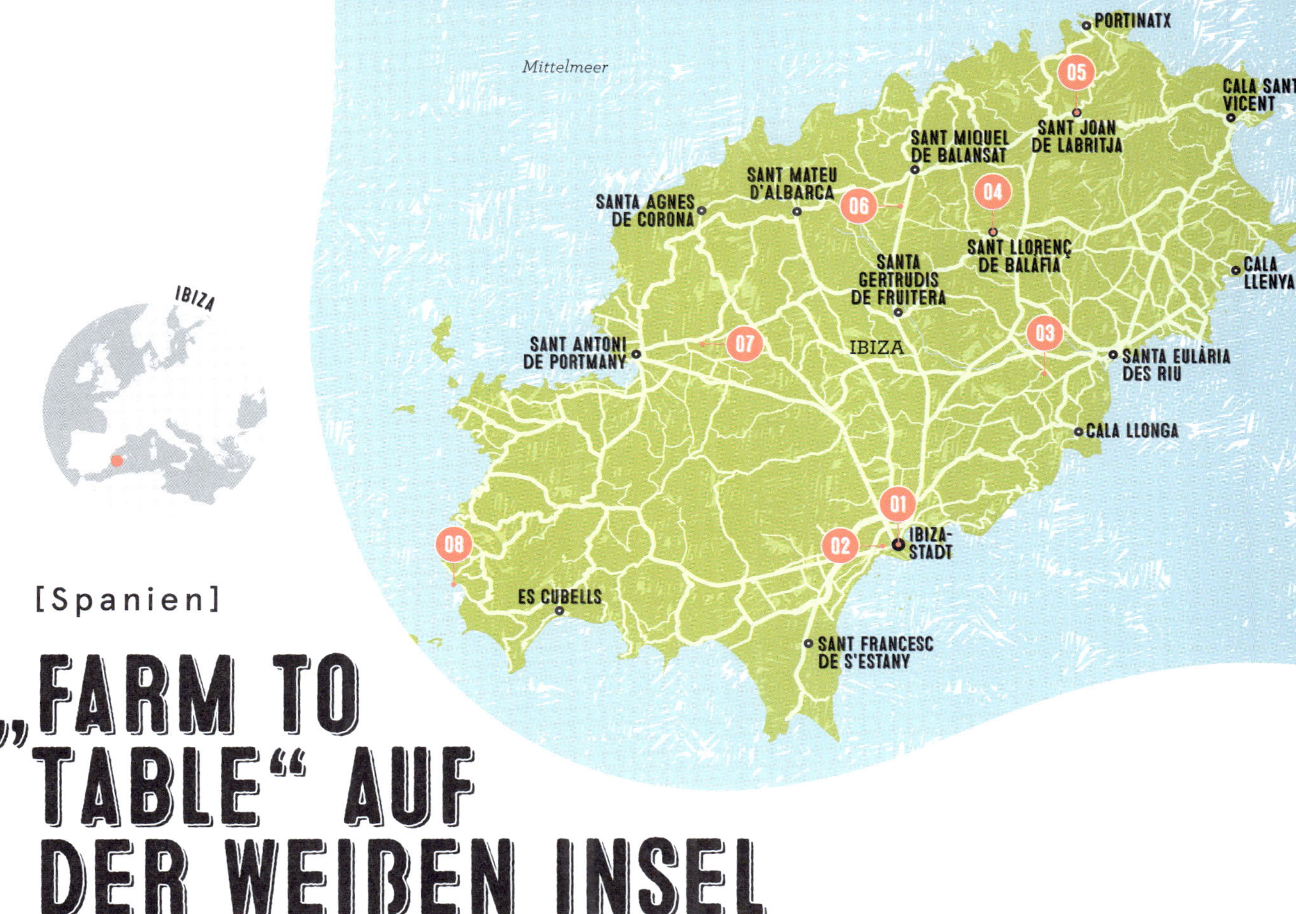

[Spanien]

„FARM TO TABLE" AUF DER WEIẞEN INSEL

Das feierfreudige Ibiza lädt Foodies auch dazu ein, zwischen quirligen Dorfmärkten, traditioneller Einheimischen- und schicker Bohéme-Küche hin- und her zu pendeln.

Die im westlichen Mittelmeer vor der Ostküste Spaniens gelegene, zu den Balearen gehörende Insel hat eine ausgesprochen vielfältige Küche hervorgebracht. Hier treffen Geschmäcker aus aller Welt aufeinander und werden lokale Kleinerzeuger:innen gefeiert. Schon seit der Ankunft der Phönizier vor mehr als 2000 Jahren wird auf dieser bezaubernden, sonnenverwöhnten Insel Salz geerntet und Wein hergestellt – der Beginn einer langen, reichen kulinarischen Geschichte mit vielen alten Aromen und Zutaten. In der gelungenen Kombination dieses traditionellen balearischen Erbes, zu dem eindrucksvolle Meeresfrüchtekreationen und unwiderstehlich *Arrossos* (Reisgerichte) gehören, mit internationalen Einflüssen wird Ibizas Gastronomieszene zu einem spannenden Abenteuer für Foodies.

Goldgelbe Olivenöle, frischer Fisch und Meeresfrüchte, vielfältiger Aufschnitt, glitzerndes handgemachtes Salz und milde Käsesorten bilden die ideale Grundlage auch für ibizenkischen Wein, der lange nur für den eigenen Hausgebrauch hergestellt wurde, aber inzwischen dank vieler kleiner familiengeführter Bodegas und innovativer Produktionsmethoden zur festen Größe vieler Weinkarten wurden.

Zugleich entstanden auch schicke neue Bohéme-Restaurants, die für ihre wunderbar kreative Küche nach dem „Farm to table"-Prinzip am liebsten das auftischen, was im eigenen Garten wächst. Zudem bieten quirlige Märkte frischeste Produkte an – viele davon biologisch angebaut. Einer der besten dieser Märkte findet jeden Sonntagvormittag im nördlichen Sant Joan de Labritja statt – von Livemusik begleitet findest du hier all das, was dann in bester Qualität und exzellenter Küchenkunst zubereitet nicht nur auf den Tellern der *Ibicencos*, der Einheimischen, landet.

01 Bohème-Picknick mit Blick auf Es Vedra

02 Boote vor der hübschen Altstadt

03 Eine Kiste Orangen auf dem Bauernhof Can Muson

04 Bauernmärkte gehören auf Ibiza zum Alltag

05 Genießen unter dem Blätterdach der Bäume im Giri Café

02

03

01 MERCAT NOU

Der Neue Markt *(Mercat Nou)* befindet sich nur zehn Minuten Fußweg nordwestlich der historischen Altstadt *(Dalt Vila)* und ist das Zentrum für frische Produkte in Ibiza-Stadt. Berge von Tomaten, baumelnde Karottensträuße, stachlige Ananasreihen, Regale voller Schafskäse und Theken, auf denen sich die frischesten Meeresfrüchte stapeln, locken Käufer:innen an. Das Beste: Die meisten Produkte stammen direkt hier von der Insel. Da findest du auch alles für ein Picknick am Strand. Der Alte Markt *(Mercat Vell)*, innerhalb der im 16. Jahrhundert errichteten Stadtmauer der Altstadt gelegen, ist eine weitere beliebte Anlaufstelle für allerlei Gutes – auf Ibiza hergestelltes Olivenöl zum Beispiel, frischgebackenes Brot oder naturbelassener Honig. *Carrer de Canàries, Ibiza-Stadt; nachmittags & So geschl.*

02 CA N'ALFREDO

Die schier unschöpflich-subtil-mediterranen Aromen der traditionellen Inselküche kommen bei Ca n'Alfredo, einem alteingesessenen Lieblingslokal der Einheimischen mitten in Ibiza-Stadt, ganz besonders gut zur Geltung. Gegründet wurde dieses bereits im Jahr 1934. Seit den 1940er-Jahren ist es im Besitz der angesehenen Familie Riera. Ein Mittagessen beginnt hier zum Beispiel mit einem von Olivenöl beträufelten *Ensalada pagesa* (Bauernsalat mit Kabeljau) und ein paar Scheiben *Coca* (hauchdünner Brotteig mit Spinat und Pinienkernen), gefolgt von katalanischen *Canelons* (gefüllter Nudelteig in Röhrenform) und ofengebackenem Fisch oder Kaninchen mit Schnecken und Pilzen. Reisgerichte sind eine Spezialität des Hauses, Meeresfrüchtepaella zum Beispiel oder *Arròs negre* (schwarzer Tintenfisch-Reis). Alle Weine stammen von Bodegas der Insel. *Passeig de Vara de Rey 16, Ibiza-Stadt; www.canalfredo.com; Mo geschl.*

03 CAN MUSON

Westlich der lebhaften Küstengemeinde Santa Eulària gelegen, bietet dieser ruhige Bio-Bauernhof einen tiefen Einblick in die traditionellen ländlichen Wurzeln und das reiche landwirtschaftliche Erbe der Insel. Du kannst hier an einer Führung teinehmen, Eseln und Ziegen begegnen, im Hofladen frische Produkte einkaufen oder es dir unter den Orangenbäumen gemütlich

04

machen – idealerweise mit einem Glas gutem Inselwein, einem herrlichen Frühstück aus einheimischen Produkten oder einem Salat aus lauter selbstangebauten Zutaten.

Außerdem bekommst du hier bei einem Workshop einen genaueren Einblick in die Herstellung von *Pa pagès* (selbstgemachtes Bauernbrot), *Flaó ibicenco* (inseltypischer Käsekuchen aus Ziegenfrischkäse, Anis und Minze) und anderen ibikenzischen Kreationen.
Carretera de Santa Eulària Km 11, Santa Eulària des Riu; www.ibizacanmuson.com; abends geschl.

04 LA PALOMA

Mit seinem romantischen Finca-Ambiente, den mit Laternen beleuchteten Gärten und Live-Musik-Abenden verwundert es nicht, dass das gemütliche La Paloma zu den beliebtesten Landrestaurants der Insel gehört. Der kreative toskanische Chefkoch Prasuna Coppini zaubert ein italienisch-orientalisch inspiriertes Festmahl auf die ständig wechselnde Speisekarte – mit frischen Bioprodukten von der Insel und vom spanischen Festland bezogenen Zutaten. Im Schatten der Bäume genießt du zum Beispiel Pasta mit pikant gewürztem Pesto, selbstgemachte Falafel und geräucherte Auberginen mit Feta. Das Brot wird jeden Tag selbstgebacken, alle Zutaten für die kreativ komponierten Salate kommen aus dem eigenen Garten. In den kälteren Monaten genießt du dein Abendessen hier in rustikaler Inneneinrichtung am offenen Kamin.
Sant Llorenç; www.palomaibiza.com; Café ganzjährig mittags geöffnet, Restaurant nur abends geöffnet und Jan & Feb geschl.

05 THE GIRI CAFÉ

Im herrlich unaufgeregten nördlichen Dorf Sant Joan verkörpert dieses bei den Einheimischen sehr beliebte Juwel von einem mediterranen Restaurant mit seinem sonnigen Garten, dem eleganten Design und einer Handvoll reizvoller Hotelzimmer all das, was man mit dem Farm-to-Table-Prinzip in Verbindung bringt: „Wir stellen unsere ständig weiterentwickelten Menüs sorgfältig zusammen, um die Jahreszeiten widerzuspiegeln, indem wir die allerbesten pestizidfreien Biozutaten bei einheimischen Märkten und Bauern auswählen – oder sie im eigenen Gemüsegarten anbauen", erzählt die Besitzerin Rosa Pil Hildebrandt und hat auch

Ø6 Ein Bio-Festmahl im Aubergine

Ø7 Die Altstadt der von der Unesco als Weltkulturerbe gelisteten Insel Ibiza, Dalt Vila, zieht sich den Hügel bis zur Kathedrale hinauf

gleich eine aktuelle Empfehlung: Probiere den Fisch des Tages mit gerösteten Auberginen, Chermoula und Granatapfel, oder den ganz besonders beliebten Avocado-Käsekuchen ...
Plaça d'Espanya 5, Sant Joan de Labritja; www.thegiri.com; Nov bis Feb geschl.

06 AUBERGINE

Eine weiß getünchte Landfinca, salbeifarbene Möbel und weitläufige Terrassen, umhüllt von pinkfarbenen Bougainvilleen, bilden die Kulisse für die wunderbare Farm-to-Table-Küche im Aubergine, das direkt unterhalb von Miquel im rauen Inselnorden liegt. Die meisten in der Küche verwendeten Zutaten kommen aus dem Bio-Gemüsegarten des luxuriösen Agroturisme Atzaró, dem Schwesterunternehmen. Das Restaurant serviert fantasievolle saisonale Gerichte wie Salate mit Kürbis und Feta, Taboulé (Bulgursalat) mit rotem Paprika und pikantem, hausgemachtem Hummus. Dazu gibt es frisch zubereitete Säfte in allen Regenbogenfarben und Smoothies.
Carretera de Sant Miquel Km 9.9; www.aubergineibiza.com

07 BODEGAS CAN RICH

Das im Jahr 1990 gegründete Familienunternehmen Can Rich in der Nähe von Sant Antoni erzeugt auf rund 20 Hektar Rebfläche elegante Weiß-, Rot- und Rosé- sowie Schaumweine. „In den ibizenkischen Weinen kann man den salzigen Einfluss des Mittelmeers und auch der Kräuter der Insel schmecken", sagt die Eigentümerin und Winzerin Stella González Tuells. „Unsere Weine sind alle bio-zertifiziert und Teil der IGP Vino de la Tierra de Ibiza, die sich auf 0-km-Produkte und die Reduzierung des CO_2-Fußabdrucks konzentriert. Für uns ist das Land das Leben".

Für die Besichtigung und Verkostung in dem Weingut musst du dich vorher anmelden. Dann sitzt du in der mediterranen Sonne und genießt inseltypische Weine zu Ziegenkäse mit Rosmarinrand, hausgemachtem Brot und goldgelbem Olivenöl ...
Camí de Sa Vorera; www.bodegascanrich.com

08 ES BOLDADÓ

Eines der bezauberndsten Restaurants der Balearen erwartet seine Gäste in diesem klassischen Fischrestaurant, das sich an die Steilküste der geschützten Cala d'Hort an Ibizas Südwestspitze schmiegt. Vor der Küste erhebt sich das majestätische Wahrzeichen von Ibiza, der Inselfelsen Es Vedrà, das Meer schimmert türkis. Sehen lassen kann sich aber auch die Küchenkunst des Es Boldadó, das mit traditionellen Inselrezepten wie dem *Bullit de peix*, einem pikanten Fischeintopf, zu begeistern weiß. Zum Abschluss empfiehlt sich ein *Café caleta*, ein aromatischer Kaffee mit Gewürzen, Zitrusfrüchten und Branntwein. Mit etwas Glück bekommst du auch noch ein Glas Limoncello aufs Haus.
Cala d'Hort; www.esboldadoibiza.com; abends geschl.

SONST NOCH WICHTIG

SCHLAFEN

CAN MARTÍ
Diese luxuriös renovierte, rund 400 Jahre alte Finca in der Nähe von Sant Joan bietet einen friedlichen Rückzugsort mit Schwerpunkt auf Nachhaltigkeit (Solarstrom, Biogärten, Permakultur), einen natürlichen Pool aus Lavagestein und eine Handvoll eleganter, lichtdurchfluteter Zimmer mit Balkendecken.
www.canmarti.com

LOS ENAMORADOS
Das mit neun Zimmern ausgestattete Los Enamorados ist ein Traum ibikenzischen Designs mit Blick über die Fischerboote im nördlichen Portinatx und beherbergt auch ein äußerst beliebtes Restaurant, in dem Meeresfrüchte der Region und Biozutaten von der Insel im Zentrum stehen.
www.losenamorados ibiza.com

AKTIVITÄTEN

IBIZA OUTDOORS
Die wilde Seite der Insel Ibiza erkunden bei einer spannenden geführten Wanderung durch die Salzwüsten im Süden, die abgelegene Bucht Es Portitxol im Norden, oder zu den schwindelerregenden Klippen bei Es Vedrà: Der Gründer Toby Clarke ist auch der Initiator von Ibiza Food Tours, das kulinarische Wanderungen zu lokalen Küchen und Inselspezialitäten in Ibiza-Stadt organisiert.
www.ibizaoutdoors.com

DALT VILA
Der bezaubernde historische Stadtkern von Ibiza-Stadt wurde bereits im 7. Jahrhundert v. Chr. von den Phöniziern gegründet. Sehenswert sind vor allem die katalanische Kathedrale aus dem 14. Jahrhundert, die imposanten (zu erklimmenden) Befestigungsmauern aus dem 16. Jahrhundert und das Museum für zeitgenössische Kunst, Museu d'Art Contemporani d'Eivissa.

CAMINO VERDE
Mehr über essbare Pflanzen und Heilpflanzen der Insel erfährt man beim Wandern durch eine der versteckten naturbelassenen Ecken der Insel. Zudem veranstaltet Camino Verde auch Kurse und Workshops.
www.camino-verde-ibiza.com

EVENTS

Das abgelegene Dorf Sant Mateu d'Albarca im Norden der Insel feiert immer im Dezember die Festa del Vi Pagès mit hausgemachten Weinen und traditionellen Bauerntänzen *(Ball pagès)*.

ANREISE
Von den drei galizischen Flughäfen, Vigo, A Coruña und Santiago de Compostela, hat der letzte die besten Verbindungen. Die Alsa-Linienbusse (www.alsa.com/de/web/bus/home) fahren größere und kleinere Städte an. Ein Mietauto bietet mehr Freiheit.

01

[Spanien]

EINE PILGERREISE FÜR GOURMETS

Unterwegs durch Spaniens grünen Nordwesten verwöhnt Galiziens Küche mit einer himmlischen Tarte sowie mit exquisiten Weinen und Meeresfrüchten.

Auch wenn Galiziens Küche weniger berühmt ist als die des mit vielen Sterne-Restaurants verwöhnten Baskenlands, so gibt es doch auch hier kulinarisch viel zu entdecken. Galiziens Meeresfrüchtegerichte zählen zum Beispiel zu den besten des Landes. Ob Muscheln oder Seeteufel – was von den wellenumtosten Küsten der Costa da Morte eingeholt wird, landet unglaublich schnell auf den Tischen der Restaurants. Mit gutem Grund: Je frischer, desto zarter schmeckt zum Beispiel der Tintenfisch, der als *Pulpo a la gallega* (Oktopus auf galizische Art) eine landestypische Delikatesse ist.

Galiziens Regionalhauptstadt ist Santiago de Compostela, das Ziel aller Pilger auf dem Jakobsweg. Im Glorienportal der Kathedrale von Santiago sieht man dem Propheten Daniel gegenüber die Königin Saba. Deren Dekolleté soll dem Propheten ein Lächeln ins Gesicht gezaubert, aber einen Erzbischof erzürnt haben. Als Letzterer einen Steinmetz beauftragte, das Dekolleté der Königin abzuflachen, protestierten die Bürger der Stadt, in dem sie einem im Tropfverfahren hergestellten halbfesten Käse den Namen *Queso Tetilla* gaben – „Tetilla" bedeutet kleine weibliche Brust. Dieser Käse ist heute ein traditionelles galizisches Produkt mit geschützter Herkunftsbezeichnung.

Für ganz Galizien gilt, dass das beste Essen hier häufig auch das einfachste ist – Gerichte, die im Wesentlichen die unvergleichlichen Früchte dieses grünen, fruchtbaren Landes besonders gut zur Geltung bringen. Hier ist es kühler und regnerischer als in den südlicheren Regionen, und in diesem Klima gedeiht mit der Albariño-Rebe ein hervorragender Tropfen. Die aus dieser Rebe gekelterten Weine werden inzwischen auch außerhalb des Landes gern getrunken – vor Ort schmecken sie aber am besten. In diesem Sinn: *Saúde!* (Zum Wohl oder wörtlich: Gesundheit!)

01 PULPERIA EZEQUIEL

Die kleine Stadt Melide liegt an der Kreuzung zweier Pilgerrouten, etwa 100 Kilometer landeinwärts, und ist der beste Ort, um das typische Gericht der Region zu probieren, *Polbo á feira* (Tintenfisch mit Knoblauch und Paprika). Serviert wird der Kopffüßler in dieser an eine einfache Kantine erinnernden Pulperia auf schlichten Holztellern – zartgekocht mit Salzkartoffeln, Brot und gutem Rotwein. Für manche ist das der beste Pulpo, den man auf dem Camiño de Santiago, dem Jakobsweg, essen kann – wenn nicht sogar in ganz Spanien!

Cantón de San Roque 48, Melide; www.pulperiaezequiel.com

02 A GRANXA DE TATO

Dieser ländliche Lebensmittelladen mit Café ist ein angenehmer Zwischenstopp auf dem Weg nach Santiago de Compostela. Hier werden ausschließlich Gerichte aus einheimischen und saisonalen Produkten serviert. Man kann hier entweder im Speiseraum gemütlich neben dem Kamin oder auch draußen auf der schönen Terrasse zu Mittag essen.

Auf der Speisekarte stehen unter anderem Chorizo mit Rübenspitzen sowie ein warmes Sandwich gefüllt mit *Arzúa Ulloa* (einem galizischen Weichkäse aus pasteurisierter Kuhmilch) und pikanter Quittenpaste.

Der Besitzer Jose Veses ist fast immer vor Ort. „Die Galizier schätzen traditionelle Lebensmittel sehr", sagt er. Davon gibt es hier viele zu kaufen, aber auch modernere kulinarische Souvenirs wie zum Beispiel selbst gebraute Craft-Biere und Kombucha, ein fermentiertes, aus gesüßtem koffeinhaltigen Tee und einer Kombuchakultur hergestelltes Gärgetränk.

Lugar A Peroxa; www.agranxadetato.com

03 MOSTEIRO DE SAN PAIO DE ANTEALTARES

Die *Tarta de Santiago* ist ein nur aus fünf Hauptzutaten – Mandeln, Zucker, Eier, geriebene Zitronenschale und Puderzucker – bestehender Mandelkuchen, dessen Oberfläche so mit Puderzucker bestäubt wird, dass ein frei bleibender Bereich die Form des Jakobskreuzes ergibt. Eine gute Adresse, um diese galiziische Spezialität zu kosten, ist dieses Kloster, das ursprünglich im 9. Jahrhundert von Alfonso II. mit zwölf Benediktinermönchen gegründet wurde, um das Grab des Apostels Jakob zu bewachen und

01 Kathedrale von Santiago de Compostela, das Ziel der Jakobswegpilger

02 Galiziens Spezialität: *Polbo á feira*

03 Ein Teller *Pimientos de Padrón* (Padrón-Paprikaschoten)

04 Fruchtbare Hügel an der galizischen Küste

zu verehren. Seit dem Jahr 1499 – nachdem die Benediktiner das Kloster verließen – ist es von Nonnen belegt, die den von ihnen gebackenen Mandelkuchen im Klosterladen verkaufen.
Calle de San Paio de Antealtares 23, Santiago de Compostela; https://monasteriosanpelayo.org

04 MERCADO DE ABASTOS

Der hier in der Altstadt von Santiago seit 1873 bestehende, seit den 1940er-Jahren in seiner jetzigen Form erweiterte Markt ist neben der Kathedrale der am meisten besuchten Ort in der Pilgerstadt. Mehr als 70 Händler und Erzeuger präsentieren ihre Waren in den acht langen, sich in vier Reihen um einen zentralen Innenhof gruppierenden Gewölbehallen: Fisch, Fleisch und Geflügel, Obst und Gemüse, Käse und Wurst. Samstags bieten die Bauern der Umgebung ihre Produkte vor den Hallen und im Innenhof an. Nach einigen Kostproben lohnt sich ein Besuch in Reihe Nummer 5. Dort schöpfen Köchinnen und Köche aus der Fülle des Marktes, um köstliche Meeresfrüchte oder süße Desserts wie *Filloas* (galizische Crêpes) zuzubereiten.
Rua Ameás, Santiago de Compostela; www.mercadodeabastosdesantiago.com; So geschl.

05 BODEGA PALACIO DE FEFIÑANES

Cambados ist die Hauptstadt der Albariño-Weinregion. Genau in derem Zentrum liegt der Praza de Fefiñáns, ein weiter, zu Beginn des 16. Jahrhunderts erbauter Platz, der aussieht wie ein Filmset von Game of Thrones. Die gleichnamige Winzerei ist ähnlich geschichtsträchtig – sie bietet schon seit dem 17. Jahrhundert Wein an und ist heute bei Führungen mit Voranmeldung zu besichtigen. Es ist ein außergewöhnlich hübsches Fleckchen Erde mit weinbewachsenen Pergolen, vielen mit Efeu und bunten Blumen bewachsenen Torbögen sowie stimmungsvollen, mit Fässern prall gefüllten Weinkellern. Die Bodega produziert vier verschiedene Weine – probiere sie alle vor Ort und nimm dann deinen Lieblingswein mit nach Hause.
Praza de Fefiñáns, Cambados; www.fefinanes.com/en/; So geschl.

06 CRUCEROS DO ULLA

Die Rías Baixas – eine Reihe von kleinen Buchten mit Sandstränden und hübschen Fischerdörfern – gehört zu den raren Urlaubs-Hotspots in Galizien. Dieses Gegend ist nicht nur landschaftlich reizvoll, sondern

05 Die *Tarta de Santiago* schmückt traditionell ein Jakobskreuz, das Zeichen des spanischen Santiagoordens

06 Pilger auf dem Jakobsweg

auch reich an Aquakultur, insbesondere an Muschelzucht. Beides kannst du auf einer kleinen Bootstour durch die Ría de Arousa erleben. Sie führt vom Hafen von O Grove aus zu den floßartigen *Bateas* (Muschelfarmen) und anderen malerischen Orten, an denen Austern und Jakobsmuscheln gezüchtet werden. Zum Abschluss des etwas mehr als einstündigen Ausfluges gibt es einen Teller dampfender Muscheln und ein Glas Wein aus der Region.
Avenida de Beiramar, O Grove; www.crucerosdoulla.com

07 D'BERTO

Die Meeresfrüchte an Galizens wellenumtoster Küste zählen zu den leckersten im ganzen Land – und es sieht fast so aus, als würden die leckersten davon in diesem relativ bescheidenen Restaurant in O Grove landen. Kein Wunder, dass das Restaurant auch von spanischen Starköchen wie José Pizarro und Nieves Barragán Mohacho geschätzt wird und schon seit mehr als drei Jahrzehnten existiert.

Der zurückhaltend eingerichtete Speisesaal ist mit Weinflaschen und regionaler Kunst dekoriert – die eigentliche Aufmerksamkeit gilt aber vor allem den Gerichten. Gerne isst man hier zum Beispiel gegrillten Hummer oder *Percebes* – Entenmuscheln, bei denen es sich (anders als der Name vermuten ließe) nicht um Muscheln, sondern um Krebstiere handelt. Den Erfolg seines Restaurants erlärt der Besitzer Berto Domínguez schlicht damit, dass sie nur die besten und größten Fische und Schalentiere kaufen und „das Produkt mit Liebe und Zuneigung behandeln".
Avenida Teniente Domínguez 84, O Grove; www.dberto.com

08 CALLE DE LAS OSTRAS

Wenn man zwischen 10.30 und 15.30 Uhr hier auftaucht, ist dieser Abschnitt der Altstadt von Vigo voller Menschen, die frisch von den Straßenverkäufer:innen ausgelöste Muscheln verspeisen. Es gibt auch viele Restaurants – bestell dir ein Getränk und setz dich zum Essen wie die Einheimischen, die auch darauf schwören, dass Austern und ein Glas Albariño ein bewährtes Katerfrühstück sind.
Rúa da Pescadería, Vigo

SONST NOCH WICHTIG

SCHLAFEN

SAN FRANCISCO HOTEL MONUMENTO

In diesem stilvoll eingerichteten Hotel, das in einem umgebauten Franziskanerkloster aus dem 18. Jahrhundert am Rande der Altstadt von Santiago untergebracht ist, erinnert vom Komfort her nichts mehr an die Entbehrungen der Mönche – heute gibt es sogar einen Infinitypool. Im Restaurant jedoch, das sich auf „Klosterküche" spezialisiert hat, lebt das Erbe der Glaubensbrüder fort. Auf der Speisekarte stehen traditionelle Rezepte, die in Ordensgemeinschaften in ganz Spanien mit natürlichen Zutaten zubereitet werden. *www.sanfranciscohm.com*

PENSION VINOTECA RIBEIRA DE FEFIÑÁNS

José Aragunde, der Besitzer dieses preisgünstigen Gästehauses in Cambados, zu dem auch ein Restaurant und eine Weinhandlung gehören, ist ein Experte auf önologischem Gebiet. Bittest du ihn um eine Empfehlung aus seinem mit 500 Flaschen bestücktem Weinkeller, machst du bestimmt nichts falsch und genießt gern den guten Tropfen auf der Terrasse mit Meerblick. *www.ribeiradefefinans.com/la-pension*

AKTIVITÄTEN

Man muss nur die letzten 100 Kilometer des Jakobsweg gehen, um als echter Pilger zu gelten. Tenedor Tours kreiert maßgeschneiderte Routen durch Nordspanien, sucht gezielt Hotels heraus und plant die Wanderrouten nach Schwierigkeitsgrad. Es werden auch geführte kulinarische Reisen durch Galizien angeboten – eine gute Option für alle, die nicht gut Spanisch können. *www.tenedortours.com*

EVENTS

SANTIAGO (É) TAPAS

Jeden Herbst findet in Galiziens Hauptstadt ein großer Tapas-Wettbewerb statt – und man kann dabei mit abstimmen. Dazu muss man sich nur einen offiziellen Führer holen, in dem Einzelheiten zu den Angeboten der teilnehmenden Restaurant aufgeführt sind. *www.santiagoetapas.gal*

FIESTA DEL ALBARIÑO

Wein und Musik sind seit jeher eine gute Kombination, und beides lässt sich schön auf diesem zehntägigen Fest in Cambados zelebrieren. Ende Juli/Anfang August gibt es guten Wein und spanische Popmusik zu hören. *www.fiestadelalbariño.com*

ANREISE
Bilbao ist der Hauptzugang zum Baskenland und durch viele Flugverbindungen mit zahlreichen europäischen Städten verbunden. Eine Alternative ist die Anreise über Biarritz im französischen Baskenland, das mit dem Auto nur etwa eine Dreiviertelstunde von San Sebastián entfernt liegt.

01

[Spanien]

EINE FEIER BASKISCHER BRILLANZ

Die foodbegeisterten Baskinnen und Basken wetteifern ständig darum, den kulinarischen Ruhm des spanischen Baskenlandes noch zu steigern.

Was macht das Essen im spanischen Baskenland so gut? Das Klima ist ein offensichtlicher Faktor. Viel Sonne und viel Regen (häufig gleichzeitig) lassen alles bestens wachsen. Fast könnte man denken, man müsse hier nur ein Apfelkerngehäuse fallen lassen, und schon wachse da ein Baum mit glänzend roten Äpfeln. Und dann sind da die vielfältigen Landschaften. Vom sturmgepeitschten, fischreichen Atlantik bis hin zu Bergwiesen, auf denen prächtige Kühe und Schafe weiden, bietet das Baskenland eine Szenerie, die für den Anbau und die Produktion von fast allem geeignet zu sein scheint. Vor allem aber dreht sich bei den foodbegeisterten Bask:innen fast alles um das Essen. Hier gibt es exklusive Kochgemeinschaften und Foodies, die beispielsweise mühevoll Berghänge erklimmen, um Schafsmilchkäse direkt beim Hirten zu kaufen, oder schon im frühen Morgengrauen auf die Rückkehr der Fischerboote warten, um den frischesten Fang zu ergattern. Zu all der Passion gesellt sich eine offenbar angeborene künstlerische Ader und ein ausgeprägter Stolz, der die baskischen Köchinnen und Köche dazu antreibt, sich in der Kreativität ihrer Küchenkunst gegenseitig zu übertreffen. Oder wo sonst auf der Welt könnte jemand ein Eis mit Kabeljau-Geschmack erfinden?

Das Ergebnis ist eine erstaunliche Ansammlung von Restaurants der Weltklasse sowie – vielleicht der wichtigste Beitrag des spanischen Baskenlands zur kulinarischen Welt – der *Pintxo*. Dieses kulinarische Wunder schnöde als baskische Version einer spanischen *Tapa* zu bezeichnen, wäre ein großes Unrecht. Klein, vielfältig und oft gänzlich unerwartbar im Geschmack ist der Pintxo die in einem Bissen konzentrierte kulinarische Essenz des Baskenlandes.

01 MERCADO DE LA RIBEIRA

Eine kulinarische Reise durch Bilbao sollte an der Quelle beginnen: Alle Köchinnen und Köche, die etwas auf sich halten, kaufen die meisten ihrer Zutaten auf diesem Art déco-Markt. Er erstreckt sich auf einer Fläche von mehr als 10 000 Quadratmeter am rechten Ufer des Nervión und wird vom Guinness-Buch der Rekorde als der größte überdachte Lebensmittelmarkt der Welt geführt. Im Inneren des in seiner heutigen Form im Jahr 1929 auf dem Gelände der heute nicht mehr existierenden Plaza Vieja nach Entwürfen von Pedro Ispizua, einem Gaudí-Schüler, errichteten Marktes findet man auf drei Etagen rund 180 nach Warengruppen sortierte Geschäfte. Fast alles, was hier das Gourmetherz erfreut, wird im Baskenland angebaut, aufgezogen oder gefangen – im Food-Court kannst du einiges davon frisch probieren.
Erribera Kalea s/n, Bilbao

02 GURE TOKI

Das Gure Toki ist eine Pintxo-Institution, und zwar schon fast so lange, wie es Pintxos gibt. Man könnte fast sagen, dass es eine treibende Kraft dabei war, dass es immer ausgefeiltere kulinarische Kreationen davon gab und gibt. Es liegt an der stimmungsvollen Plaza Nueva in Bilbaos Altstadt. Unbedingt probieren solltest du die Spezialität des Hauses, Jakobsmuscheln mit Kartoffeln.
Plaza Nueva 12, Bilbao; www.guretoki.com

03 HELADERÍA NOSSI-BE

Die Geschichte des Ladengeschäfts, in dem sich dieses Eiscafé (span. *Heladería*) befindet, ist schon über hundert Jahre alt: 1911 eröffnet, gab es hier zunächst gerösteten Kaffee, Gebäck und handgefertigte Pralinen zu kaufen. 1975 übernahm Victoriano Ortiz das Geschäft, der zuvor mit seinem Eiswagen durch die Biskaya gezogen war. Zunächst gab es nur die üblichen Klassiker wie Vanille, Erdbeere und Schokolade. Aber da wir hier ja im Baskenland sind, wurde Ortiz schon bald sehr kreativ in der Entwicklung immer neuer Sorten und Varianten: Inspiriert durch klassische baskische und kantabrische Gerichte erfand man in dem heute von Ortiz' Tochter Esther geführten Eiscafé zum Beispiel Eis aus Tintenfischtinte, Kabeljaueis, Pilzeis und und und … Manches davon ist sicher gewöhnungsbedürftig, aber originell ist alles. Und dann gibt es ja auch immer noch das gute alte Vanilleeis –

01 Die Bahia de la Concha in San Sebastián

02 Eine Theke voller Pintxo im Gure Toki

03 Köstliche Happen in der Bergara Bar

04 In Bilbaos Altstadt gibt es einige der besten Pintxos-Bars

mit Bourbon-Vanille aus Madagaskar. Auf Madagaskar – genauer: auf die Insel Nossy Be vor der Küste Madagaskars, von der Vanilleschoten und der Kakao, den man hier verwendet, importiert werden – bezieht sich auch der Name des Eiscafés.
Nafarroa Kalea 1, Bilbao; www.heladeria-bilbao.com

04 ELKANO

Pedro Arregui wuchs in einem kleinen Fischerdorf an der oft stürmischen, von Wellen gepeitschten baskischen Küste auf. Er wusste, wie man Fisch zubereitet, und so kam eines zum anderen: Pedro verwandelte den Lebensmittelladen seiner Mutter in eine Bar und richtet am Straßenrand einen kleinen Grill ein, um Fisch zu verkaufen. Eines Tages brachte ihm ein Fischer einen riesigen Steinbutt, der zu groß war, um auf einem Grill gegrillt zu werden. Also legte er ihn auf zwei nebeneinander stehende Grills und brutzelte ihn im Ganzen, ohne die Haut oder den Kopf zu entfernen (Letzterer war bis dahin allenfalls für eine Suppe verwendet worden).
So naheliegend das alles schien – es war doch auch eine kulinarische Revolution. Heute ist das inzwischen von Pedros Sohn Aitor geführte Fischrestaurant das renommierteste im ganzen Baskenland.
Herrerieta Kalea 2, Getaria; Di geschl.

05 BERGARA BAR

San Sebastián hat das Baskenland zu einem legendären Ort für Foodies gemacht. Bei einer der weltweit höchsten Dichte an Sternerestaurants und einer Pintxo-Szene, die als die beste Spaniens gilt, ist das nicht verwunderlich. Die meisten Foodies zieht es in die Pinxto-Bars in der Altstadt, die Einheimischen lassen sich ihre Snacks aber lieber woanders schmecken: In der Bergara Bar im Surfstrandviertel Gros zum Beispiel, in der sich die leckeren Häppchen auf der Theke stapeln. Weitere, in der Regel auf Bestellung heiß zubereitete Häppchen stehen auf einer schwarzen Tafel angeschreiben. Spezialitäten des Hauses sind zum Beispiel eine Anchovistortilla und ein Seespinnenkrabbenmousse.
General Artetxe 8, San Sebastián; www.pinchosbergara.es

06 ASADOR ETXEBARRI

Eingebettet in die üppig grünen Ausläufer des baskischen Hinterlandes, gilt dieses mit einem Michelin-Stern ausgezeichnete Restaurant

05 Salinen im Valle Salado de Añana

06 Weingut und Hotel Marqués de Riscal, entworfen von Frank Gehry

als der beste Ort der Welt, um gegrilltes Fleisch zu essen. Basis des Erfolgs von Chefkoch Victor Arguinzoniz sind die Qualität des baskischen Fleisches, die sorgfältige Auswahl unterschiedlichen Brennholzes und ein innovatives Grillsystem, das er selbst entworfen hat.
San Juan Plaza 1, Axpe; www.asadoretxebarri.com; nur Mittagessen, Aug & Ende Dez–Mitte Jan geschl.

07 TOLOÑO

Obwohl San Sebastián die Pintxo-Krone trägt, verdient auch Vitoria-Gasteiz im Inland – die imposante Hauptstadt der spanischen Autonomen Region Baskenland mit ihrem mittelalterlichen Zentrum – die Aufmerksamkeit aller Foodies. Etwa um das Toloño zu besuchen: Die am meisten ausgezeichnete Pintxo-Bar der Stadt bietet klassische und kreative Pintxos in einer modernen Barumgebung an. Ihr Pilzrisotto ist ein lokaler Hit.
San Frantzisko Aldapa 7, Vitoria-Gasteiz; www.tolonobar.com

08 VALLE SALADO DE AÑANA

Schon den alten Römern war klar, dass das Salz aus dem Valle Salado in der heutigen baskischen Gemeinde Añana etwa 30 Kilometer westlich von Vitoria-Gasteiz besonders gut ist, und sie ernteten es mit Begeisterung. Tatsächlich ist das in den Salinen von Añana noch bis heute mit traditionellen Methoden auf ganz natürliche Weise gewonnene Salz auffallend rein und hochwertig – viele der besten Köchinnen und Köche Spaniens schätzen es als eines der besten der Welt. Bei einer Besichtigung dieses ältesten aktiven Salzwerks der Welt erfahren die Besuchenden viel über die Geschichte des Salzes, das aus einem Meer stammt, das sich vor rund 200 Millionen Jahren hier befand. Im Anschluss können sie in einem Solebad die wohltuende Wirkung des Salzwassers erleben und nicht zuletzt Salz kaufen, auch Gourmetvarianten mit Wein oder Olivenöl.
Real Kalea 32, Gesaltza Añana; www.vallesalado.com

SONST NOCH WICHTIG

SCHLAFEN

BASQUE BOUTIQUE

Man kombiniere einen künstlerisch angehauchten Design-Stil mit erschwinglichen Preisen und einer traumhaften Lage im Herzen der Altstadt von Bilbao, und schon hat man das Basque Boutique – eine ganz besondere Unterkunft mit freigelegtem roten Backstein, knorrigen Holzbalken und prägnanten individuellen Details. *www.basqueboutique.es*

HOTEL MARQUÉS DE RISCAL

Das spektakuläre Design dieses Luxushotels ist das Werk von Frank Gehry, dem berühmten Architekten des Guggenheim-Museums: eine wogende Regenbogenwelle aus Titan, die im krassen Gegensatz zum alten Weindorf dahinter steht. Es liegt nah an der Grenze zu La Rioja und gehört zu einem riesigen Weingut, das du erkunden kannst. *www.marquesde riscal.com*

06

AKTIVITÄTEN

DÖRFER IN DEN AUSLÄUFERN DER PYRENÄEN

Das wahre Herz und die echte Seele des Baskenlandes findet sich auf dem Land. In den ursprünglichen Dörfern der Pyrenäenausläufer wie zum Beispiel Roncal lässt sich baskische Kultur – und unvergessliches Essen – am besten erleben.

GUGGENHEIM BILBAO

Diese Kunstgalerie von Bilbao ist eines der wegweisenden Gebäude der modernen Architektur und sollte nicht verpasst werden. Es gibt Wechselausstellungen und eine hervorragende Dauerausstellung. *www.guggenheim-bilbao.eus*

EVENTS

TRANSHUMANCE

Zweimal im Jahr wiederholt sich dieses Ereignis, wenn die Hirtinnen und Hirten ihr Vieh etwa im Juni zu den sommerlichen Bergweiden hoch- und Ende September wieder hinuntertreiben. In einigen Gegenden wird der Viehtrieb von Dorfmärkten und Volksfesten begleitet, bei denen auch das Essen und Trinken eine große Rolle spielen. Bei den Touristeninformationen vor Ort kann man die genauen Daten erfragen.

ANREISE
Jerez und El Puerto de Santa María sind mit dem Zug leicht von Cádiz, Sevilla und anderen Orten zu erreichen. Sanlúcar verfügt über gute Verbindungen mit den Busunternehmen Damas und Monbus. Für Flugreisen liegen die Flughäfen Jerez und Sevilla am günstigsten.

01

[Spanien]

MITTEN IM SHERRY-DREIECK

Mit seiner auch vom Atlantik geprägten Foodszene, jahrhundertealten Märkten und überraschenden Weinen bietet das Sherry-Dreieck von Cádiz kulinarische Abenteuer.

In diesem beseelten Teil der Provinz Cádiz - einem 140 Quadratkilometer großen Gebiet zwischen Jerez de la Frontera, Sanlúcar de Barrameda und El Puerto de Santa María - werden schon seit der Ankunft der Phönizier um 1100 v. Chr. Weine hergestellt. Die kalkhaltigen, mineralreichen Albariza-Böden bringen eine Fülle von Palomino-Trauben hervor, die nach der Gärung mindestens drei Jahre lang in spektakulären Bodegas unter Verwendung des ausgeklügelten Criadera- und Solera-Systems in Fässern aus amerikanischer Eiche ausgebaut werden.

Jerez-Xérès-Sherry, häufig der Einfachheit halber als D.O. Sherry abgekürzt, war im Jahr 1933 die erste geschützte Herkunftsbezeichnung (D.O. = *Denominación de Origen)* in Spanien. Heute gehören Sherrys, die von den Einheimischen *Vinos de Jerez* genannt werden, genauso zum Alltag wie eine Tapa mit Jamón (Schinken aus Huelva).

Andalusiens frische Produkte sind die ideale Grundlage für eine unwiderstehliche regionale Gastronomie, die in ganz Spanien für ihre originelle, unkomplizierte Küche und ihre wegweisende Kreativität bekannt ist. Handgeschöpfter Käse aus Grazalema, rund um Conil de la Frontera angebautes Obst, Fleisch vom Retinta-Rind, köstliche, von den Mauren überlieferte Gewürze, Jamón und der berühmte, nachhaltig gefangene Almadraba-Thunfisch aus Cádiz sind nur einige der Produkte, die es hier zu genießen gibt – sei es in feinen Lokalen, familienbetriebenen Fischrestaurants oder überfüllten Tapas-Bars in der Stadt.

Das Epizentrum des Sherry-Dreiecks ist die Stadt Jerez de la Frontera, deren Foodszene sich um urige Tapas-Treffs, von Flamenco erfüllte *Tabancos* (Sherry-Bars) und beste Sternerestaurants wie die von Juan Luis Fernández im LÚ Cocina y Alma und Israel Ramos im Mantúa dreht.

❶ BODEGAS TRADICIÓN

Nirgends kann man besser in die Geschmackswelten des Sherry-Dreiecks eintauchen als in den von der Zeit gezeichneten Bodegas von Jerez mit ihren weinüberschatteten Hinterhöfen, Deckengewölben und himmelhohen Reifungshallen. Diese Bodega wurde im Jahr 1998 von einem Trio angesehener Winzerfamilien (Domecq, Rivero und López de Carrizosa) ins Leben gerufen. Heute zählt sie zu den angesehensten und interessantesten Namen der hiesigen Weinwelt.

„Wir sind die einzige Bodega in Jerez, die sich ausschließlich sehr alten Weinen (VOS and VORS) und Branntweinen widmet", sagt Helena Rivero, die Präsidentin in zweiter Generation. „Das sind vollkommen natürliche Weine, deren Geschmack, Aromen und Farben nur durch Reifung und das wachsame Auge unserer erfahrenen Winzer entstehen".

Besichtigt werden kann die Bodega nach Voranmeldung. Dabei gibt es auch einen Blick auf die erstaunliche private Kunstsammlung des Tradición, mit Werken von Goya, Velázquez und Zurbarán, die zwischen den alten Weinfässern versteckt sind.
Calle Cordobeses 3, Jerez; www.bodegastradicion.es

❷ TABANCO PLATEROS

Bis vor zehn Jahren waren die traditionellen Sherry-Bars von Jerez ernsthaft vom Aussterben bedroht. Nun sind diese unwiderstehlich schlichten Tempel des Flamenco, des Sherry und der Tapas nach Cádiz-Art wiedergeboren und feiern ihre Wurzeln aus dem 20. Jahrhundert, während sie gleichzeitig neue Feinschmeckerideen vorantreiben.

Das 2011 von Luz Saldaña und Jaime Jiménez eröffnete Tabanco Plateros steht am Anfang dieser Renaissance. Seine schmale, lichtdurchflutete Bar (eine umgewandelte Modeboutique) ist jeden Tag voller Gäste, die *Fino* (der hellste Sherry) direkt vom Fass nippen und dazu Payoyokäse, *Chicharrones* (gebratenen Schweinebauch) und andere himmlische *Caditano* (Cádizer Tapas) snacken. Das Team veranstaltet auch häufig Sherry-Verkostungen. Weitere empfehlenswerte *Tabancos* sind das Las Banderillas (beliebt wegen seiner Fleisch-Tapas) und das El Pasaje (Flamencovorführungen zweimal am Tag).
Calle Algarve 35, Jerez; www.facebook.com/tabanco.plateros; So mittags geschl.

01 Erntehelfer schultern Palomino-Trauben

02 Helena Rivero, Bodegas Tradición

03 Das Sherry-Dreieck von Cádiz produziert schon seit den Phöniziern Wein

04 Das Sternrestaurant Aponiente erweitert mit seinen kreativen Gerichten den kulinarischen Horizont

05 Das La Carboná befindet sich in einem Weinkeller aus dem 19. Jahrhundert

04

05

03 LA CARBONÁ

In einem renovierten Weinkeller aus dem 19. Jahrhundert zelebriert der lokale Spitzenkoch Javier Muñoz, der oft als *El Chef del Sherry* bezeichnet wird, auf wunderbar fantasievolle Weise die jerezanische Küche. „Im La Carboná trinken und essen wir Wein", erklärt Muñoz. „Unsere Küche basiert auf dem Respekt für frische, qualitativ hochwertige Produkte aus unserer Region." Das können der rote Almadraba-Thunfisch sein (der oft als bester der Welt bezeichnet wird), Olivenöle und Käse aus den Bergen von Cádiz oder die Riesengarnelen von Sanlúcar. „Wir nutzen auch die anderen Möglichkeiten, die uns die Rebe eröffnet - zum Beispiel verwenden wir die Florhefe (*Velo de flor*, eine sich in den nur zu zwei Dritteln gefüllten Fässern auf der Oberfläche des Weins bildende Hefeschicht) für das täglich selbstgebackene Brot. Und unsere spezielle Sherry-Karte führt über 300 einheimische Weine", so Muñoz. All das bedeutet, dass du bei einem fabelhaften Menü mit Sherrybegleitung nichts falsch machen kannst. *Calle San Francisco de Paula 2, Jerez; www.lacarbona.com; Di geschl.*

04 BODEGAS GUTIÉRREZ COLOSÍA

Ein aufeinander eingeschworenes Familienteam leitet diese kleine innovative Winzerei in El Puerto de Santa María, der lebhaften südlichsten Station des Sherry-Dreiecks. Gutiérrez Colosía begann seine Weine erst in den 1990er-Jahren zu verkaufen, doch die Wurzeln des Unternehmens reichen bis 1838 zurück. Bei Führungen in kleinen Gruppen (keine spontanen Gäste; im Sommer sind Führungen nach Einbruch der Dunkelheit zu empfehlen), erfährt man viel über die verschiedenen Sherrysorten. Danach lohnt sich ein Besuch in der Sherry-und-Tapas-Bar Bespoke, die zur Bodega gehört und nicht weit entfernt ist. *Avenida Bajamar 40, El Puerto de Santa María; www.gutierrezcolosia.com*

05 APONIENTE

Das einzige Dreisternerestaurant Andalusiens ist das Geisteskind des aus Jerez stammenden Chefkochs Ángel León, der auch *El Chef del Mar* (Koch des Meeres) genannt wird und die einheimischen Meeresfrüchte in eine alle Grenzen sprengende gastronomische Kunstform verwandeln kann.

Ø6 Vogelwelt im Parque Nacional de Doñana, am gegenüberliegenden Ufer des Flusses von Sanlúcar

Ø7 Bei den Fiestas in Cadiz tanzen die Flamenco-Tänzer:innen auf den Straßen

Schon beim Betreten der stilvoll umgebauten Gezeitenmühle aus dem 17. Jahrhundert wird seine Vision nachhaltiger (und deshalb auch mit einem grünen Michelin-Stern ausgezeichneter) kulinarischer Kreativität als wahres Fest für die Sinne erkennbar. Zu seinen Eigenkreationen zählen Gerichte wie Plankton-Tarte Tatin und Atlantischer Thunfischbauch.

Reservierung mehrere Wochen im Voraus erforderlich. Alternativ bietet sich das zwanglose, von Leóns Frau Marta Girón betriebene Schwesterrestaurant La Taberna del Chef del Mar in Aponiente an.
Calle Francisco Cossi Ochoa, El Puerto de Santa María; www.aponiente.com; Dez-Feb geschl.

06 MERCADO DE ABASTOS DE SANLÚCAR

Sanlúcar de Barrameda ist eine alte Stadt an der Mündung des Guadalquivir, die heute für ihre überwältigende und doch bodenständige Foodszene sowie für jene Atlantikbrise bekannt ist, die der lokalen Sherrysorte Manzanilla eine salzige Note verleiht. Auf dem sorgfältig restaurierten Markt am Rand des historischen Barrio Alto gibt es pralle Tomaten, herbe Orangen aus Sevilla, handgemachten Grazalema-Käse, Erdbeeren aus Huelva sowie duftende Petersilie und frische andalusische Meeresfrüchte. Der morgendliche Betrieb an den Ständen beginnt bereits um acht Uhr.

Wer mehr zum Thema Essen und Sherry wissen möchte, der nimmt am besten an einer der hervorragenden Führungen von Sanlúcar Smile (www.sanlucarsmile.com) teil, zu denen auch ein Zwischenstopp am Markt gehört. Dieser befindet sich übrigens ganz in der Nähe der Plaza del Cabildo, wo die berühmtesten Tapas-Bars von Sanlúcar warten. Wie wär's zum Beispiel mit *Tortillitas de Camarones* (Garnelenpfannkuchen) im Casa Balbino oder *Papas Aliñás* (Kartoffelsalat mit Thunfisch in Essig) im Barbiana?
Calle Bretones, Sanlúcar de Barrameda; nachmittags & So geschl.

07 BODEGAS HIDALGO LA GITANA

Diese stimmungsvolle Bodega wurde bereits im Jahr 1792 gegründet und produziert noch immer den Manzanilla „La Gitana", nach dem sie benannt ist: ein schöner, in achter Generation von derselben Familie betriebener Ort, um sich einer fachkundigen Führung anzuschließen. Am Sherry nippend schlendert man an den Fässern vorbei, die in drei Reihen übereinandergestapelt sind. Im Sommer gibt es anregende Abendführungen und Verkostungen bei Sonnenuntergang zwischen den Reben außerhalb von Sanlúcar. Das elegante dazugehörige Restaurant EntreBotas in einem von Bougainvilleengesäumten Innenhof ist einen eigenen Besuch wert.
Calle Banda de la Playa, El Puerto de Santa María; www.bodegashidalgolagitana.com; So geschl.

08 BAJO DE GUÍA

Auf der dem Nationalpark Doñana gegenüberliegenden Seite des Guadalquivir hat sich dieses traditionelle Fischerviertel zu einer beliebten gastronomischen Flaniermeile entwickelt, deren Restaurants alle sonnige Terrassen mit Blick auf den Strand haben. In den seit Jahrzehnten familiengeführten Küchen gibt es Sanlúcar-Klassiker wie *Arroz caldoso* (Meeresfrüchtereis in Brühe) und köstlichen frischen Fisch. Besonders gut sind das Casa Bigote mit seinem in Salz gebackenem Fisch des Tages, das Poma (wegen seiner Langustinen und Reisgerichte) und das Avante Claro (exzellenter Fisch zum Teilen mit Kartoffeln).
Bajo de Guía

SONST NOCH WICHTIG

SCHLAFEN

HOTEL BODEGA TÍO PEPE

Das Hotel in Jerez befindet sich in einem 150 Jahre alten Gebäude der berühmten Bodega González-Byass, mit einem glitzernden Pool auf dem Dach. Die 27 Zimmer im Boutique-Stil sind mit Vintage-Möbeln eingerichtet, der Tag beginnt mit einem hausgemachten Gaditano-Frühstück in den mit Bougainvillea bewachsenen Hotelgärten. *www.tiopepe.com*

LA ALCOBA DEL AGUA

Das La Alcoba verteilt sich im Zentrum von Sanlúcar über zwei kreativ umgestaltete Stadthäuser und kombiniert stylisches weiß-rotes Design mit gastfreundlicher Atmosphäre, andalusischem Innenhof und Salzwasser-Langschwimmbecken. *www.laalcobadel agua.com*

07

AKTIVITÄTEN

PARQUE NACIONAL DE DOÑANA

Dieser 542 Quadratkilometer große Nationalpark schützt eines der bedeutendsten und schönsten Feuchtgebiete Europas. Bei einem Tagesausflug lassen sich gleich mehrere unterschiedliche Ökosysteme – Marschland, Lagunen, Kiefernwälder, Ufer, Wanderdünen, Steilküsten sowie rund 30 Kilometer lange, fast unberührte Strände – erkunden. *www.donanareservas.com/en/, www.visitas donana.com*

ANNIE B'S SPANISH KITCHEN

Die schottische Chefköchin und Sherry-Expertin Annie Manson bietet in ihrer neuen Heimat Vejer de la Frontera südlich von Jerez u. a. Wein- und Sherrytouren sowie Kochkurse an. *www.anniebspain.com*

ALCÁZAR DE JEREZ

Die weitläufige Festung von Jerez ist ein seltenes Relikt aus der Zeit der Almohaden in Andalusien mit Gärten im Stil der Alhambra, lichtdurchfluteten maurischen Bädern, einer Moschee aus dem 12. Jahrhundert und einem schönen Barockpalast mit rosafarbenen Mauern.

EVENTS

Mit der Feria de la Manzanilla in Sanlúcar und den Fiestas del Vino Fino in El Puerto kommt der Frühling in Schwung, während man in Jerez bei dessen Fiestas de la Vendimia im September den Wein feiert – eine zweiwöchige Ernteparty mit traditionellem Traubenstampfen. Das jedes Jahr im Februar/März stattfindende Festival de Jerez gilt als das bedeutendste Flamenco-Fest der Welt.

ANREISE

Teneriffa hat zwei Flughäfen. Der größere ist Teneriffa Süd und wird sowohl von großen als auch von Billigfluglinien angeflogen. Busse verbinden die großen Städte und Ferienorte miteinander, mit dem Mietauto erreicht man auch abgelegenere Orte leichter. Preiswerte Shuttleservices machen den Transfer zum Flughafen kinderleicht.

[Spanien]

DIE VULKANISCHEN AROMEN TENERIFFAS

Teneriffa ist mit seiner feurigen Geologie Afrika näher als Spanien und geht in der kreativen und eleganten Bejahung seiner kulinarischen Wurzeln neue Wege.

Teneriffa, die zu Spanien gehörende größte Insel der Kanaren, bringt man eher mit Sonnetanken im Winter, englischem Frühstück den ganzen Tag und billigem Alkohol in Verbindung als mit einem Gourmeturlaub. Doch tatsächlich hat sich die Foodszene hier im Schatten des 3715 Meter hohen Vulkanbergs Pico del Teide in jüngster Zeit deutlich gewandelt. Jedes Jahr werden auf Teneriffa neue Michelin-Sterne vergeben, was davon zeugt, dass die Köchinnen und Köche der Insel die kuliarische Messlatte immer höher legen, indem sie die besten und frischesten kanarischen Zutaten in ausgeklügelten Degustationsmenüs modern zu interpretieren wissen. Spezialitäten sind Meeresfrüchte direkt vom Boot und Wein aus vulkanischen Reben. Das subtropische Klima der Insel ist ideal für den Anbau von Früchten, die man sonst selten in Europa findet – Bananen, Mangos, Papayas, Guaven und sogar Kaffee.

Stichwort Gewürze? Die findest du beispielsweise in der *Mojo*, einer geradezu süchtig machenden Soße aus Paprika, Knoblauch, Kreuzkümmel, Koriander (dem grünen) oder Chilischoten (den roten). Mojo schmeckt am besten zu *Papas arrugadas*, den kanarischen Runzelkartoffeln mit Salzkruste, die mit der Schale gegessen werden.

Bei aller Kochkunst in den Gourmetrestaurants sollten auch die bescheideneren *Guachinches* nicht übersehen werden – jene Speisehäuser, die in den 1950er-Jahren im Norden Teneriffas entstanden, als einige Winzer beschlossen, den überschüssigen Wein gleich bei sich zu Hause (etwa in der Garage) zu verkaufen und dazu ein typisches Hausmannsgericht anzubieten.

Vom zerklüfteten Norden führt dieser Foodietrip durch die gebirgige Vulkanmitte bis zur brandungsumtosten Südküste, sodass du alles kosten kannst, was Teneriffa kulinarisch so besonders macht.

01 Vulkanpfade bewandern im Nationalpark El Teide

02 New-wave-Küche im La Bola de Jorge Bosch

03 Weinterrassen, Bodegas Monje

01 LA BOLA DE JORGE BOSCH

„Mein Lieblingsgericht auf der Speisekarte ist der *Rancho* meiner Mutter, eine Suppe mit dicken Nudeln, Fleisch und Kichererbsen. Jeder einzelne Bissen bringt mich zurück in meine Kindheit", erzählt Jorge Bosch Barrera – Koch und Besitzer dieses Restaurants im Nordosten Teneriffas, in dem die traditionelle Hausmannskost der *Guachinches* auf ein neues kulinarisches Niveau gehoben wird.

Die Speisekarte zelebriert ein Fest der klaren, hellen, modernen kanarischen Aromen und offenbart eine tiefe Zuneigung zum Ort und zu den Zutaten aus dem Familienbetrieb: Fisch-Churros in Mango-Mayonnaise, frisches Tintenfisch-Tartar mit kanarischer Avocado und geräucherter Ziegenkäse mit Mojo und Crumble aus Gofio (geröstetem Getreide). Das Essen wird hier mit freundlicher Herzlichkeit entweder im rustikalen Innenraum oder im palmengesäumten Garten serviert. *Calle El Lomo 18, Tegueste; https://chefjorgebosch.com; Mo & Di geschl.*

02 BODEGAS MONJE

Für Felipe Monje ist der Blick von seiner etwa 15 Kilometer südwestlich von Tegueste im Ort La Hollera in der Gemeinde El Sauzal gelegenen Familienbodega „ein Geschenk": Weinterrassen ziehen sich an von Lava durchbrochenen Abhängen hinab, ein wolkenbekränzter Teide taucht am Horizont auf, dahinter breitet sich der Atlantik wie ein blaues Seidentuch aus. Der ideale Ort also, „um zu leben und unsere Weine zu pflegen". Schon seit 1750 pflanzen seine Vorfahren hier in 600 Meter Höhe auf dem steinigen, aber sehr fruchtbaren Vulkanboden Reben an. Die vom frühen Morgen an scheinende Sonne und die sanfte Meeresbrise schaffen ein besonderes Mikroklima für die bodennah angepflanzten und dann vor der Reifezeit mit hölzernen Gabeln bis zum Ende der Ernte hochgezogenen Rebsorten Listán Negro, Listán Blanco, Negramoll, Tintilla, Vijariego negra und Marmajuelo.

Die Besichtigung verbindest du am besten mit einem Tagesausflug, denn die Bodega engagiert sich auch im Weintourismus und bietet das ganze Jahr über verschiedene Veranstaltungen – Kunstausstellungen und Konzerte, gastronomische Workshops etc. – an. Sehr zu empfehlen ist die Verkostung der Crianza-Weine der Bodega, die in einem Unterwasserweingut im Atlantik

gereift sind und von den Teilnehmenden mit dem gleichen, aber an Land gereiften Wein verglichen werden können
Calle Cruz de Leandro 36, El Sauzal; https://bodegasmonje.com; Restaurant Mo geschl.

03 ORIGEN CAFÉ

Du fragst dich vielleicht, was an einem Café in einem Einkaufszentrum so besonders sein soll, doch ein Besuch in diesem Indie-Café im Außenbezirk von La Orotava lohnt sich. Die Mitarbeitenden sprühen vor Begeisterung für guten Java. Und – was am Wichtigsten ist – sie brauen einen köstlichen Kaffee aus Bohnen von der nahegelegenen Finca Sanssouci, auf der der nördlichste Kaffee der Welt wächst.

Da der Kaffee auf Teneriffa nur in geringen Mengen produziert wird und die Insel nie verlässt, ist dies eine seltene Gelegenheit, diesen sonnengetrockneten, natürlich fermentierten, ausgewogen weich und süß-aromatisch schmeckenden Kaffee zu probieren.

In der Regel verbindet man Kaffee ja eher mit tropischen Gefilden, aber auf Teneriffa wird er bereits seit dem Jahr 1788 angebaut, als König Carlos III. von Spanien die ersten Pflanzen hierherbrachte.
Centro Comercial La Villa, La Orotava; https://origencafe.es; So geschl.

04 BODEGAS FERRERA

„Ich spreche mit meinen Weinbergen, und auch, wenn sie mir nicht antworten, weiß ich, dass sie mich verstehen", sagt die Winzerin Carmen Gloria Ferrera. Im kühlen Güímar-Tal, das du nach einer kurvenreichen, etwa einstündigen Fahrt mit dem Auto in südlicher Richtung durch die Berge erreichst, hat Tomás Ferrera das Weingut in den 1940er-Jahren gegründet. Zunächst errichtete er Bruchsteinmauern, dann pflügte er das Land mit einem Maultier. Anschließend pflanzte er jede einzelne Rebe sorgfältig von Hand. Heute ist die Bodega erkennbar auf dem Weg ins 21. Jahrhundert und offeriert Bioweine, die intensiv nach Teneriffa schmecken.

Es empfiehlt sich, den strohgelben trockenen weißen Listán blanco mit Aprikosen- und Bananenaromen oder den tiefroten Syrah voller reifer roter Früchte mit einem Hauch Vanille zu probieren.

Um das Erlebnis abzurunden, kannst du dich für den Lavaspaziergang bei Sonnenuntergang mit anschließendem Abendessen samt

Ø4 Ziegenkäse in der preisgekrönten Quesería Montesdeoca

Ø5 Beim Karneval in Santa Cruz ziehen bunte Paraden durch die Stadt

Weinbegleitung und Sternegucken anmelden.
Calle Norte 44, Arafo; https://bodegasferrera.es; So geschl.

05 NUB

Das mit einem Michelin-Stern ausgezeichnete NUB im Hotel Bahía del Duque im noblen Costa Adeje geht zurück auf die Vision des chilenisch-italienischen Paares Fernanda Fuentes-Cárdenas und Andrea Bernardi, die auf Teneriffa ihre spirituelle Heimat gefunden haben. Die Speisen, die in einem mit Kunstwerken geschmückten, rustikal-schicken Raum mit Blick über Palmwedel hinweg aufs Meer serviert werden, spiegeln zum einen ihre individuellen Wurzeln und verweisen zum anderen auf die erstaunliche Fülle an Produkten, die auf dieser Insel zu finden sind. Die Gerichte klingen erst einmal trügerisch einfach – Ziegenkäse und Trüffelbällchen zum Beispiel oder rote Garnelen auf getoastetem Brioche, Crème-Brûlée aus Mais mit gereifter Zwiebel-und-Kräuter-Ceviche – doch sie sind alle perfekt zubereitet und mit einem künstlerischen Auge angerichtet.
Avenida de Bruselas, Costa Adeje; https://english.nubrestaurante.com; So & Mo geschl.

06 EL RINCÓN DE JUAN CARLOS

Einen Katzensprung weiter in Richtung Norden trifft man in diesem Restaurant in der fünften Etage des Royal Hideaway Corales Beach Resort erneut auf Sterneküche. Geleitet wird das Restaurant vom kanarischen Chefkoch Juan Carlos Padrón, der seine Leidenschaft fürs Kochen schon von Kindesbeinen an in der Küche seines Vaters entwickelt hat. Im weißen, kühl-minimalistischen Ambiente mit Glaswänden, die jede Farbveränderung von Meer und Himmel einfangen, bietet das Padrón unnachahmliche Geschmackserlebnisse voller Nuancen und Finesse. Das Degustationsmenü verfeinert die Grundzutaten in Gerichten wie Mais-Mille-feuille mit gerösteter Buttercreme und schwarzem Knoblauch, Seesalat-Patty mit Kabeljau und Brombeersorbet mit geräuchertem Joghurt, Roter Bete und Sichuan-Pfeffer-Creme. Für dieses kulinarische Erlebnis solltest du gut drei Stunden einplanen.
Tijoco Bajo; www.quesosmontesdeoca.com

07 QUESERÍA MONTESDEOCA

Du denkst, du kennst Ziegenkäse? Dann mach dich auf eine Überraschung gefasst in dieser preisgekrönten Molkerei, die auf einem kleinen Abstecher gen Norden zu erreichen ist. Kulinarischer Höhepunkt einer Führung sind die frischen Varianten exzellenten Ziegenkäses – geräuchert, mit Feigen gespickt, mit Paprika bestäubt oder in Wein eingelegt ...
Tijoco Bajo; www.quesosmontesdeoca.com

08 FINCA LAS MARGARITAS

Die kanarischen Bananen sind kleiner und süßer als andere – sie reifen sechs statt der sonst üblichen drei Monate, was ihr einen intensiveren Geschmack verleiht. All das und mehr erfährt man auf dieser Finca, wo du um 10, 11 oder 12 Uhr auf eigene Faust durch die Bananenbaumplantage wandern kannst. Am Ende lockt eine Verkostung verschiedener Weine, Marmeladen, Süßigkeiten und (Bananen-)Liköre im Plantagen-Shop.
Las Galletas; https://lasmargaritasbananaexperience.com; So geschl.

SONST NOCH WICHTIG

SCHLAFEN

BANANA PARADISE
Das Banana Paradise in La Orotava mit Blick auf Bananen und den dunklen Halbmond des El Bollullo-Strandes ist ein ruhiges Ferienhaus mit Whirlpool und Grillbereich. *http://banana-paradise.canary-islands-hotels.com*

BODEGAS FERRERA FINCA
Verbringe eine sternenklare Nacht unter Weinreben auf der umweltfreundlichen Finca der Bodega Ferrera. Sie liegt auf einem Hügel, fast 1000 Meter über dem Meeresspiegel – was für eine Aussicht! *https://finca-ecologica-ferrera.amenitiz.io*

AKTIVITÄTEN

NATIONALPARK EL TEIDE
Ein Ausflug in die vulkanische Welt dieses zum Unesco-Weltnaturerbe zählenden, auf vielen Wanderrouten zu erkundenden Nationalparks bietet imposante Lavaformationen, Krater, rostrote Canyons und als Hauptattraktion den Pico del Teide, nachdem er benannt ist. Die Höhe dieses höchsten Gipfel Spaniens wurde lange mit 3718 Meter angegeben – neuere Messungen ergaben drei Meter weniger. Das macht ihn aber nicht weniger spektakuär: Eine Seilbahn führt hinauf zur Bergstation und eröffnet herrliche Aussichten. Bei Nacht glänzt der Park in der Sternenschau, wenn die Milchstraße und vieles andere mit bloßem Auge zu erkennen sind.

EVENTS

KARNEVAL
Im Februar geht es in der Inselhauptstadt Santa Cruz mit bunten Kostümen und Paraden, heißen Rhythmen und viel Streetfood zwei Wochen lang hoch her. Eine gute kulinarische Grundlage für die Festivitäten bieten zum Beispiel Riesenpaellas oder der herzhafte kanarische Rindereintopf mit Kichererbsen und Tomaten *(Ropa Vieja)*.

FIESTA DE SAN ANDRÉS
Dieses Weinfest am 29. November in Icod de los Vinos und Puerto de la Cruz ist eine gute Gelegenheit, um neue Weine zu probieren, mit gerösteten Kastanien und Spezialitäten wie Süßkartoffeln, *Cherne* (Zackenbarsch) und Gofio-Brot.

ANREISE
Internationale Flüge landen am Flughafen Istanbul (İstanbul Havalimanı) auf der europäischen Seite oder am Flughafen Sabiha Gökçen auf der asiatischen. Mit der 2023 eröffneten Metrolinie Kağıthane-İstanbul Havalimanı und mit modernen Flughafenbussen kommt man in die Stadt, in der die meisten Stadtteile mit öffentlichen Verkehrsmitteln erreicht werden können.

KURTULUŞ
08
ORTAKÖY
YILDIZ
BESIKTAS
TAKSIM
Bosporus
05
06
KABATAŞ
BEYOĞLU
FINDIKLI
07
ÜSKÜDAR
KARAKÖY
Galata Köprüsü (Galatabrücke)
01
02
EMINÖNÜ
HAREM
Kapalı Çarşı (Großer Basar)
SULTANAHMET
Marmarameer
HAYDARPAŞA
KADIKÖY
03
04

[Türkei]

ISTANBUL – EIN KULINARISCHER KNOTENPUNKT

Jenseits von Dönerbuden findest du in der dynamischen Kulturhauptstadt der Türkei eine innovative Restaurantszene mit vielen regionalen Spezialitäten.

Istanbul ist die größte Stadt – und der größte Schatz – der Türkei. Sie wurde von heidnischen Despoten, christlichen Herrschen, muslimischen Sultanen und revolutionären Nationalisten regiert und ist wegen ihrer Historie reich an geschichtsträchtigen Gebäuden aus römischen, byzantinischen und osmanischen Zeiten. Am geografischen Schnittpunkt von Europa und Asien gelegen, zu beiden Seiten des Bosporus und am Nordufer des Marmarameeres, ist Istanbul keine Stadt wie irgendeine andere. Was auch für die hiesige Küche gilt: Diese nutzt die so reiche wie vielfältige Fülle der die Stadt umgebenden Meere und Agrargebiete ebenso wie die verschiedenen kulinarischen Einflüsse, die mit den Einwanderungswellen über die Jahrhunderte das Goldene Horn erreichten. All das macht das Essen und Trinken in Istanbul zu einem aufregenden Erlebnis. Es gibt Fischgerichte und Pide aus dem Schwarzmeergebiet, herbe Gerichte mit gegrillter Leber aus Thrakien, kräuterreiche *Mezes* von der ägäischen Küste, köstliche und würzige Kebaps aus Zentralanatolien und mit großen Pistazien gespicktes Baklava aus Gaziantep in der Nähe der syrischen Grenze. Und das sind nur einige der regionalen Spezialitäten, die du hier an Straßenständen, in einfachen Lokalen und feinen Restaurants bekommst. Talentierte Köchinnen und Köche zelebrieren die Jahreszeiten auf ihren Speisekarten und verleihen klassischen Gerichten aus dem ganzen Land eine individuelle Note.

Zudem bedeutet die Nähe der Stadt zu Thrakien und Marmara, dass Jahrgänge aus den Luxus-Winzereien dieser Regionen ein fester Bestandteil vieler Weinlisten sind, häufig begleitet von ebenso beeindruckenden ägäischen Tropfen. Das Nationalgetränk ist *Rakı* (Schnaps mit Anisgeschmack) – und alles zusammen passt hervorragend zur großartigen Küche Istanbuls.

01 GEWÜRZBASAR (MISIR ÇARŞISI)

Seit seiner Errichtung im 17. Jahrhundert strömen die Menschen in Scharen auf diesen stimmungsvollen Basar, dessen Gebäude viel von seiner ursprünglichen osmanischen Pracht bewahrt. Eine Fülle einheimischer Waren wird angeboten: Cankurtaran Gida an Stand Nr. 33 ist für seinen bernsteinfarbenen Honig aus der Osttürkei genauso bekannt wie für seine scharfe Pastrami aus Kappadokien und seinen Käse aus allen Ecken des Landes. Malatya Pazarı an Stand Nr. 44 kennt man wegen seiner köstlichen getrockneten Aprikosen und Arıfoğlu an Stand Nr. 31 wegen seines Safrans, den Kräutern, Ölen und frisch gerösteten Gewürzen.

Direkt gegenüber dem Osttor des Basars, an der Hasırcılar Caddesi, liegt die herrlich aromatische, historische Kaffeerösterei Kurukahveci Mehmet Efendi.

Eminönü Meydanı

02 ALİ MUHİDDİN HACI BEKİR

Ob nun mit Nüssen gespickt, nach Rosenwasser duftend oder mit Zitronengeschmack – das zuckerbestäubte Lokum, ein auf Sirupbasis in vielen Varianten hergestelltes süßes Häppchen (türk. *lokma* = Happen) ist ein kulinarisches Nationalheiligtum (und ein wunderbares Souvenir). Als Hacı Bekir Effendi 1777 hier in der Nähe des Gewürzbasars seinen ersten Lokumladen eröffnete, gewann er bald eine treue Kundschaft, darunter Sultan Mahmud II., der ihn zum Chefkonditor am osmanischen Hof ernannte. Es gibt eine riesige Auswahl an Geschmacksrichtungen – die Klassiker sind *Fıstıklı* (Pistazie), *Bademlı* (Mandel), *Cevizli* (Walnuss), *Naneli* (Zitrone) und *Güllü* (Rosenwasser). Es ist auch eine gemischte Auswahl *(Karışık)* erhältlich.

Hamidiye Caddesi 33, Eminönü; www.hacibekir.com

03 KADIKÖY-FRISCHWAREN-MARKT (KADIKÖY PAZARI)

Es gibt viele gute Gründe, das Zentrum von Istanbul auch mal zu verlassen und sich in die asiatische Vorstadt Kadıköy auf der südlichen Seite des Bosporus am Marmarameer aufzumachen – nicht zuletzt wegen der malerischen Überfahrt mit der Fähre von Eminönü oder Karaköy. Bei der Ankunft erwartet die Besuchenden der berühmte, immer gut besuchte Frischwaren-

01 Die Basare Istanbuls sind berühmt für ihre duftenden Gewürze

02 Streetfood gibt es in Istanbul fast überall

03 Der Frischwarenmarkt von Kadıköy ist der beste in der Stadt

04 Lokum mit Rosenwassergeschmack ist ein kulinarisches Nationalheiligtum

05 Die Hagia Sophia im Sonnenaufgang

markt gleich gegenüber der Fähranlegestelle in den Straßen rund um Yağlıkçı Ismail Sokak. Dieser Markt, der bekannt ist für seine Stände mit frischem Fisch, Obst und Gemüse, eignet sich hervorragend, um einen Eindruck von der Fülle und Qualität der in der Türkei angebauten Produkte sowie von den saisonalen Fängen aus seinen Gewässern zu erleben. Fastfood-Stände verkaufen leckeres Streetfood wie frischgebackene *Simits* (Sesamringe), *Midye dolma* (gefüllte Miesmuscheln) und *Lahmacun* (die mit einer würzigen Mischung aus Hackfleisch, Zwiebeln und Tomaten bestrichene türkische Pizza).

04 ÇIYA SOFRASI

Im Herzen des Lebensmittelmarktes von Kadıköy ist Çiya Sofrası einer der beliebtesten Foodietreffpunkte von Istanbul. Gegründet wurde das schnörkellos eingerichtete Lokal im Jahr 1998 von Musa Dağdeviren, der bis heute Inhaber und Küchenchef zugleich ist, um traditionelle Rezepte aus den verschiedenen Regionen der Türkei und vom östlichen Mittelmeer bekannter zu machen.

„Langsam aber sicher gedeiht die Saat, die wir für die Wiederbelebung der türkischen kulinarischen Traditionen säen", sagt er. Obwohl er nach seinem Auftritt in der Netflix-Serie „Chef's Table" und als Autor eines auch in deutscher Übersetzung erschienenen Türkei-Kochbuchs eine lokale Berühmtheit geworden ist, sieht man ihn noch oft selbst in seinem Restaurant stehen, wo Suppen, Pilaws, Salate und Gerichte des Tages präsentiert werden.
Güneşlibahçe Sokak 43, Kadıköy; www.ciya.com.tr

05 HAYVORE

Nicht weit von der Hauptdurchfahrtsstraße İstiklal Caddesi findet sich das Hayvore, ein namhaftes Beispiel für ein traditionelles türkisches Restaurant: *Lokantas* wie dieses richten sich an einheimische Arbeitende und servieren erschwingliche, im Wasserbad aufgewärmte Fertiggerichte. So hat man sich im Hayvore auf Gerichte aus dem Schwarzmeergebiet spezialisiert und bietet Köstlichkeiten wie *Muhlama/Kuymak* (dickflüssige Käsefondues) zum Frühstück und *Hamsili pilav* (Sardellen mit Reis) zu Mittag an. Die Küche ist auch für ihre leckeren *Mücver* (Zucchinipuffer mit Joghurt) und üppige *Laz böreği* (Dessertgebäck aus Blätterteig mit Puddingfüllung und Haselnüssen) bekannt.
Turnacıbaşı Sokak 4, Beyoğlu; www.hayvore.com.tr

Ø6 Das Neolokal bietet zeitgenössische Varianten anatolischer Gerichte

Ø7 Reizüberflutung garantiert: auf dem Großen Basar

06 ZÜBEYİR OCAKBAŞI

Wohl jeder hat schon mal Kebap gegessen, marinierte Fleischscheiben, die in vielen Dönerbuden am Drehspieß seitlich gegrillt und entweder als Hauptspeise mit verschiedenen Beilagen wie Reis oder Pommes frites und Salat oder als Imbiss in einem aufgeschnittenen Fladenprot *(Pide)* oder wie gerollter Wrap als Dürüm serviert werden. Doch so herzhaft und lecker wie hier findest du Kebap selten.

Im Zübeyir wird das Fleisch fachgerecht auf einem traditionellen *Ocakbaşı*, einem Holzkohlegrill mit Kupferhaube, gegrillt, der den rustikalen Speiseraum im Untergeschoss in dieser jahrzehntealten gastronomischen Institution dominiert.

Wir empfehlen ein Hähnchen-, Lamm- oder Rindfleischgericht, denn diese gelten als die besten in der ganzen Stadt.

Bekar Sokak 28, Beyoğlu; https://zubeyirocakbasi.com.tr

07 NEOLOKAL

Der Chefkoch Maksut Aşkar dieses mit einem roten und einem grünen Michelin-Stern ausgezeichneten Restaurants gehört zu der immer größer werdenden Zahl Istanbuler Köchinnen und Köche, die das kulinarische Erbe des Landes erhalten, verfeinern und weitergeben wollen. Deshalb stehen auf seiner Speisekarte feine, zeitgenössische Interpretationen regionaler Gerichte, und was auf den Tisch kommt, ist so schön anzuschauen wie es zu essen ist. Viele verwendete Zutaten sind in der „Arche des Geschmacks", aufgeführt, die von der Slow-Food-Stiftung initiiert wurde, um fast vergessene, traditionelle Lebensmittel zu katalogisieren und bekannt zu machen. Dazu gehören reifer *Kaşar* (Schnittkäse aus dem Nordosten der Türkei), Maulbeersirup aus Eğin in Erzincan und *Haviar* (getrockneter Meeräschen-Rogen) aus Dalyan an der Südwestküste.

Die umfassende Weinliste stellt Weine aus Edel-Winzereien in Thrakien, Marmara und der Ägäis vor.

SALT Galata, Bankalar Caddesi 11, Beyoğlu; www.neolokal.com; So & Mo geschl

08 KOCHKURS IN KURTULUŞ

In Kurtuluş, nördlich von Beyoğlu, wohnen traditionell die griechischen und armenischen Gemeinden – der Stadtteil hat einen Ruf als Zentrum für gutes Essen, und dieser Ruf ist wohlverdient. Davon überzeugen kannst du dich bei einem von Aysin, einem ehemaligen Restaurantbesitzer und Anwohner, geleiteten Kochkurs. Zunächst kaufen die Teilnehmenden auf der Haupteinkaufsmeile von Kurtuluş die Zutaten ein, ehe sie sich in Aysins Küche aufmachen, um die Zubereitung von sechs traditionellen Gerichten zu erlernen, die dann zu Mittag gegessen werden.

https://culinarybackstreets.com

SONST NOCH WICHTIG

SCHLAFEN

MARMARA PERA

Inmitten der ausgelassenen Essens- und Unterhaltungsszene von Beyoğlu bietet dieses Hotel bequeme Zimmer und ein hervorragendes Frühstücksbuffet im Erdgeschoss. Der größte Anreiz, hier zu übernachten, ist aber die glamouröse Bar auf dem Dach mit ihrem spektakulären Blick über Istanbul. Hier befindet sich auch das Restaurant Mikla, das sich der „neuen anatolischen Küche" verschrieben hat und dafür u. a. mit einem Michelin-Stern ausgezeichnet wurde. *www.themarmarahotels.com/en/hotels/pera*

AKTIVITÄTEN

GRAND BAZAAR (KAPALI ÇARŞI)

Dieser labyrinthische überdachte Marktplatz aus osmanischer Zeit gehört zu den Hauptsehenswürdigkeiten von Istanbul. Er beherbergt stimmungsvolle *Bedesten* (Lagerhäuser), versteckte *Hans* (Gasthäuser) und ein Netz verwinkelter Gassen mit Ständen, an denen Teppiche, Schmuck, Badeartikel, Haushaltswaren, und vieles andere mehr feilgeboten werden. Es gibt auch viele einfache Restaurants und Imbissstände, die sich im Basar und darum herum verstecken - eine gute Möglichkeit, sie zu entdecken, ist die geführte Tour „Kulinarische Gassen des Basarviertels" von Culinary Backstreets (siehe 08, Kochkurs in Kurtuluş, linke Seite).

EVENTS

RAMAZAN (RAMADAN)

Während dieses heiligen islamischen Monats verzichten praktizierende Moslems von der Morgen- bis zur Abenddämmerung auf Essen und Trinken, bevor sie nach Sonnenuntergang das Fasten brechen. Dieses Fastenbrechen heißt *Iftar* und wird oft als gemeinsames Mahl mit der Familie, Freunden und Nachbarn an Gemeindetischen zelebriert. Während diese Treffen gläubigen Moslems vorbehalten sind, bieten viele Restaurants und Cafés der Stadt auch besondere Ramadan-Gerichte für alle Gäste an.

REGISTER

10er Marie, Österreich 13

A

Abbaye Notre Dame de Cîteaux, Frankreich 52
Abruzzen, Italien 162–167
Acetaia Pedroni, Italien 170
A Cozinha do Martinho, Portugal 220
Agora Modiano, Griechenland 206
Agriturismo Le Valli, Italien 196
Agroturizam Tončić, Kroatien 159
A La Cour d'Elsass, Frankreich 27
Alba, Italien 190, 191
Albanien 150–155
Albergaria do Calvário, Portugal 217
Alcázar de Jerez, Spanien 247
Alentejo, Portugal 212–217
Ali Muhiddin Hacı Bekir, Istanbul 256
Al Notturno, Italien 195
Alnwick Food Festival, England 129
Alpirsbacher Klosterbräu, Deutschland 64
A Mandria di Pigna, Frankreich 38
An Crùbh, Schottland 146
Andersen & Maillard, Dänemark 77
Annie B's Spanish Kitchen, Spanien 247
Annie Traiteur, Frankreich 36
Annwn, Wales 139
Aponiente, Spanien 245
A presunteca de Lamego, Portugal 222
A Regaleira, Portugal 220
Aroma Suites, Griechenland 203
Arrosticini Divini, Italien 164
Artagonist, Litauen 97
Artigiano at Vila, Albanien 153
Atelier Inès Arts & Suites, Italien 179
Auberge du Parc Carola, Frankreich 25
Audela, England 126
Aura Proizvodi, Kroatien 160

B

Baden-Baden, Deutschland 64, 65
Bahía del Duque, Spanien 252
Baiersbronn, Deutschland 62, 65
Bajo de Guía, Spanien 246
Balti Jaama Turg, Estland 82
Banana Paradise, Spanien 253
Banca del Vino, Italien 189
Bar Bambino, Polen 106
Bar de la Marine, Frankreich 30
Barolo, Italien 191
Baskenland, Spüanien 236–241
Bauernhof Puustila, Finnland 90
B&B Chambre d'Amis, Belgien 21
B&B Foresteria degli Artisti, Italien 191
Bela nedeja, Kroatien 161
Belfast, Nordirland 119
Belgien 16–21
Benvenuti Vina, Kroatien 158
Bodegas Ferrera Finca, Spanien 253
Bodegas Ferrera, Spanien 251
Bodegas Gutiérrez Colosía, Spanien 245
Bodegas Hidalgo La Gitana, Spanien 246
Bodegas Monje, Spanien 250
Bodegas Tradición, Spanien 244
Boen Gård 1520, Norwegen 100, 103
Bologna, Italien 168–173
Bordeaux Fête le Vin, Frankreich 33
Bordeaux, Frankreich 28–33
Bordeaux River Cruises, Frankreich 33
Bougatsa Bantis, Griechenland 206
Bra, Italien 189
Broadford Hotel, Schottland 147
Broughgammon Farm, Nordirland 122
Bunk'Art, Albanien 155
Burano, Italien 195, 197
Bushmills Inn Hotel, Nordirland 123
Butera 28, Italien 185
Buvette de Pindin, Schweiz 70
Buzet, Kroatien 161

C

Café du Mont-Fort, Schweiz 69
Café Goldene Krone, Deutschland 64
Cafe Maiasmokk, Estland 82
Café Môr, Wales 139
Calvi on the Rocks, Frankreich 39
Camping Ca'Savio, Italien 197
Casa Burano, Italien 197
Casa Maria Luigia, Italien 173
Cattedrale di Monreale, Italien 185
Cavallino, Italien 197
Cavallino-Treporti, Italien 196
Cave de Ribeauvillé, Frankreich 25
Central Hostel Bordeaux, Frankreich 33
Certosa e Museo di San Martino, Italien 179
Chalet d'Adrien, Schweiz 71
Château du Haut Kœnigsbourg, Frankreich 27
Chateau Le Fleur, Frankreich 59
Ciambra, Italien 184
Ciastko z Dziurką, Polen 108
Cité de la Gastronomie et du Vin de Dijon, Frankreich 52
Cité du Vin, Frankreich 30
Çiya Sofrası, Istanbul 257
Cley Windmill, England 135
Clos Landry, Frankreich 36
Clos Montmartre, Frankreich 42
Collective Bakery, Dänemark 77
Colmar, Frankreich 26, 27
Colonial Cocktails Academy, Albanien 153
Confiserie Temmerman, Belgien 19
Copenhagen Beer Week, Dänemark 79
Copenhagen Cooking and Food Festival, Dänemark 79
Copenhagen Cooking Class, Dänemark 76
Costa Adeje, Spanien 252
Costa dei Trabocchi, Italien 166
Côte d'Or, Frankreich 52
Craveiral Farmtable, Portugal 214
Cromer Crab & Lobster Festival, England 135
Cuda na Kiju, Polen 108

D

Dajti Ekspres, Albanien 155
Da Mariano, Italien 178
Dänemark 74–79
Darwin Eco-Système, Frankreich 32
Davies Fish Shop, England 132
Designmuseum Danmark, Dänemark 79
Deutschland 60–65
Dijon 49–53
Distillerie Morand, Schweiz 68
Domaine Bois Brillant, Frankreich 44
Domaine La Bouche du Roi, Frankreich 42
Dore Zythos, Griechenland 208
Dorsia Hotel, Schweden 115
Douro-Flussfahrt, Portugal 223

Downtown Forest Hostel & Camping, Litauen 97
D'une île, Frankreich 56
Džiugas Cheese House, Litauen 94

E

Edible Country (Essbare Landschaft), Schweden 115
Edinbane Lodge, Schottland 144
Edlmoser, Österreich 12
Egersund, Norwegen 103
Eigra, Norwegen 101
Elixir by Dom Wodki, Polen 106
El Puerto, Spanien 247
El Rincón de Juan Carlos, Spanien 252
Elsass, Frankreich 22–27
Emilia-Romagna, Italien 169
England 124–135
Estate Argyros, Griechenland 200
Estland 80–85

F

Fábrica Nortada, Portugal 221
Fasnet, Deutschland 65
Feria de la Manzanilla, Spanien 247
Ferme Auberge de la Bonardière, Frankreich 51
Ferme d'Orsonville, Frankreich 45
Fernery at the Grove, Wales 138
Feskekörka, Schweden 112
Festino di Santa Rosalia, Italien 185
Festival de Jerez, Spanien 247
Festival del Proscuitto di Parma, Italien 173
Festival del Tortellino, Italien 173
Festival Nacional de Gastronomia, Portugal 217
Fêtes du Vin, Frankreich 27
Fiesta de San Andrés, Spanien 253
Fiestas de la Vendimia, Spanien 247
Fiestas del Vino Fino, Spanien 247
Finnland 8691
First & Last Brewery, England 127
Fischmarkt in Chioggia, Italien 196
Fiskebrygga, Norwegen 100
Flamenco-Fest, Spanien 247
Food Traboule, Frankreich 50
Foraging, Finnland 87
Frankreich 22–59
Fratelli Galloni, Italien 171
Friggitoria Chiluzzo, Italien 182
Fromagerie Ganot, Frankreich 44

G

Galizien 230–235
Gastronomika, Litauen 96
Gediminas-Turm & Museum, Litauen 97
Gent 16–21
Gentse Feesten, Belgien 21
Gewürzbasar (Mısır Çarşısı), Istanbul 256
Giant's Causeway, Nordirland 123
Ginderella, Beglien 20
Giostra Cavalleresca di Sulmona, Italien 167
Gîtes de France, Frankreich 59
Göteborg, Schweden 111
Gran Caffè Gambrinus, Italien 176
Grand Bazaar (Kapalı Çarşı), Istanbul 259
Grand Hotell, Norwegen 103
Gran Sasso Massiv, Italien 164
Griechenland 198–209
Grub Kitchen, Wales 140
Gurney's Fish Shop, England 133
Gutshof Koivumäki, Finnland 90

H

Hadrian Hotel, England 129
Hadrian's Wall, England 129
Hala Koszyki, Polen 106
Halės Turgavietė, Litauen 94
Harmoonikum, Estland 83
Hart Holmen, Dänemark 76
Havhotel, Norwegen 103
Hayvore, Istanbul 257
Herdade de Coelheiros, Portugal 215
Heuriger 10er Marie, Österreich 13
Heuriger, Österreich 11, 12, 14, 15
Heuriger Sissi Huber, Österreich 12
Heuriger Wieninger, Österreich 14
Hjem, England 127
Höhengasthaus Kolmenhof, Deutschland 64, 65
Holkham Hall, England 135
Hotel Bareiss, Deutschland 65
Hotel Bodega Tío Pepe, Spanien 247
Hotel Castello di Sinio, Italien 191
Hotel Coco, Dänemark 79
Hôtel de l'Abbaye, Frankreich 53
Hôtel des Berges, Frankreich 27
Hotel Katajanokka, Finnland 91
Hotel l'Acquale, Frankreich 39
Hotel la Signoria, Frankreich 39
Hotel Onoma, Griechenland 209
Hotel Rathaus Wein & Design, Österreich 15
Hotel Topazz Lamee, Österreich 15
House of Tides, England 128

I

Ibiza, Spanien 224–229
Icod de los Vinos, Spanien 253
I Cuochini, Italien 184
Île-de-France, Frankreich 40–45
Il Focolare, Italien 177
Inselhüpfen, Estland 85
Ipša, Kroatien 159
Ischia, Italien 177
I Segreti del Chiostro, Italien 183
Isle of Skye Baking Company, Schottland 144
Isle of Skye Distillers, Schottland 144
isle of Skye, Schottland 142–147
Istanbul, Türkei 254–259
Istrien, Kroatien 156–161
Italien 162–197

J

Jaanipäev (Sommersonnenwende), Estland 85
Jæren, Norwegen 103
Jerez, Spanien 247
Jolly Fisherman, England 126
Junimperium, Estland 83
Juno, Dänemark 77

K

Kadiköy-Frischwarenmarkt (Kadiköy Pazari), Istanbul 256
Kaffeesack, Deutschland 62
Kajaktouren, Belgien 21
Kajutan, Schweden 112
Karneval in Santa Cruz, Spanien 253
Kauppatori, Finnland 88
Kaysersberg, Frankreich 26
Kielder Water & Forest Park, England 129
King & Mouse, Litauen 95
Kinloch Lodge, Schottland 147
Kochen mit der Herzogin, Italien 182
Kochkurs in Kurtuluş, Istanbul 258
Komiteti - Kafe Muzeum, Albanien 153
Kopenhagen, Dänemark 74–79
KorcA Beer Festival, Albanien 155
Korsika, Frankreich 34–39
Krinaki, Griechenland 200
Kroatien 156–161
Kulturnacht, Litauen 97
Kykladen, Griechenland 198–203
Kyrkeby Bränneri, Schweden 113

L

La Alcoba del Agua, Spanien 247
La Bola de Jorge Bosch, Spanien 250
La Cabane du Pêcheu, Frankreich 38
La Carboná, Spanien 245
La Crota, Italien 190
La Cucineria, Italien 166
La Drogheria, Italien 189
La Fattoria di Morgana, Italien 167
La Ferme du Champ Secret, Frankreich 56
La Fourchette des Ducs, Frankreich 24
La Guinguette
Chez Alriq, Frankreich 32
La Guinguette Chez Gégène, Frankreich 44

Lagune von Venedig, Italien 192–197
La Marmotte, Schweiz 69
La Masardona, Italien 177
L'Aquila, Italien 164
La Table d'Olivier Nasti, Frankreich 26
La Table du Gourmet, Frankreich 26
L'Auberge de l'Ill, Frankreich 24
Lauda, Griechenland 200
Le 22, Schweiz 68
L'École du Vin de Bordeaux, Frankreich 30
Le Doyenné, Frankreich 43
Lee, Estland 82
Lella al mare, Italien 172
Le Marinella, Frankreich 37
Le Restaurant Gastronomique La Signoria, Frankreich 36
Le Saint-James Bouliac, Frankreich 33
Les Bassins des Lumières, Frankreich 33
Les Bateaux Lyonnais, Frankreich 53
Les Capucins, Frankreich 31
Les Celliers de Sion, Schweiz 70
Le Sfogline, Italien 170
Les Travailleurs de L'Amer, Frankreich 58
Lille, Dänemark 78
Lindesnes, Norwegen 103
Litauen 92–97
Livade, Kroatien 161
Llys Meddyg, Wales 140
Loch Bay, Schottland 145
Lokys Restaurant, Litauen 95
Lousberg-Markt, Belgien 18
Lyon 48–53

M

Magma Home, Italien 179
Maifest, Österreich 15
Maison Christian Drouin, Frankreich 57
Maison Gosselin, Frankreich 57
Maison Stella Cadent, Frankreich 45
Mandal Skalldyrfestivalen, Norwegen 103
Marché de la Croix-Rousse, Frankreich 50
Marché de Noël, Frankreich 27
Marianna's Vineleaves, Griechenland 207
Marmara Pera, Istanbul 259
Martigny Boutique Hotel, Schweiz 71
Mayer am Pfarrplatz, Österreich 13
Mazzorbo, Italien 195
Mercado de Abastos de Sanlúcar, Spanien 246
Mercato della Pignasecca, Italien 176
Mercato di Ballarò, Italien 182
Mercato di Porta Palazzo, Italien 188
Mercato Sulmona, Italien 164
Midsommarfirande Festival, Schweden 114
Midsommar-Küche, Schweden 111
Mike's Fancy Cheese, Nordirland 120
Mirabelle, Dänemark 78
Mljekara Latus, Kroatien 158
Moúrga, Griechenland 207
Moutarderie Fallot, Frankreich 51
Murano, Italien 194
Musée des Beaux-Arts, Frankreich 53
Museo Archeologico Nazionale, Italien 179
Museo Confetti Pelino, Italien 165
Museo Lavazza, Italien 189
MuseumsQuartier, Österreich 15

N

Narberth, Wales 141
Nationalpark El Teide, Spanien 253
Native Seafood & Scran, Nordirland 122
Natura Tartufi, Kroatien 160
Nature Urbaine, Frankreich 42
Naturschutzgebiet Scandola, Frankreich 39
Neapel, Italien 174–179
Neolokal, Istanbul 258
Nestore Bosco, Italien 165
Newcastle Beer & Cider Festival, England 129
Nissos Cyclades Microbrewery, Griechenland 202
Nordirland 118–123
Normandie, Frankreich 54–57
North Coast Smokehouse, Nordirland 121
Northern Wilds, England 126
Norwegen 98–103
NUB, Spanien 252
Nuuksio National Park, Finnland 89

O

Obermann, Österreich 14
Obernai, Frankreich 24
Oda, Albanien 152
Oh My Pho, Polen 107
Old Man of Storr, Schottland 147
Old Rectory Howick, England 129
O Ntinos, Griechenland 202
Origen Café, Spanien 251
Orto di Venezia, Italien 195
Osteria Ai Cacciatori, Italien 194
Osteria da Gemma, Italien 190
Östermalms Saluhall, Schweden 114
Österreich 10–15
Ould Lammas Fair, Nordirland 123

P

Padam Boutique Hotel, Albanien 155
Paju Villa, Estland 84
Palácio da Bolsa, Portugal 223
Palazzo dei Normanni, Italien 185
Palermo, Italien 180–185
Parco nazionale d'Abruzzo, Italien 167
Parque Arqueológico do Vale do Côa, Portugal 223
Parque Nacional de Doñana, Spanien 247
Pastelaria Conventual Pão de Rala, Portugal 216
Paupio Turgus, Litauen 96
Pazari i Ri, Albanien 152
Pellestrina, Italien 196
Pembrokeshire Coast Path, Wales 141
Pembrokeshire Fish Week, Wales 141
Pembrokeshire, Wales 136141–
Pescara, Italien 166
Pfau Schinken, Deutschland 63
Pflückgarten Cueillette du Plessis, Frankreich 43
Piemont, Italien 186–191
Pinacoteca Giovanni e Marella Agnelli, Italien 191
Pinney's of Orford, England 132
Pintauro, Italien 176
Pizza Village, Italien 179
Pizzeria Starita, Italien 178
Põhjala Brewery, Estland 84
Polen 104–109
POLIN, Polen 109
Porto, Portugal 219
Portugal 212–223
Preikestolen, Norwegen 103
Procida, Italien 178
Provins, Frankreich 45
Pršutana Jelenić, Kroatien 158
Publiek, Belgien 19
Puerto de la Cruz, Spanien 253

Q

Quesería Montesdeoc, Spanien 252
Quinta da Comporta, Portugal 217
Quinta da Pacheca, Portugal 223
Quinta do Crasto, Portugal 222

R

Rataskaevu Boutique, Estland 85
Rebstock Waldulm, Deutschland 62, 65
Red Skye, Schottland 144
Re-Naa, Norwegen 102
Rencontres de Chants Polyphoniques de Calvi, Frankreich 39
Reserva Natural das Lagoas de Santo André e da Sancha, Portugal 217
Restaurant Bareiss, Deutschland 62
Restaurant Dom Joaquim, Portugal 215
Restaurante DOC, Portugal 222
Restaurant Grön, Finnland 88
Restaurant Zigante, Kroatien 160
Retro Tour Bordeaux, Frankreich 31
Ribeauvillé, Frankreich 25, 26
Riley's Fish Shack, England 128
Riquewihr, Frankreich 26
Ristorante Consorzio, Italien 188
Roddino, Italien 190

Rondo, Dänemark 78
Roxanich Winery & Design Hotel, Kroatien 161
Royal Hideaway Corales Beach Resort, Spanien 252
Ruissalo Camping, Finnland 91
Ruissalo, Finnland 89

S

Sabi Omakase, Norwegen 102
Sagra del Carciofo Moretto, Italien 173
Salt Restaurant, Albanien 152
Sanlúcar, Spanien 247
San Michele, Italien 197
Santa Cruz, Spanien 253
Sant'Erasmo, Italien 195, 197
Santorini Brewing Company, Griechenland 202
Santorinis Strände, Griechenland 203
Santo Stefano di Sessanio, Italien 164
Sarreyer, Schweiz 67, 69
Schloss Belvedere, Österreich 15
Schlössle Hotel, Estland 85
Schottland 142–147
Schwarzwald, Deutschland 60–65
Schwarzwälder Kirschtorte, Deutschland 64
Schwarzwälder Kirschtortenfestival, Deutschland 65
Schwarzwälder Räucherschinken, Deutschland 64
Schweden 110–115
Schweiz 66–71
Schweizer Alpen 67
Sentiero della Libertà, Italien 167
Sentier Viticole du Schenkenberg, Frankreich 24
Sextantio, Italien 167
Sherry-Dreieck, Spanien 24–247
Skutta, Finnland 88
Skye Highland Games, Schottland 147
Slowfood 189
Slow Food 67, 187
Smag & Behag, Norwegen 100
Sole Bay Fish Company, England 132
Sørlandets Matfestival, Norwegen 103
Sovinjak, Kroatien 161
Spanien 224–253
Stanze al Genio, Italien 185
Stedsans in the Woods, Schweden 112
Stéphane Shintu Fromagerie de Pelliciani, Frankreich 37
St George's Market, Nordirland 120
Still Wild, Wales 138
Sturehof, Schweden 113
Subotina, Kroatien 161
Sulmona, Italien 164, 165, 167
Suomenlinna, Finnland 91
Sutherland House, England 135

T

Tabanco Plateros, Spanien 244
Tallinn, Estland 80–85
Tandem, Italien 177
Tartuf Shop Restaurant, Albanien 152
Tasca do Celso, Portugal 214
Taste of Paris, Frankreich 45
Taylor's Portweinkeller, Portugal 221
'T Dreupelkot, Belgien 21
Tenby, Wales 141
Teneriffa, Spanien 248–253
Tereza, Griechenland 202
Terra di Brisighella, Italien 172
Terra Rossa, Restaurant 13
TeTa, Kroatien 161
The Fairy Pools, Schottland 147
The Grove, Wales 141
The Harrison, Nordirland 123
The Little Retreat, Wales 141
The Mussel Pod, England 133
The Oyster Shed, Schottland 146
The Pink Palace, WOW, Portugal 221
Thessaloniki Film Festival, Griechenland 209
Thessaloniki, Griechenland 204–209
The Stone Crab, Wales 138
The Sunflower, Nordirland 121
The Three Chimneys, Schottland 145
The White Horse, England 134
The Yeatman Hotel, Portugal 223
Tiernteyn Mustard, Belgien 18
Tinos Festival, Griechenland 203
Tinos Habitart, Griechenland 203
Tirana, Albanien 150–155
Titanic Belfast, Nordirland 123
Topp Sopp, Norwegen 102
Torcello, Italien 197
Trabucco Trimalcione, Italien 166
Trakai, Litauen 97
Trattoria Al Vecchio Club Rosanero, Italien 183
Trattoria Bertozzi, Italien 172
Trattoria da Amerigo, Italien 171
Triberg, Deutschland 65
Triberger Wasserfälle, Deutschland 65
Trouville Halle aux Poissons, Frankreich 58
Trüffelmesse in Alba, Italien 191
Turin, Italien 187
Türkei 254–259
Two Dudes, Frankreich 51

U

Under, Norwegen 101
Ursa Minor Bakehouse, Nordirland 121

V

Vale do Douro, Portugal 219
Valgejõe Veinivilla, Estland 83
Vandrarhem af Chapman & Skeppsholmen, Schweden 115
Vela Vratal, Kroatien 161
Venedig, Italien 193
Venissa Wine Resort, Italien 194
Vente aux Enchères des Vins des Hospices de Beaune, Frankreich 53
Versailles, Frankreicvh 45
Via degli Dei, Italien 173
VieVinum-Fest, Österreich 14
Villiruoka Festarit, Finnland 91
Vilnius, Litauen 92–97
Vrijdagmarkt, Belgien 20

W

Wales 136–141
Wallfahrtskirche Panagia Evangelistria, Griechenland 203
Wallis, Schweiz 66–71
Wanderungen mit Cherries, Schweiz 69
Warschau, Polen 104–109
Warszawski Festiwal Piwa, Polen 109
Weihnachtsmarkt, Estland 85
Weingut Christ, Österreich 14
Weingut Edlmoser, Österreich 12
Weingut Obermann, Österreich 14
Weinlese im Alto Douro, Portugal 223
Weinstube Josefstadt, Österreich 12
Weles Bar, Polen 107
Wells Crab House, England 133
Wiener Weinpreis 12
Wien, Österreich 10–15
Wild About Pembrokeshire, Wales 140
Wildkost-Workshops, Finnland 89
Wildkräutertouren, Deutschland 63
WiMu (Weinmuseum), Italien 191
Wine & the City, Italien 179
Winzerei Gavalas, Griechenland 201

Y

Ypsilon, Griechenland 207
Yuzu, Belgien 18

Z

Zigante, Kroatien 160
Zigante-Trüffeltage, Kroatien 161
Zübeyir Ocakbaşı, Istanbul 258

Titel der englischen Ausgabe: Gourmet Trails Europe
Mai 2023
Herausgegeben von Lonely Planet Global Limited
www.lonelyplanet.com

Autor:innen: Isabel Albiston (Nordirland), Eleanor Aldridge (Frankreich), Alexis Averbuck (Griechenland), Alice Barnes-Brown (Griechenland), Joe Bindloss (Finnland, Sweden, UK), Cristian Bonetto (Italien), John Brunton (Belgien, Frankreich, Italien), Stuart Butler (Spanien), Amanda Canning (Kroatien), Daniel James Clark (Portugal), Richard Franks (UK), Ethan Gelber (Frankreich), Georgina Lawton (Portugal), Virginia Maxwell (Turkei), Anna Melville-James (Dänemark), Isabella Noble (Spanien), Mary Novakovich (Frankreich), Lorna Parkes (Litauen, Schweiz), Kevin Raub (Italien), Brendan Sainsbury (Italien), Laura Sanders (Estland), Daniel Stables (UK), Nathan James Thomas (Albanin, Polen), Orla Thomas (Spain), Kerry Walker (Österreich, Frankreich, Deutschland, Norwegen, Spanien, UK), Nicola Williams (Frankreich)

Managing Director Piers Pickard
Associate Publisher Robin Barton
Commissioning Editor Lorna Parkes
Editor Clifton Wilkinson
Art Direction Jo Dovey
Registerer Bridget Blair
Cartographer Rachel Imeson
Image Research Heike Bohnstengel
Print Production Nigel Longuet

Verlag der deutschen Ausgabe
MAIRDUMONT GmbH & Co. KG
Marco-Polo-Straße 1, 73760 Ostfildern
www.mairdumont.com, www.lonelyplanet.de
Projektbetreuung: Hanna Schubert, Andrea Wurth
Übersetzung: Corinna Kaebel, Claudia Riefert
Lektorat und Satz: Robert Fischer (www.vrb-muenchen.de)
Abbildungen: Fotos © wie angegeben
Umschlagabbildungen (von rechts oben im Uhrzeigersinn), Vorderseite: mauritius images | Steve Vidler, AdobeStock | Natalia Mylova, AdobeStock | onurcepheli, iStock | Onfokus;
Rückseite: gettyimages | Anna Janecka, AdobeStock | radiokafka, gettyimages | Alexander Spatari
1. Auflage 2024
ISBN 978-3-575-01167-1
Printed in Malaysia

Das Papier in diesem Buch wurde nach den Forest Stewardship Council®-Richtlinien zertifiziert. FSC® fördert die umweltfreundliche, sozialverträgliche und wirtschaftlich tragfähige Bewirtschaftung des weltweiten Waldbestands.